经济管理新形态教材
国际经济与贸易系列

World Trade Organization
Rules and Application

世界贸易组织
规则与运用

张玉荣◎主编　王瑛　陆冰洁◎副主编

清华大学出版社
北京

内 容 简 介

本书旨在全面介绍世界贸易组织规则和中国加入世界贸易组织后的最新发展动态。书中通过中英文协议对照，客观反映世界贸易组织协定和协议内容；通过大量案例、模拟谈判，积极提升学生对规则的应用能力；通过相关协议、协定在中国的实践应用等内容，全面展现中国加入世界贸易组织以来参与全球治理的贡献；涵盖世界贸易组织的未来等内容，客观呈现世界贸易组织面临的改革困境。

本书突出应用，引入大量模拟谈判、实例及延伸阅读，并配有丰富的练习题，帮助读者检验和巩固所学知识，提高学以致用的实战能力。

本书封面贴有清华大学出版社防伪标签，无标签者不得销售。
版权所有，侵权必究。侵权举报电话: 010-62782989 13701121933

图书在版编目(CIP)数据

世界贸易组织: 规则与运用/张玉荣主编. —北京: 清华大学出版社, 2020.4
21世纪经济管理新形态教材. 国际经济与贸易系列
ISBN 978-7-302-55200-0

Ⅰ. ①世… Ⅱ. ①张… Ⅲ. ①世界贸易组织—规则—高等学校—教材 Ⅳ. ①F743.1

中国版本图书馆 CIP 数据核字(2020)第 050497 号

责任编辑: 王　青
封面设计: 李召霞
责任校对: 宋玉莲
责任印制: 宋　林

出版发行: 清华大学出版社
网　　址: http://www.tup.com.cn, http://www.wqbook.com
地　　址: 北京清华大学学研大厦 A 座　　　邮　编: 100084
社 总 机: 010-62770175　　　　　　　　　邮　购: 010-62786544
投稿与读者服务: 010-62776969, c-service@tup.tsinghua.edu.cn
质量反馈: 010-62772015, zhiliang@tup.tsinghua.edu.cn
印 装 者: 三河市金元印装有限公司
经　　销: 全国新华书店
开　　本: 185mm×260mm　　印 张: 16.5　　字　数: 374 千字
版　　次: 2020 年 6 月第 1 版　　　　　　印　次: 2020 年 6 月第 1 次印刷
定　　价: 45.00 元

产品编号: 084368-01

前言

当今世界经济全球化向各领域全方位渗透，国际贸易顺势迅速发展。与此同时，国际市场发生了根本性变化，国际贸易竞争空前激烈，竞争手段层出不穷。以世界贸易组织为主的多边贸易体制，在某种程度上体现了现行国际经济秩序的主旋律，而其核心是规则问题。所有的规则并非是中性的，对规则的理解、把握和运用，往往蕴含着许多"潜规则"和"潜台词"，对规则理解透彻、运用技巧熟练者，往往能在博弈中略胜一等。

中国加入世界贸易组织以来，在充分享受权利的同时，认真履行义务，对外贸易取得高速发展，社会主义市场经济体制加速建立和完善，综合国力大幅提升，国际地位不断提高，国际影响力加强，对世界经济贸易发展的贡献加大。与此同时，中国成为世界贸易组织核心成员，地位和作用日益显著与重要。中国需要把握历史机遇，更好地参与和改革全球治理机制。

本书在编写过程中着重突出以下特点：

第一，科学性、通用性。本书结合国际经济与贸易专业、国际商务专业的课程设置要求，针对本科生、硕士生的培养目标进行编写，能够满足同类专业不同层次的高等院校的教学需要，同时也可供研究人员或从事国际贸易业务的人员参考使用。

第二，实用性。本书突出应用，引入大量经典实例，并配有题型丰富的课后思考题和练习题，促使读者检验和巩固所学知识，提高学以致用的实战能力。

第三，协议规则与前沿内容有机融合。本书对主要规则进行中英文对照表述，力图清晰展示世界贸易组织规则；通过相关协议、协定在中国的实践等内容，全面展现中国加入世界贸易组织以来参与全球治理的贡献；涵盖世界贸易组织的未来等内容，客观呈现世界贸易组织面临的改革困境。

本书分为12章，可用32或48个学时进行教学，具体学时分配可作如下参考：

章　　目	教 学 内 容	课时安排
第1章	世界贸易组织概述	3/4
第2章	世界贸易组织基本原则解读与运用	3/4
第3章	世界贸易组织的协定与协议	3/4
第4章	世界贸易组织重要商品的贸易协议解读与运用	3/4
第5章	世界贸易组织贸易救济措施解读与运用	3/4
第6章	世界贸易组织服务贸易规则解读与运用	3/4
第7章	世界贸易组织与贸易有关的知识产权规则解读与运用	3/4
第8章	世界贸易组织与贸易有关的投资措施解读与运用	3/4

续表

章　目	教　学　内　容	课时安排
第9章	《贸易便利化协定》解读与运用	2/4
第10章	世界贸易组织的其他议题	2/4
第11章	世界贸易组织争端解决机制规则解读与运用	2/4
第12章	世界贸易组织的未来	2/4
合　计		32/48

在本书编写和出版过程中，清华大学出版社给予了许多指导和帮助，在此表示诚挚的谢意。北方民族大学经济学院领导和师生，特别是杨飞飞、回亮、刘娇阳、杨静、张耀中、刘玉璇、田娟等同学及一些外贸企业的从业人员对本书的编写和出版给予了支持和帮助，在此一并表示感谢。

本书作为宁夏回族自治区教育厅"十三五"重点专业建设子项目和2019年北方民族大学校级重点教学改革研究项目的教改成果，在编写过程中得到宁夏回族自治区"一流"本科专业（国际经济与贸易专业）和自治区高校一流基层教学组织（国际经济与贸易教研室）平台的资助。本书凝聚了三位编者的心血，也体现了她们对所从事专业的热爱，但由于编者水平有限，书中难免存在错误和疏漏之处，恳请广大读者提出宝贵意见，以便我们加以修订和完善。

编　者

2020年3月

目　录

第1章　世界贸易组织概述 … 1

1.1　世界贸易组织确立与发展的基础 … 1
1.1.1　有节制的自由贸易理论 … 1
1.1.2　市场经济体制 … 2
1.1.3　经济全球化 … 2
1.1.4　可持续发展 … 4
1.1.5　国际贸易利益协调 … 4

1.2　世界贸易组织的建立 … 4
1.2.1　《关税与贸易总协定》及其各轮谈判 … 5
1.2.2　"乌拉圭回合"谈判 … 6
1.2.3　《建立世界贸易组织协定》的达成 … 7
1.2.4　世界贸易组织和关税与贸易总协定的区别 … 9
1.2.5　世界贸易组织的宗旨和职能 … 9

1.3　世界贸易组织的组织机构与决策机制 … 11
1.3.1　世界贸易组织的组织机构 … 11
1.3.2　世界贸易组织的决策机制 … 13

1.4　世界贸易组织成员 … 13
1.4.1　原始成员和加入成员 … 13
1.4.2　世界贸易组织的加入与退出 … 14

1.5　世界贸易组织秘书处 … 15
1.6　世界贸易组织的预算 … 16
1.7　世界贸易组织的采购 … 16
1.8　习题 … 17

第2章　世界贸易组织基本原则解读与运用 … 19

2.1　非歧视原则 … 20
2.1.1　普遍最惠国待遇原则 … 20
2.1.2　国民待遇原则 … 23

2.2　贸易自由化原则 … 24
2.3　透明度原则 … 25

2.4 公平竞争原则 …… 26
2.5 鼓励发展和经济改革原则 …… 27
2.6 世界贸易组织基本原则的运用 …… 28
2.6.1 最惠国待遇原则运用技巧 …… 28
2.6.2 国民待遇原则运用技巧 …… 29
2.6.3 透明度原则运用技巧 …… 30
2.6.4 公平竞争原则运用技巧 …… 30
2.6.5 鼓励发展和经济改革原则运用技巧 …… 32
2.7 习题 …… 34

第3章 世界贸易组织的协定与协议 …… 35
3.1 概述 …… 35
3.1.1 世界贸易组织协定与协议的分类 …… 36
3.1.2 世界贸易组织协定与协议的构成 …… 36
3.2 关税与关税减让 …… 37
3.2.1 关税 …… 37
3.2.2 关税减让 …… 39
3.3 非关税壁垒 …… 42
3.3.1 《技术性贸易壁垒协议》 …… 43
3.3.2 《实施卫生与植物卫生措施协议》 …… 45
3.3.3 《进口许可程序协议》 …… 48
3.3.4 《海关估价协议》 …… 49
3.3.5 《装运前检验协议》 …… 51
3.3.6 《原产地规则协议》 …… 53
3.3.7 《政府采购协议》 …… 55
3.4 协议的运用 …… 58
3.4.1 关税减让规则的运用 …… 58
3.4.2 《技术性贸易壁垒协议》的运用 …… 59
3.4.3 《实施卫生与植物卫生措施协议》的运用 …… 60
3.4.4 《海关估价协议》的运用 …… 61
3.5 习题 …… 63

第4章 世界贸易组织重要商品的贸易协议与运用 …… 64
4.1 农业贸易 …… 64
4.1.1 《农业协议》的产生背景 …… 65
4.1.2 《农业协议》的主要内容 …… 66
4.2 纺织品贸易 …… 69
4.2.1 《纺织品与服装协议》的产生背景 …… 69

4.2.2 《纺织品与服装协议》的特征 …………………………………………… 70
　　　4.2.3 《纺织品与服装协议》的主要内容 ………………………………………… 70
　4.3 民用航空器贸易 …………………………………………………………………… 72
　　　4.3.1 《民用航空器贸易协议》的产生背景 ……………………………………… 72
　　　4.3.2 《民用航空器贸易协议》的主要内容 ……………………………………… 73
　4.4 信息技术产品贸易 ………………………………………………………………… 74
　　　4.4.1 《信息技术协议》的产生背景 ……………………………………………… 74
　　　4.4.2 《信息技术协议》的主要内容 ……………………………………………… 75
　4.5 习题 ………………………………………………………………………………… 76

第5章 世界贸易组织贸易救济措施解读与运用 …………………………………… 79

　5.1 世界贸易组织贸易救济规则概述 ………………………………………………… 79
　　　5.1.1 世界贸易组织贸易救济法律体系 …………………………………………… 80
　　　5.1.2 世界贸易组织贸易救济实践 ………………………………………………… 81
　5.2 反倾销 ……………………………………………………………………………… 82
　　　5.2.1 倾销的定义 …………………………………………………………………… 82
　　　5.2.2 倾销的认定 …………………………………………………………………… 83
　　　5.2.3 反倾销的定义 ………………………………………………………………… 86
　　　5.2.4 反倾销措施 …………………………………………………………………… 86
　　　5.2.5 反倾销调查程序 ……………………………………………………………… 87
　　　5.2.6 争端解决 ……………………………………………………………………… 93
　　　5.2.7 对发展中国家成员的特殊安排 ……………………………………………… 93
　5.3 补贴及反补贴措施 ………………………………………………………………… 94
　　　5.3.1 补贴的定义 …………………………………………………………………… 94
　　　5.3.2 补贴的分类 …………………………………………………………………… 95
　　　5.3.3 反补贴的定义 ………………………………………………………………… 96
　　　5.3.4 反补贴措施 …………………………………………………………………… 96
　　　5.3.5 反补贴调查程序 ……………………………………………………………… 97
　　　5.3.6 对发展中国家成员的特殊安排 ……………………………………………… 98
　5.4 保障措施 …………………………………………………………………………… 99
　　　5.4.1 保障措施的定义 ……………………………………………………………… 99
　　　5.4.2 保障措施的实施要件 ………………………………………………………… 99
　　　5.4.3 保障措施的实施 ……………………………………………………………… 101
　　　5.4.4 对发展中国家成员的特殊安排 ……………………………………………… 102
　5.5 贸易救济规则的应用 ……………………………………………………………… 102
　　　5.5.1 国家层面 ……………………………………………………………………… 102
　　　5.5.2 企业层面 ……………………………………………………………………… 103
　5.6 习题 ………………………………………………………………………………… 108

第6章　世界贸易组织服务贸易规则解读与运用 110

6.1 《服务贸易总协定》的产生 110
6.1.1 服务贸易谈判的背景 111
6.1.2 服务贸易谈判的过程 112

6.2 《服务贸易总协定》主要规则解读 113
6.2.1 范围与定义 113
6.2.2 一般义务和纪律 114
6.2.3 具体承诺义务 118
6.2.4 《服务贸易总协定》其他规则 119
6.2.5 《服务贸易总协定》重要规则的深入理解 120

6.3 《服务贸易总协定》与中国 122
6.3.1 中国服务贸易发展现状 122
6.3.2 《服务贸易总协定》对中国服务贸易发展的影响 124

6.4 《服务贸易总协定》规则的运用 124
6.4.1 最惠国待遇方面 124
6.4.2 国民待遇方面 125
6.4.3 对发展中国家特殊待遇方面 126
6.4.4 其他方面的应对策略 126

6.5 习题 128

第7章　世界贸易组织与贸易有关的知识产权规则解读与运用 129

7.1 《与贸易有关的知识产权协定》的产生 130
7.1.1 《与贸易有关的知识产权协定》的产生背景 130
7.1.2 谈判过程 131

7.2 《与贸易有关的知识产权协定》的主要内容 132
7.2.1 总则和基本原则 133
7.2.2 效力、范围及使用标准 135
7.2.3 法律实施 140
7.2.4 行政程序及相关措施 141
7.2.5 争端的预防与解决 144
7.2.6 机构安排和最后条款 144

7.3 《与贸易有关的知识产权协定》与中国 144
7.3.1 中国知识产权保护发展历程 145
7.3.2 《与贸易有关的知识产权协定》对中国知识产权保护的影响 146
7.3.3 中美知识产权保护争端 146

7.4 《与贸易有关的知识产权协定》的运用 149
7.4.1 政府层面 149

          7.4.2 企业层面 ……………………………………………………………… 151
    7.5 习题 ………………………………………………………………………………… 152

第8章 世界贸易组织与贸易有关的投资措施解读与运用 ……………………… 155

    8.1 《与贸易有关的投资措施协议》的产生 ……………………………………… 155
          8.1.1 产生背景 ……………………………………………………………… 156
          8.1.2 谈判过程 ……………………………………………………………… 157
    8.2 《与贸易有关的投资措施协议》的主要内容 ………………………………… 157
          8.2.1 正文部分 ……………………………………………………………… 158
          8.2.2 附录部分 ……………………………………………………………… 160
    8.3 《与贸易有关的投资措施协议》的影响 ……………………………………… 161
          8.3.1 积极作用 ……………………………………………………………… 161
          8.3.2 不足之处 ……………………………………………………………… 162
          8.3.3 应用与最新进展 ……………………………………………………… 163
    8.4 中国吸引外资和对外投资发展概况 …………………………………………… 164
          8.4.1 中国吸引外商直接投资概况 ………………………………………… 164
          8.4.2 中国对外直接投资发展概况 ………………………………………… 166
    8.5 《与贸易有关的投资措施协议》的运用 ……………………………………… 167
          8.5.1 政府层面 ……………………………………………………………… 168
          8.5.2 企业层面 ……………………………………………………………… 168
    8.6 习题 ………………………………………………………………………………… 170

第9章 《贸易便利化协定》解读与运用 …………………………………………… 171

    9.1 《贸易便利化协定》的产生背景 ………………………………………………… 171
          9.1.1 《贸易便利化协定》的谈判过程 ……………………………………… 171
          9.1.2 协议纳入世界贸易组织议定书 ……………………………………… 172
    9.2 《贸易便利化协定》主要规则解读 ……………………………………………… 173
          9.2.1 《贸易便利化协定》的宗旨 …………………………………………… 173
          9.2.2 《贸易便利化协定》的规则 …………………………………………… 173
          9.2.3 对发展中国家成员和最不发达国家成员的特殊安排 …………… 181
          9.2.4 制度安排和最后规定 ………………………………………………… 182
    9.3 《贸易便利化协定》实施的意义 ………………………………………………… 182
          9.3.1 拓宽了世界贸易组织多边贸易规则 ………………………………… 182
          9.3.2 为全球经贸带来可观的收益 ………………………………………… 183
    9.4 《贸易便利化协定》与中国 ……………………………………………………… 183
          9.4.1 中国贸易便利化发展现状 …………………………………………… 183
          9.4.2 《贸易便利化协定》对中国的积极影响 ……………………………… 184
    9.5 习题 ………………………………………………………………………………… 185

第10章 世界贸易组织的其他议题 187

10.1 世界贸易组织贸易与环境规则 187
    10.1.1 贸易与环境 187
    10.1.2 世界贸易组织中与环境有关的协议和条款 189
    10.1.3 世界贸易组织环境规则与中国 191
    10.1.4 世界贸易组织环境规则的应用 193

10.2 电子商务 194
    10.2.1 世界贸易组织中电子商务的定义与讨论 194
    10.2.2 电子商务与中国 196

10.3 其他规则 199

10.4 习题 200

第11章 世界贸易组织争端解决机制规则解读与运用 201

11.1 争端解决机制概述 201
    11.1.1 争端解决机制的形成 201
    11.1.2 争端解决机制的基本原则 202
    11.1.3 争端解决的程序 204

11.2 争端解决机制存在的主要问题 207
    11.2.1 磋商程序问题 207
    11.2.2 专家组程序问题 207
    11.2.3 上诉程序问题 208
    11.2.4 裁决执行程序问题 208

11.3 争端解决机制的运用情况 209
    11.3.1 争端解决机制的基本运用情况 209
    11.3.2 金砖国家的参与情况 210

11.4 争端解决规则的运用 213
    11.4.1 国家层面 214
    11.4.2 企业层面 215
    11.4.3 应诉技巧 215

11.5 习题 217

第12章 世界贸易组织的未来 218

12.1 世界贸易组织面临的困境 218
    12.1.1 南北国家矛盾的冲击 219
    12.1.2 新贸易保护主义的冲击 219
    12.1.3 来自区域贸易协定的冲击 219
    12.1.4 世界贸易组织自身存在的缺陷 222

12.2 世界贸易组织改革的倡导者 ·· 222
　　12.2.1 美国 ··· 222
　　12.2.2 欧盟 ··· 224
　　12.2.3 加拿大 ··· 226
　　12.2.4 中国 ··· 226
　　12.2.5 世界贸易组织改革会议 ······································· 232
12.3 世界贸易组织未来可能的改革方向 ··································· 232
　　12.3.1 强化总干事和秘书处职权 ··································· 232
　　12.3.2 增加世界贸易组织体制的透明度 ························· 233
　　12.3.3 改革现有决策机制 ··· 233
　　12.3.4 创新谈判模式 ·· 233
　　12.3.5 改革上诉机制 ·· 233
　　12.3.6 改善发展中国家待遇 ·· 234
12.4 习题 ·· 235

主要参考文献 ·· 236

附录 ··· 237

Contents

Chapter 1　The Basic Knowledge of WTO ········· 1

　1.1　The Basis of WTO Foundation and Development ········· 1
　　　1.1.1　Moderate Free Trade Theory ········· 1
　　　1.1.2　Market-based Economy System ········· 2
　　　1.1.3　Economic Globalization ········· 2
　　　1.1.4　Sustainable Development ········· 4
　　　1.1.5　Coordination of International Trade Interests ········· 4
　1.2　The Foundation of WTO ········· 4
　　　1.2.1　The GATT and Its Trade Rounds ········· 5
　　　1.2.2　The Uruguay Round Negotiations ········· 6
　　　1.2.3　The WTO Agreement ········· 7
　　　1.2.4　Differences Between WTO and GATT ········· 9
　　　1.2.5　The Purpose and Functions of WTO ········· 9
　1.3　The Organizational Structure and Decision Making of WTO ········· 11
　　　1.3.1　WTO Organization Chart ········· 11
　　　1.3.2　The Decision Making of WTO ········· 13
　1.4　The Members of WTO ········· 13
　　　1.4.1　Original Members and Acceding Members ········· 13
　　　1.4.2　Accession to the WTO and Withdrawal from the WTO ········· 14
　1.5　WTO Secretariat ········· 15
　1.6　The Budget of WTO ········· 16
　1.7　Procurement at WTO ········· 16
　1.8　Exercise ········· 17

Chapter 2　Interpretation and Application of WTO Basic Principles ········· 19

　2.1　Trade without Discrimination ········· 20
　　　2.1.1　Most-Favored-Nation (MFN) ········· 20
　　　2.1.2　National Treatment (NT) ········· 23
　2.2　Freer Trade ········· 24
　2.3　Transparency ········· 25

2.4 Fair Competition ………………………………………………………… 26
2.5 Encouraging Development and Economic Reform ………………… 27
2.6 Application of WTO Basic Principles ………………………………… 28
    2.6.1 Application Skills of MFN ……………………………………… 28
    2.6.2 Application Skills of NT ………………………………………… 29
    2.6.3 Application Skills of Transparency …………………………… 30
    2.6.4 Application Skills of Fair Competition ……………………… 30
    2.6.5 Application Skills of Encouraging Development and
           Economic Reform ……………………………………………… 32
2.7 Exercise ………………………………………………………………… 34

Chapter 3 The Agreements of WTO ……………………………………… 35

3.1 Overview ………………………………………………………………… 35
    3.1.1 The Classification of WTO Agreements ……………………… 36
    3.1.2 The Framework of WTO Agreements ………………………… 36
3.2 Tariffs and Tariff Cuts ………………………………………………… 37
    3.2.1 Tariffs …………………………………………………………… 37
    3.2.2 Tariff Cuts ……………………………………………………… 39
3.3 Non-tariff Barriers ……………………………………………………… 42
    3.3.1 Agreement on Technical Barriers to Trade ………………… 43
    3.3.2 Agreement on Application of Sanitary and
           Phytosanitary Measures ……………………………………… 45
    3.3.3 Agreement on Import Licensing Procedures ………………… 48
    3.3.4 Agreement on Customs Valuation …………………………… 49
    3.3.5 Agreement on Preshipment Inspection ……………………… 51
    3.3.6 Agreement on Rules of Origin ………………………………… 53
    3.3.7 Agreement on Government Procurement …………………… 55
3.4 Application of Agreements …………………………………………… 58
    3.4.1 Application Skills of Tariff Cuts ……………………………… 58
    3.4.2 Application Skills of TBT ……………………………………… 59
    3.4.3 Application Skills of SPS ……………………………………… 60
    3.4.4 Application Skills of Customs Valuation …………………… 61
3.5 Exercise ………………………………………………………………… 63

Chapter 4 Trade Agreements and Applications of Important Goods of WTO …… 64

4.1 Agriculture Trade ……………………………………………………… 64
    4.1.1 The Background of Agreement on Agriculture ……………… 65
    4.1.2 The Contents of Agreement on Agriculture ………………… 66

  4.2 Textiles Trade ·········· 69
    4.2.1 The Background of Agreement on Textiles and Clothing ··· 69
    4.2.2 The Characteristics of Agreement on
       Textiles and Clothing ·········· 70
    4.2.3 The Contents of Agreement on Textiles and Clothing ······ 70
  4.3 Civil Aircraft Trade ·········· 72
    4.3.1 The Background of Agreement on Trade in
       Civil Aircraft ·········· 72
    4.3.2 The Contents of Agreement on Trade in Civil Aircraft ······ 73
  4.4 Information Technology Product Trade ·········· 74
    4.4.1 The Background of Agreement on Information Technology ······ 74
    4.4.2 The Contents of Agreement on Information Technology ··· 75
  4.5 Exercise ·········· 76

Chapter 5 Interpretation and Application of WTO Trade Remedy Rules ·········· 79

  5.1 Overview of WTO Trade Remedy Rules ·········· 79
    5.1.1 WTO Trade Remedy Rules System ·········· 80
    5.1.2 Practices of WTO Trade Remedy Rules ·········· 81
  5.2 Anti-dumping Actions ·········· 82
    5.2.1 Definition of Dumping ·········· 82
    5.2.2 Identification of Dumping ·········· 83
    5.2.3 Definition of Anti-dumping ·········· 86
    5.2.4 Anti-dumping Measures ·········· 86
    5.2.5 Procedures for Implementing Anti-dumping Investigation ······ 87
    5.2.6 Settling Disputes ·········· 93
    5.2.7 Special Arrangements for Developing Country Members ··· 93
  5.3 Subsidies and Countervailing Measures ·········· 94
    5.3.1 Definition of Subsidies ·········· 94
    5.3.2 Classification of Subsidies ·········· 95
    5.3.3 Definition of Countervailing ·········· 96
    5.3.4 Countervailing Measures ·········· 96
    5.3.5 Procedures for Countervailing Investigation ·········· 97
    5.3.6 Special Arrangements for Developing Country Members ··· 98
  5.4 Safeguards ·········· 99
    5.4.1 Definition of Safeguards ·········· 99
    5.4.2 Implementation Requirements of Safeguards ·········· 99
    5.4.3 Implementation of Safeguards ·········· 101
    5.4.4 Special Arrangements for Developing Country Members ······ 102

5.5 Application of WTO Trade Remedy Rules 102
    5.5.1 The National Level 102
    5.5.2 The Corporate Level 103
5.6 Exercise 108

Chapter 6 Interpretation and Application of General Agreement on Trade in Services 110

6.1 The Emergence of GATS 110
    6.1.1 The Background of Service Trade Negotiations 111
    6.1.2 The Negotiating Process of GATS 112
6.2 Interpretation of Main Rules of GATS 113
    6.2.1 Scope and Definition 113
    6.2.2 General Obligations and Disciplines 114
    6.2.3 Specific Commitment Obligation 118
    6.2.4 Other Rules of GATS 119
    6.2.5 Deep Understanding of Important GATS Rules 120
6.3 GATS and China 122
    6.3.1 The Development of China's International Trade in Services 122
    6.3.2 The Impact of GATS on China's International Trade in Services 124
6.4 Application of GATS 124
    6.4.1 Most-favoured-Nation Treatment 124
    6.4.2 National Treatment 125
    6.4.3 Special Arrangements for Developing Country Members 126
    6.4.4 Other Strategies 126
6.5 Exercise 128

Chapter 7 Interpretation and Application of TRIPS 129

7.1 The Emergence of TRIPS 130
    7.1.1 The Background of TRIPS 130
    7.1.2 The Generative Process of TRIPS 131
7.2 The Main Contents of TRIPS 132
    7.2.1 General Provisions and Basic Principles 133
    7.2.2 the Availability, Scope and Use of TRIPS 135
    7.2.3 Law Enforcement 140
    7.2.4 Administrative Procedures and Related Measures 141
    7.2.5 Dispute Prevention and Settlement 144

    7.2.6 Institutional Arrangements and Final Provisions 144
  7.3 TRIPS and China 144
    7.3.1 The Development of IP Protection in China 145
    7.3.2 The Impact of TRIPS on IP Protection in China 146
    7.3.3 Disputes between China and the United States over
       IP Protection 146
  7.4 Applications of TRIPS 149
    7.4.1 The National Level 149
    7.4.2 The Corporate Level 151
  7.5 Exercise 152

Chapter 8 Interpretation and Application of TRIMs 155

  8.1 The Emergence of Agreement on TRIMs 155
    8.1.1 The Background of Agreement on TRIMs 156
    8.1.2 The Negotiating Process of Agreement on TRIMs 157
  8.2 Main Contents of Agreement on TRIMs 157
    8.2.1 Body 158
    8.2.2 Appendix 160
  8.3 Implications of Agreement on TRIMs 161
    8.3.1 The Positive Role of Agreement on TRIMs 161
    8.3.2 Deficiencies in Agreement on TRIMs 162
    8.3.3 Application and Latest Progress of Agreement on TRIMs 163
  8.4 Overview of China's IFDI and OFDI 164
    8.4.1 The Profile of China Attracting FDI 164
    8.4.2 Overview of the Development of China's OFDI 166
  8.5 Application of Agreement on TRIMs 167
    8.5.1 The National Level 168
    8.5.2 The Corporate Level 168
  8.6 Exercise 170

Chapter 9 Interpretation and Application of Trade Facilitation Agreement ... 171

  9.1 The Background of TFA 171
    9.1.1 The Negotiating Process of TFA 171
    9.1.2 The Agreement was Incorporated into the WTO Protocol 172
  9.2 Interpretation of Main Rules of TFA 173
    9.2.1 The Purpose of TFA 173
    9.2.2 The Rules of TFA 173
    9.2.3 Special Arrangements for Developing and Least-developed

		Country members	181
	9.2.4	System Arrangements and Final Regulations	182
9.3	The Significance of Implementing TFA		182
	9.3.1	Widen the WTO's Multilateral Trade Rules	182
	9.3.2	Get Considerable Benefits to Global Economy and Trade	183
9.4	TFA and China		183
	9.4.1	The Development of China's TFA	183
	9.4.2	The Impact of TFA on China	184
9.5	Exercise		185

Chapter 10 More Topics of WTO ········ 187

- 10.1 Trade and Environment Rules in the WTO ········ 187
  - 10.1.1 Trade and Environment ········ 187
  - 10.1.2 WTO Agreements and Provisions Relating to the Environment ········ 189
  - 10.1.3 WTO Environmental Rules and China ········ 191
  - 10.1.4 Application of WTO Environmental Rules ········ 193
- 10.2 E-commerce ········ 194
  - 10.2.1 Definition and Discussion of E-commerce in WTO ········ 194
  - 10.2.2 E-commerce and China ········ 196
- 10.3 Other Rules ········ 199
- 10.4 Exercise ········ 200

Chapter 11 Interpretation and Application of WTO DSU ········ 201

- 11.1 Overview of Dispute Settlement Mechanisms ········ 201
  - 11.1.1 The Formation of WTO DSU ········ 201
  - 11.1.2 The Basic Principles of WTO DSU ········ 202
  - 11.1.3 The Procedures of WTO DSU ········ 204
- 11.2 Main Issues of WTO DSU ········ 207
  - 11.2.1 Issues of Consultation ········ 207
  - 11.2.2 Issues of Panel ········ 207
  - 11.2.3 Issues of Appeal ········ 208
  - 11.2.4 Issues of Implementation ········ 208
- 11.3 Application of DSU ········ 209
  - 11.3.1 Introduction ········ 209
  - 11.3.2 BRICS Participation ········ 210
- 11.4 Application of DSU ········ 213
  - 11.4.1 The National Level ········ 214

    11.4.2 The Corporate Level ·· 215
    11.4.3 The Responding Skills ··· 215
  11.5 Exercise ··· 217

Chapter 12 The Future of WTO ·· 218

  12.1 The Dilemma of WTO ··· 218
    12.1.1 The Conflicts between North and South Countries ······ 219
    12.1.2 The Conflicts of New Trade Protectionism ·············· 219
    12.1.3 The Conflicts of RTA ·· 219
    12.1.4 WTO's Own Defects ··· 222
  12.2 Advocates of WTO Reform ·· 222
    12.2.1 United States ·· 222
    12.2.2 Europe Union ··· 224
    12.2.3 Canada ·· 226
    12.2.4 China ··· 226
    12.2.5 WTO Reform Conference ······································ 232
  12.3 The Possible Reform Direction of WTO in the Future ············· 232
    12.3.1 Strengthen the Functions and Powers of the
        Director-General and Secretariat ····························· 232
    12.3.2 Expand the Transparency of WTO ·························· 233
    12.3.3 Reform Existing Decision-Making Mechanisms ·········· 233
    12.3.4 Innovative Negotiation Mode ································· 233
    12.3.5 Reform of Appeal Mechanism ································ 233
    12.3.6 Improve the Treatment of Developing Countries ········ 234
  12.4 Exercise ··· 235

Main References ··· 236

Appendix ··· 237

第1章

世界贸易组织概述

世界贸易组织(World Trade Organization,WTO),诞生于1995年1月1日,总部设在瑞士日内瓦。WTO规则体系是多边贸易体制的法律和组织保障,其作用是任何其他全球性和区域性贸易组织都无法替代的。以WTO为核心的多边贸易体制是当今世界经贸发展的基石。作为唯一参与制定国际交易原则、解决贸易争端的国际组织,WTO自成立以来,通过贸易政策审议机制和争端解决机制解决成员之间的贸易争端,加强成员之间的市场融合;关注发展中国家成员尤其是最不发达国家成员的贸易发展及其在世界贸易中比重的提升,促进新加入成员的改革与开放。2017年,其164个成员的贸易总额占全球总贸易额的98%。

成立20多年来,WTO规则不断拓展和丰富,在全球经济治理中有着重要影响,在一定程度上起到了抵制贸易保护主义的积极作用。当前,世界经济格局正处于深刻调整的过程中,单边主义、保护主义抬头,经济全球化遭遇波折,多边贸易体制受到挑战。

本章主要介绍了WTO确立与发展的基础,WTO的建立、决策机制及其成员等。

★学习目标和要求
(1) 了解WTO确立与发展的基础;
(2) 了解国际贸易体制如何从关税与贸易总协定(GATT)体制演变到WTO体制;
(3) 熟悉WTO的决策机制;
(4) 了解WTO成员的来源,熟悉WTO成员的加入、退出程序等。

1.1 世界贸易组织确立与发展的基础

WTO诞生于20世纪90年代中期,其确立和发展的基础来源于有节制的自由贸易理论、市场经济体制、经济全球化、可持续发展和国际贸易利益协调。

1.1.1 有节制的自由贸易理论

自由贸易理论(free trade theory)起始于法国的重农主义,成论于古典派政治经济学,后经不断丰富和发展。李嘉图的比较优势理论是自由贸易的基石。自由贸易提出者认为,实行自由贸易可以带来下列利益:

(1) 形成互相有利的国际分工。在自由贸易下,各国可以按照自然条件、比较利益和要素丰缺状况进行国际分工。通过国际分工加强专业化,增进各国各专业的特殊生产技能；使生产要素得到优化配置；节省社会劳动时间；促进发明和市场的发育。

(2) 扩大真实的国民收入。在自由贸易环境下，每个国家都根据自己的条件发展其最擅长的生产部门，由此劳动和资本就会得到合理的分配和运用，增加社会效益，再通过贸易以较少的花费换回较多的东西，就能增加国民财富。

(3) 提高国民福利。在自由贸易下，可进口廉价商品，减少消费者开支。

(4) 提高经济效益。自由贸易可以消除或削弱垄断，加强竞争，促进和普及科学技术发明。

(5) 促进资本积累。自由贸易可以使生产资料和生活资料更加便宜，提高企业利润率。

1.1.2 市场经济体制

WTO追求贸易自由化的目标，根源于市场经济规律的要求与发展。WTO负责实施管理的贸易协定与协议基本上反映了市场经济体制的基本要求。而这些贸易协定与协议的实施，又促进了WTO成员市场经济的发展和完善。

WTO规则和运行机制根源于市场经济体制(market-based economy system)。在实施管理的贸易协定与协议中，贯穿了非歧视原则、扩大贸易自由化原则、可预见的和不断增长的市场准入程度原则、促进公平竞争原则、鼓励发展和经济改革原则。WTO运行机制中则不同程度地体现了市场经济体制的一些要求，如：①WTO协定与协议都是通过谈判，在协商一致的原则下达成的。WTO成员的权利与义务基本是对等的。②WTO的组织基础具有平等性。WTO成员可以自由申请加入，也可自由退出。③WTO决策具有自主性和平等性。④WTO在进行决策时，主要遵循"协商一致"的原则，只有在无法协商一致时才通过投票表决决定。在部长级会议和总理事会上，每个WTO成员均有一票投票权。

WTO促进成员市场经济体制的发展与完善。WTO成员对建立WTO协定的任何条款不得提出保留。对多边贸易协定与协议任何条款的保留应仅以这些协定与协议规定的程度为限。对某个诸边贸易协议条款的保留应按该协议的规定执行。根据《建立WTO协定》，WTO成员必须一揽子接受"乌拉圭回合"谈判达成的所有贸易协定与协议。WTO"每一成员应保证其法律、法规和行政程序"与WTO各种协定与协议的规定义务一致。新成员在加入谈判时，要作出承诺，不断改革不符合WTO规则的国内贸易法规，以促进自身市场化率的不断提高。

1.1.3 经济全球化

经济全球化是人类社会经济发展的必然趋势，给世界各国的经济发展既带来了机遇也带来了挑战。在科技革命的推动下，经济全球化进程加快，生产要素在全球范围内的流动开始增多，各国市场的相互依赖不断深化，国际贸易规则日益趋同，世界各国的经济联系更加紧密，越来越多不同社会制度、不同发展水平、不同文化背景的国家加入全球经济体系之中。经济全球化为各国开启了机会之门，铺就了发展之路。

经济全球化推动了WTO的建立，与此同时，WTO也促进和发展了经济全球化，而经济全球化中的矛盾和问题又阻碍了 WTO 的进程和作用的发挥。经济全球化主要表现在以下几个方面：

(1) 贸易活动全球化。世界贸易额快速增长,贸易结构向高科技、服务业发展,对外贸易依存度在不断提高,电子商务流行,出现国际物流"革命"。WTO 发布的《2018 世界贸易报告》显示,当今世界正处于技术变革时代,数字技术的发展改变了全球贸易格局,不仅对货物贸易有利,还会促进服务贸易便利化、催生新的服务业态。2017 年,全球商品贸易量增长 4.7%,为 6 年来最高,商品贸易额增长 11%。除中东外,所有地区商品贸易量都出现增长,其中亚洲贸易量增幅最大(8.1%)。此外,2017 年,全球服务贸易全面复苏,服务贸易出口增长 8%,进口增长 6%。排名前三的商业服务出口国分别为美国、英国和德国,出口总额约为 1400 亿美元。但一些发展中经济体服务贸易规模增长迅速。排名第一的新加坡的年增长率为 36%,中国的年增长率为 28%,位居第二。[①]

(2) 生产活动全球化。传统的国际分工正在演变成为世界性的分工,形成了世界性的生产网络,越来越多的国家参与到世界性生产网络中。国际分工的加深,使产业内贸易得到了迅速发展。产业内贸易是既进口又出口同类产品的贸易。跨国直接投资导致了全球范围内的产业转移,深化了产业的垂直分工,促进了产业内贸易的发展。目前,产业内贸易已占世界货物贸易的 60% 以上。各国不再追求产品的所有生产环节,而是选择本国最具优势的环节,以获得经济全球化带来的收益。另外,随着跨国公司数量的增长和规模的扩大,公司内贸易在世界贸易中的地位越来越重要。根据联合国贸易与发展会议的估计,目前公司内贸易已占世界贸易总量的 1/3 左右,公司内贸易使跨国公司可以在全球范围内优化配置资源,降低交易成本,稳定生产经营,有效促进国际贸易的增长。[②]

(3) 金融行为全球化。金融国际化进程加快,地区性经贸集团的金融业出现一体化态势,金融市场迅猛扩大。当前各国各地区在金融服务、金融业务、金融资产、政策法规方面不断加深融合,互相影响、互相制约,竞争也更加激烈。全球金融市场不断开放,金融体系融合度不断加深,金融交易自由程度不断提升,既受全球化的影响,也加速了全球化。

(4) 投资领域全球化。国际对外直接投资与吸收外国直接投资主体多元化;对外直接投资与吸收外国直接投资并行;国际借贷资金流动量增长很快,证券股权投资在迅速发展。

(5) 企业运营全球化。跨国公司的作用在进一步加强,其特点是:经济规模巨大化、追求利润最大化、战略目标全球化、公司管理一体化、运行机制当地化、生产销售网络化和科研技术垄断化。各大跨国公司以全球为范围发展自身分支机构,这些分支机构突破了国界限制,带有某些地域特色又融合了其他地域的特色,放眼全球寻找最合适、最低廉的生产和投资环境,获得更多的利润,推动自身发展。

[①] World Trade Organization. World Trade Report 2018: The future of world trade[EB/OL]. https://www.wto.org/english/res_e/publications_e/wtr18_e.htm.

[②] 白树强. 世界贸易组织教程[M]. 北京:北京大学出版社,2009:8-9.

延伸阅读 1.1
科技创新驱动全球化向前发展,跨境电商改变全球贸易格局

(6) 消费行为全球化。在现代社会里,没有一个国家能够生产本国消费所需的全部产品,也没有一个国家愿意只消费本国的产品。随着贸易自由化和国际贸易的发展,世界各国居民不仅可以在本国市场上购买到越来越多的外国消费品,而且可以通过互联网在国际市场上直接进行消费。

1.1.4 可持续发展

WTO 将可持续发展纳入 WTO 下的多边贸易体制,主要表现为环境保护逐渐受到"1947 年关税与贸易总协定"的重视。首先,承认保护环境和可持续发展的必要性。《建立世界贸易组织马拉喀什协定》序言中指出:"本协定各成员,承认其贸易和经济关系的发展,应旨在提高生活水平,保证充分就业和大幅度稳步提高实际收入和有效需求,扩大货物与服务的生产和贸易,为可持续发展之目的最合理地利用世界资源,保护和维护环境,并以符合不同经济发展水平下各自需要的方式,加强采取相应的措施。"其次,协议中含有可持续发展的要求。在《GATT 1994》《农产品协议》《实施动植物检疫措施的协议》《技术性贸易壁垒协议》《补贴与反补贴措施协议》《服务贸易总协定》《与贸易有关的知识产权协定》《政府采购协议》中都包括可持续发展的内容。最后,正式成立贸易与环境委员会。1995 年年初,WTO 总理事会正式成立了一个贸易与环境委员会,旨在为促进持续发展而明确贸易措施与环境措施之间的关系,为多边贸易体系的规定是否应该修改提供适当的建议。

1.1.5 国际贸易利益协调

国际贸易利益协调是指世界经济主体之间互相协调其贸易政策,共同对国际贸易的运行和国际贸易关系的发展进行干预与调节,以便解决其中存在的问题,促进国际贸易关系和国际贸易正常发展的行为。

WTO 贸易利益协调的加强,主要体现在:①WTO 成员方国内的经贸法规与 WTO 的协定和协议要适应 WTO 的规范;②WTO 负责实施管理的贸易协定与协议,使国际贸易利益协调面扩展到整个世界经贸领域;③要提高最惠国待遇在 WTO 法律框架中的统一性;④WTO 体系中的权利、义务规范趋于"量化";⑤对发展中国家的贸易利益加强关注;⑥重视与其他国际组织和非政府组织的合作与联系;⑦通过加强政策审议和贸易争端机制,维护 WTO 成员的正当贸易权益。

1.2 世界贸易组织的建立

模拟谈判

1994 年 4 月 15 日在摩洛哥的马拉喀什市举行的关税与贸易总协定乌拉圭回合部长级会议决定成立更具有全球性的世界贸易组织,以取代成立于 1947 年的关税与贸易总协定(General Agreement on Tariffs and Trade,GATT)。WTO 于 1995 年 1 月 1 日成立并正式开始运行。它是规范和协调全球经贸关系的国际组织。WTO 虽然是一个年轻的国际组织,但是它的最终确立经历了一个漫长的过程。

1.2.1 《关税与贸易总协定》及其各轮谈判

在 WTO 正式运行之前,《GATT 1947》一直以临时适用的多边协定形式存在,肩负着某些国际贸易组织的职能,成为多边贸易体制的组织和法律基础。它是协调、处理缔约方间关税与贸易的主要多边协定,其宗旨是通过彼此削减关税及其他贸易壁垒,消除国际贸易上的歧视待遇,以充分利用世界资源,扩大商品生产和交换,保证充分就业,增加实际收入和有效需求,提高生活水平。

GATT 的基本准则包括:

(1) 非歧视原则。该原则是 GATT 的基石,主要体现在最惠国待遇和国民待遇两个方面。

(2) 以关税作为保护手段。《GATT 1947》不禁止对国内工业实行保护,但要求这些保护应通过关税进行,而不要采取其他行政手段。

(3) 贸易壁垒递减。成员方之间通过谈判降低各自的关税水平,并将这些减让的税目列入各国的关税减让表,使其"约束"起来,从而为发展成员方之间的贸易打下一个稳定和可预见的基础。由于列入减让表的已约束税率在 3 年内不得提升,3 年后若想提升也要同当初进行对等减让的缔约方协商,并对其受到的损失给予补偿,因此约束后的关税难以发生回升现象。

(4) 公平竞争。《GATT 1947》坚持公平的竞争,反对不公平的贸易做法。不公平贸易做法主要指倾销和补贴措施。

(5) 一般禁止数量限制。实行数量限制就是采用行政手段限制外国产品与本国工业进行竞争,在一般情况下,禁止通过数量限制进行保护。

(6) 对发展中国家予以特殊待遇。随着发展中国家数量的增加和力量的壮大,它们的利益在《GATT 1947》中也得到相应的反映,专门设置第四部分予以保证。

GATT 发起的一系列贸易回合谈判逐步建立起了世界多边贸易体系。1947—1994 年,GATT 共主持 8 轮多边贸易谈判,第 1 轮谈判主要讨论降低关税的问题,接下来的谈判包括更多领域,如反倾销和非关税等措施。前 7 轮的具体谈判情况见表 1-1。

表 1-1 GATT 前 7 轮谈判情况一览表

时间	地点	参加方	主要谈判成果
第 1 轮谈判 (1947 年 4—10 月)	瑞士日内瓦	23	达成 123 项双边关税减让协议,使占进口值 54% 的应税商品税率平均降低 35%;GATT 于 1948 年 1 月 1 日起临时生效
第 2 轮谈判 (1949 年 4—10 月)	法国安纳西	33	达成 147 项关税减让协议,使占进口值 56% 的应税商品税率平均降低 35%
第 3 轮谈判 (1950 年 9 月—1951 年 4 月)	英国托奎	39	实现近 9000 项商品的关税减让,使占进口值 16% 的应税商品税率平均降低 26%
第 4 轮谈判 (1956 年 1—5 月)	瑞士日内瓦	28	实现近 3000 项商品的关税减让,使占进口值 16% 的应税商品税率平均降低 15%
第 5 轮谈判(狄龙回合) (1960 年 9 月—1962 年 7 月)	瑞士日内瓦	45	实现近 4400 项商品的关税减让,使占进口值 20% 的应税商品税率平均降低 20%

续表

时间	地点	参加方	主要谈判成果
第6轮谈判(肯尼迪回合) (1964年5月—1967年6月)	瑞士日内瓦	54	经合组织成员间分阶段降低工业品关税,至1972年1月1日工业品进口关税下降35%;美国、英国、日本等21个缔约方签署第一个有关反倾销的协议;在《GATT 1947》原35个条款中新增"贸易与发展"等3个条款
第7轮谈判(东京回合) (1973年9月—1979年4月)	瑞士日内瓦	102	实现27 000多项商品的关税减让,全部关税降幅为25%~35%;进行削减非关税壁垒谈判,达成多项协议并产生诸边协议①;通过"授权条款"等特殊待遇

资料来源:主要参考李秀香等.WTO规则解读与运用[M].大连:东北财经大学出版社,2012的相关内容,并根据历次谈判成果整理。

1.2.2 "乌拉圭回合"谈判

WTO的成立是GATT第8轮多边贸易谈判的成果。该轮谈判又称"乌拉圭回合"(Uruguay round negotiations),1986年9月启动,到1994年4月签署最终协议,共历时8年。参加这轮谈判的国家和地区,由最初的103个增加到1993年年底谈判结束时的117个。这轮谈判时间长、议题多,是具有历史阶段性意义的一次多边贸易谈判。

1. "乌拉圭回合"谈判的背景、目标和主要议题

20世纪80年代以后,以政府补贴、双边数量限制、市场瓜分等非关税措施为特征的贸易保护主义重新抬头。为了遏制贸易保护主义,避免全面贸易战的发生,各方普遍要求建立一个更加开放、持久的多边贸易体制,美国、欧洲共同体、日本等共同倡导发起了这轮多边贸易谈判。1986年9月,各缔约方和一些观察员的贸易部长们在乌拉圭埃斯特角城经过激烈争论,最终同意启动该轮谈判。

在启动"乌拉圭回合"的部长宣言中,提出此轮谈判的主要目标:①通过减少或取消关税、数量限制和其他非关税措施,改善市场准入条件,进一步扩大世界贸易;②完善多边贸易体制,将更大范围的世界贸易置于统一的、有效的多边规则之下;③强化多边贸易体制对国际经济环境变化的适应能力;④促进国际合作,增强1947年GATT同有关国际组织的联系,加强贸易政策和其他经济政策之间的协调。

"乌拉圭回合"谈判的内容包括传统议题和新议题。传统议题涉及关税、非关税措施、热带产品、自然资源产品、纺织品与服装、农产品、保障条款、补贴和反补贴措施、争端解决等。新议题涉及服务贸易、与贸易有关的投资措施、与贸易有关的知识产权等。

2. "乌拉圭回合"的主要成果

(1) 货物贸易方面。一是关税减让。发达国家成员承诺总体关税削减幅度在37%左

---

① 诸边协议:WTO成员可自愿加入,并不是成为WTO成员的必需条件,诸边协议只对签字国有效,其所确立的权利与义务并不当然地及于WTO的所有成员。目前WTO的诸边协议包括:《民用航空器贸易协议》和《政府采购协议》。

右,对工业品的关税削减幅度达40%,加权平均税率从6.3%降至3.8%。发展中国家成员承诺总体关税削减幅度在24%左右,工业品的关税削减水平低于发达国家成员,加权平均税率从20.5%降至14.4%。关于削减关税的实施期,工业品从1995年1月1日起5年内结束(减让表中另有规定的除外)。无论发达国家成员还是发展中国家成员,均全面约束了农产品关税,并承诺进一步减让。农产品关税削减从1995年1月1日开始,发达国家成员的实施期为6年,发展中国家成员的实施期一般为10年,也有部分发展中国家成员承诺的实施期为6年。二是规则制定。"乌拉圭回合"制定的规则由四组协定与协议构成:第一组是《GATT 1994》,它包括1947年GATT的各项实体条款,1995年1月1日以前根据1947年GATT作出的有关豁免、加入等决定,"乌拉圭回合"中就有关条款达成的6个谅解,以及《1947年GATT马拉喀什议定书》;第二组是两项具体部门协议,即《农业协议》和《纺织品与服装协议》;第三组包括《技术性贸易壁垒协议》《海关估价协议》《装运前检验协议》《原产地规则协议》《进口许可程序协议》《实施卫生与植物卫生措施协议》《与贸易有关的投资措施协议》7项协议;第四组包括《保障措施协议》《反倾销协议》《补贴与反补贴措施协议》3项贸易救济措施协议。

(2)服务贸易方面。"乌拉圭回合"之前,1947年GATT谈判只涉及货物贸易领域。随着服务贸易的不断扩大,服务贸易在国际贸易中的重要性日益增强,但许多国家在服务贸易领域采取了不少保护措施,明显制约了国际服务贸易的发展。为了推动服务贸易的自由化,谈判方达成了《服务贸易总协定》。

(3)与贸易有关的知识产权方面。知识产权是一种无形资产,包括专利权、商标权、版权和商业秘密等。随着世界经济的发展,国际贸易范围的不断扩大,以及技术开发的突飞猛进,知识产权与国际经济贸易的关系日益密切,但已有的国际知识产权保护制度缺乏强制性和争端解决机制,未能对知识产权实行有效保护。为加强知识产权制度,谈判方达成了《与贸易有关的知识产权协定》。

(4)完善和加强多边贸易体制。根据国际贸易发展的切实需要,谈判突出原有谈判议题,达成《建立WTO协定》,以完善和加强多边贸易体制。这是"乌拉圭回合"取得的最为突出的成就。

1.2.3 《建立世界贸易组织协定》的达成

1. 协定达成的背景

1986年"乌拉圭回合"启动时,没有涉及建立WTO的谈判议题,只设立了一个关于完善1947年GATT体制职能的谈判小组。在谈判中,谈判者日益感到重大议题的谈判成果很难在"先天不足"的1947年GATT框架内付诸实施,需要建立一个正式的国际贸易组织。欧洲共同体于1990年年初首先提出建立一个多边贸易组织(Multilateral Trade Organization,MTO)的倡议,得到其他谈判者的支持。

1990年12月,布鲁塞尔贸易部长级会议就建立多边贸易组织进行协商。经过一年的紧张谈判,1991年12月形成了一份关于建立多边贸易组织协定的草案。时任GATT总干事阿瑟·邓克尔将该草案和其他议题的案文汇总,形成"邓克尔最后案文(草案)",供进一步谈判。1993年12月,根据美国的动议,把"多边贸易组织"改为"世界贸易组织"。

1994年4月15日,"乌拉圭回合"参加方在摩洛哥马拉喀什通过了《建立世界贸易组织马拉喀什协定》(Marrakesh Agreement Establishing the World Trade Organization),简称《建立世贸组织协定》或《WTO协定》。

2.《WTO协定》的构成

WTO的法律体系框架是在临时适用的1947年GATT基础上,经过多次贸易谈判,修改、增加、补充了一系列协议、议定书,特别是在"乌拉圭回合"所达成的一揽子协定基础上最终形成的。因此,WTO的法律体系的基本框架及其内容集中体现在《"乌拉圭回合"多边贸易谈判的最后文本》中,文本中的根本性法律文件是《WTO协定》。表1-2列出了《WTO协定》的结构。

表1-2 《WTO协定》的结构和内容一览表

结构	内容
序言	WTO的宗旨和对GATT的继承性
第1条	WTO的建立
第2条	WTO的管辖范围
第3条	WTO的职能
第4条	WTO的组织机构
第5条	WTO与其他组织的关系
第6条	设立由总干事领导的秘书处
第7条	预算和会费
第8条	WTO的地位
第9条	WTO的决策机制
第10条	协议的修正
第11条	创始成员的资格
第12条	申请加入WTO的条件和程序
第13条	多边贸易协议在特定成员间的不适用
第14条	协定的接受、生效和保存
第15条	成员的退出
第16条	杂项条款
附件1A	《多边货物贸易协定》,即《GATT 1994》,下辖协议包括:《农业协议》《纺织品与服装协议》《实施卫生与植物卫生措施协议》《技术性贸易壁垒协议》《装运前检验协议》《原产地规则协议》《进口许可程序协议》《反倾销协议》《补贴与反补贴措施协议》《保障措施协议》《与贸易有关的投资措施协议》《关于实施1994 GATT第6条的协议》《关于实施1994 GATT第7条的协议》
附件1B	《服务贸易总协定》,下辖议定书包括:GATS第二议定书:金融服务;GATS第三议定书:自然人流动;GATS第四议定书:基础电信;GATS第五议定书:金融服务
附件1C	《与贸易有关的知识产权协定》
附件2	《关于争端解决规则与程序的谅解》
附件3	《贸易政策审议机制》
附件4	4个诸边贸易协定,包括:目前在用《民用航空器贸易协议》《政府采购协议》,已于1997年12月31日废止的《国际奶制品协议》《国际牛肉协议》

资料来源:张汉林等.世界贸易组织概论[M].北京:北京师范大学出版社,2012.

1.2.4 世界贸易组织和关税与贸易总协定的区别

《WTO 协定》标志着 WTO 的正式建立。它取代了 GATT,并且以"乌拉圭回合"多边贸易谈判达成的最后文件所形成的一整套协定的条款作为国际准则,对各成员之间的经济贸易关系进行有效的监督和管理。GATT 是 WTO 的前身,两者有着内在的历史继承性。WTO 继承了 GATT 的合理内核,包括其宗旨、职能、基本原则及规则等。与 GATT 相比,WTO 管理的多边贸易体制涵盖了货物贸易、服务贸易以及与贸易有关的知识产权,而 GATT 只适用于货物贸易。从某种意义上讲,WTO 全方位地修正了 GATT 的局限性。WTO 与 GATT 的不同之处主要有以下几点:

(1) 法律地位不同。WTO 是一个具有法人地位的永久性正式国际组织,而 GATT 仅仅是缔约方之间的一个多边临时性协定,不具有法人地位。WTO 建立了一个复杂的组织机构,有自己的成员,以保证 WTO 的运作,并负有与其他国际组织开展合作的使命。而 GATT 只是一个事实上的国际组织,其成员被称为缔约方。此外,WTO 成员更具广泛性。

(2) 约束力不同。GATT 建立在临时适用的基础之上。如果 GATT 条款与缔约方的已有法规发生抵触,《临时适用议定书》允许缔约方根据"祖父条款"免于适用这些重要条款。而 WTO 是作为一个组织而创建的,"祖父条款"不再存在。因此,WTO 成员不能再借助其已有的国内法规来规避对 WTO 协议的遵守。WTO 规定,其成员必须受到"一揽子承诺"的约束。

(3) 管辖范围不同。GATT 只处理货物贸易规则问题;WTO 不仅要处理货物贸易规则问题,还要处理服务贸易和与贸易有关的知识产权的规则问题。在货物贸易规则上,WTO 管理的协议扩展到卫生与植物检疫和技术贸易壁垒方面。

(4) 争端解决能力不同。WTO 建立了一个强有力的争端解决机制,它采用"反向一致"原则,这意味着只有得到所有成员的一致反对,方可推翻专家的结论。裁决具有自动执行的效力,同时明确了争端解决和裁决实施的时间表。而 GATT 的争端解决机制遵循"协商一致"的原则,通过专家的结论为一方拖延争端解决找到机会。对争端解决没有时间表,贸易争端的解决机制缺少权威性和约束力。此外,允许 WTO 成员在争端解决机制中运用交叉报复,可以在受损最严重的领域对违约方进行惩罚。

综上所述,各缔约方认为有必要在 GATT 基础上建立一个正式的国际经贸组织来协调、监督、管理和执行"乌拉圭回合"的成果。经过多方修改和各谈判方的讨论后,根据《WTO 协定》的规定,1995 年 1 月 1 日 WTO 正式成立。自此之后,WTO 在全球经济贸易中担当重要角色,发挥积极作用。

延伸阅读 1.2
从 GATT 到 WTO:全球化与法律秩序变革

1.2.5 世界贸易组织的宗旨和职能

WTO 作为一个正式的国际组织,为管理和协调各成员的多边贸易关系提供了一个重要的框架机制。作为世界性的贸易组织,其使命和运行机制通过确立的宗旨与具体的职能实现。

1. WTO 的宗旨

WTO 的目标是建立一个完整的包括货物、服务、与贸易有关的投资及知识产权等更具活力、更持久的多边贸易体系,以保护关税与贸易总协定贸易自由化的成果和"乌拉圭回合"多边贸易谈判的所有成果。为此,《WTO 协定》中明确规定,WTO 的宗旨是:WTO 全体成员在处理贸易和经济领域的关系时,应提高生活水平,保证充分就业,大幅度提高实际收入和有效需求;扩大货物、服务的生产和贸易;持久地开发和合理地利用世界资源,努力保护和维护环境,并以符合本国经济发展水平的方式来加强环保力度。

WTO 所建立的新世界多边贸易体制的目标除包括关税与贸易总协定的宗旨外,还有了实质性的扩大:第一,把服务的生产贸易加进多边贸易体制;第二,把可持续发展的目标纳入多边贸易体制;第三,强调关注发展中国家特别是最不发达国家的贸易发展;第四,提出多边贸易体制的特点是完整的、更可行的和持久的多边贸易体制;第五,明确提出 WTO 就是要维护多边贸易体制的基本原则的决心。

2. WTO 的职能

(1) 贸易磋商。一是为成员方在执行《建立 WTO 协定》各附件所列协议遇到问题时,提供谈判场所,以解决有关的多边贸易关系问题;二是为各成员方继续进行新议题的谈判提供场所。

(2) 实施与监督。WTO 首要的和最主要的职能是便利《建立 WTO 协定》及其多边贸易协定的实施、管理和运用,促进它们各自目标的实现,并为诸边贸易协定提供实施、管理和运用的体制。在附件 3 中,确认世界上前 4 个贸易实体每 2 年审议一次,其后的 16 个贸易实体每 4 年审议一次,其他成员每 6 年审议一次,对最不发达国家成员审议的间隔期限更长。此外,贸易政策审议机制,还应对影响多边贸易体制的国际贸易环境的发展情况作出综述,列出 WTO 的主要活动,并指出影响贸易体制的重大政策问题。

(3) 争端解决。WTO 根据《建立 WTO 协定》附件 2 所列的安排设立争端解决机构。为此,WTO 应管理"乌拉圭回合"达成的《关于争端解决的规则与程序的谅解》,这是 WTO 关于争端解决的基本法律文件。WTO 各成员的贸易争端,经双方协商不能解决的,可以诉诸 WTO 争端解决机制。

(4) 贸易建设。WTO 对发展中国家成员,尤其是最不发达国家成员提供技术支持和培训。在技术援助方面,WTO 与发展中国家的研究教育机构合作,开展有关 WTO 的教育培训,为发展中国家培养师资力量,通过互联网或电视开展远程教育等。在培训方面,WTO 在瑞士日内瓦定期举办培训活动,包括例常举办的为期 3 个月的贸易政策培训班和其他短期培训课程。

(5) 协调职能。WTO 与国际货币基金组织(IMF)、世界银行(WB)、联合国贸易和发展会议及其他国际机构均有合作。1996 年 12 月 9 日签订的《IMF 与 WTO 合作协议》规定,WTO 必须与 IMF 在货币储备、国际收支、外汇安排等方面进行全面的协调;WTO 中涉及 IMF 管辖范围的汇率事宜,必须与 IMF 协商;IMF 所提供的管辖范围事宜,应当载入 WTO 议事录。1997 年年初签订的《WB 与 WTO 合作协议》规定,"要促进 WTO 与 WB 和 IMF 之间的合作,使其在全球经济政策的制定上更趋协调;共享彼此的经济、社会数据,包括全球债务表、货物、服务市场准入承诺和减让表等;承担联合研究和技术合作,交换各自的报告及其他文件"。

1.3 世界贸易组织的组织机构与决策机制

按照《建立 WTO 协定》中架构组成规定,各种机构建立初期为 35 个,根据需要,再增加设立。WTO 的总部设在瑞士日内瓦,在 1947 年 GATT 原址上扩建。WTO 的组织机构如图 1-1 所示。其英文版本可扫描右侧二维码获取。

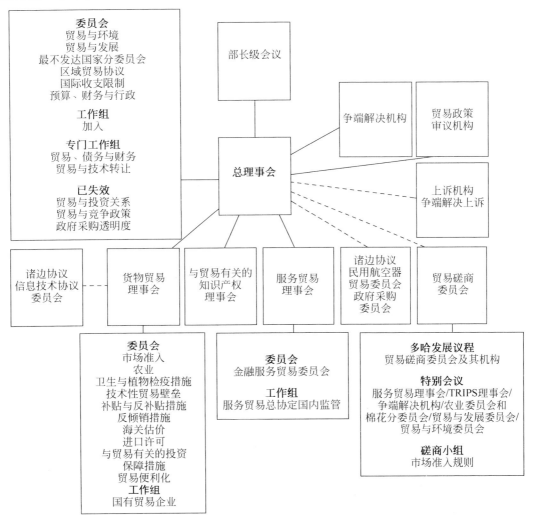

图 1-1　世界贸易组织的组织机构

图片来源：WTO 官网.［2019-08-20］. https://www.wto.org/english/thewto_e/whatis_e/tif_e/org2_e.htm.

1.3.1 世界贸易组织的组织机构

1. 部长级会议

部长级会议(ministerial conferences)是 WTO 的最高决策机构,由 WTO 的所有成员组成。根据《建立 WTO 协定》,部长级会议至少每两年举行一次,历届部长级会议的中心议题、代表成果如表 1-3 所示。

表 1-3 1996—2017 年 WTO 历届部长级会议

时　　间	地　　点	中心议题	代表性成果
第 1 届 1996 年 12 月 9—13 日	新加坡	乌拉圭协议执行情况、世界贸易的最新发展、有关 WTO 未来的讨论	《新加坡部长宣言》《信息技术协定》
第 2 届 1998 年 5 月 18—20 日	瑞士日内瓦	全球多边贸易体制 50 周年庆典、发动新一轮多边贸易谈判	《日内瓦部长宣言》《全球电子商务的决定》
第 3 届 1999 年 11 月 30 日—12 月 3 日	美国西雅图	启动"千年回合"	无果而终
第 4 届 2001 年 11 月 9—14 日	卡塔尔多哈	审议通过中国大陆和中国台北加入 WTO 的决定,并决定启动新一轮多边贸易谈判(多哈回合)	《多哈部长宣言》《与执行有关的问题及若干考虑》《TRIPS 协定与公共健康宣言》
第 5 届 2003 年 9 月 10—14 日	墨西哥坎昆	中期评审	《坎昆部长宣言》
第 6 届 2005 年 12 月 13—18 日	中国香港	推动多哈发展回合谈判	《香港部长宣言》
第 7 届 2009 年 11 月 30 日—12 月 3 日	瑞士日内瓦	WTO、多边贸易体系及目前的全球经济环境	未达成有效协议
第 8 届 2011 年 12 月 15—17 日	瑞士日内瓦	多边贸易体系和 WTO 的重要性、贸易与发展和多哈发展议程;讨论俄罗斯等国加入 WTO 的问题	
第 9 届 2013 年 12 月 3—7 日	印度尼西亚巴厘岛	贸易便利化、农业与发展	《巴厘部长宣言》
第 10 届 2015 年 12 月 15—18 日	肯尼亚内罗毕	承诺全面取消农产品出口补贴;达成关税减让协议——《信息技术协定》扩围协议;批准阿富汗和利比亚加入 WTO	《内罗毕部长宣言》
第 11 届 2017 年 12 月 10—13 日	阿根廷布宜诺斯艾利斯	就渔业补贴、电子商务工作计划、小经济体工作计划等通过部长决定	

资料来源:根据 WTO 网站及各权威网站资料整理。

部长级会议具有如下职能:①有权设立贸易与发展委员会、国际收支限制委员会,以及预算、财务和管理委员会,在适当情况下,"可设立具有其认为适当的职能的其他委员会";②任命总干事并制定有关规则,确定总干事的权力、职责、任职条件和任期以及秘书处工作人员的职责及任职条件;③对《建立 WTO 协定》及其附件作出解释和修改;④豁免某成员方在特定情况下承担的义务,并对超过1年的豁免按规定进行审议,决定对豁免的延长、修改或终止;⑤审议成员方提出的对《建立 WTO 协定》或多边贸易协定进行修改的动议;⑥决定将某一贸易协定补充进诸边贸易协定或将其从该协定之中删除;⑦决定加入 WTO 的国家或具有单独关税区地位的地区;⑧审议互不适用多边贸易协定的执行情况并提出适当建议;⑨决定《建立 WTO 协定》、多边贸易协定生效的日期及这些协定在生效2年后可继续开放接受的决定。

2. 总理事会

总理事会(General Council)由 WTO 全体成员的代表组成,在部长级会议休会期间行使部长理事会的职能。会议可根据需要适时召开,通常每年召开6次左右。

此外,总理事会还有依据《建立 WTO 协定》指定的职能:①酌情召开会议,履行《争端解决机制谅解》规定的争端解决机构的职责。为此,设立争端解决机构(dispute settlement body),下设专家小组和上诉机构负责处理成员方之间基于各有关协定、协议所产生的贸易争端。②酌情召开会议,履行《贸易政策审议机制》中规定的贸易政策审议机构的职责。为此,旁设了贸易政策审议机构(trade policy review body),定期审议各成员方的贸易政策、法律与实践,并就此作出指导。③设立货物贸易理事会、服务贸易理事会和与贸易有关的知识产权理事会,各理事会应根据总理事会的总体指导运作。④听取贸易与发展委员会关于执行多边贸易协定中对最不发达国家成员的特殊规定,以采取适当的行动。⑤了解诸边贸易协定执行机构的活动情况。⑥与 WTO 工作有关的政府间组织和非政府间组织进行有效的协商与合作。⑦批准 WTO 的年度预算和财务报告,批准有关成员方应缴纳的会费的财务规则。

1.3.2 世界贸易组织的决策机制

WTO 是"成员驱动"的,所有成员的政府都要达成共识才能作出决定。不同于世界银行和国际货币基金组织等其他国际组织。在 WTO 中,权力不授予董事会或组织负责人。

在大约160名成员之间达成共识是很困难的。但其优点在于,这样得出的决定对所有成员来说都是可以接受的。尽管困难重重,还是达成了一些令人瞩目的协议。

1.4 世界贸易组织成员

WTO 是对关税与贸易总协定的继承,因此,从组织渊源来看,WTO 成员分为两种:一是原始成员;二是加入成员。此外,还有部分观察员。截至2016年12月,WTO 成员已从1995年1月1日成立之初的112个增加到164个,另有21个观察员。

1.4.1 原始成员和加入成员

1. 原始成员

根据《建立 WTO 协定》,WTO 原始成员(original members)必须满足两个条件:①在1995年1月1日《建立 WTO 协定》生效之前,已成为关税与贸易总协定缔约方,并在《建立 WTO 协定》生效后 2 年内接受该协定及其多边贸易协定;②在货物和服务贸易领域中作出关税减让和承诺,有关关税减让和承诺表已分别附在《GATT 1994》和《服务贸易总协定》中。最不发达国家若要成为原始成员,也必须具备相同的基本条件,但只需承担与其发展水平和管理能力相符的关税减让和承诺。

我国香港和澳门地区都是 GATT 缔约方,根据上述 WTO 规定,1995 年 1 月 1 日,它们都是 WTO 的原始成员。

2. 加入成员

《建立 WTO 协定》第 12 条规定:"任何国家或在处理对外贸易关系及本协定和多边贸易协定的其他事项方面拥有完全自主权的单独关税区,可按它与 WTO 协议的条件加入本协定。"

中国作为主权国家可以申请加入 WTO,中国台湾地区作为单独关税区也有资格申请加入 WTO,并均已在 WTO 第四次部长级会议上先后成为 WTO 成员。

3. 观察员

已申请加入 WTO 的国家或单独关税区可以申请成为 WTO 的观察员(observers),未申请加入 WTO 的国家或单独关税区也可以申请,经批准后成为 WTO 的观察员(但 5 年内必须开始进行加入 WTO 的谈判)。观察员可以列席 WTO 的一些会议和谈判。国际组织也可以申请经批准成为观察员,WTO 总理事会及其下属机构各有数量不等的国际组织观察员参加相关议题的会议和讨论。预算财务和行政管理委员会、争端解决机构及加入 WTO 工作组都不设置国际组织观察员。

1.4.2 世界贸易组织的加入与退出

加入 WTO 的程序分为如下 4 个阶段。

阶段 1:提出申请与受理。首先,申请加入方要向 WTO 总干事递交正式信函,表明加入 WTO 的愿望。WTO 秘书处负责将申请函发给全体成员,并将审议加入申请列入总理事会会议议程。总理事会审议加入申请并成立相应工作组,所有对申请加入方感兴趣的 WTO 成员都可以参加工作组,总理事会经与申请加入方和工作组成员磋商后,任命工作组主席。

阶段 2:对外贸易制度的审议和双边市场准入谈判。申请加入方应向工作组提交对外贸易制度备忘录、现行关税税则及有关法律、法规,由工作组进行审议。工作组成员通常以书面形式,要求申请加入方进一步说明和澄清对外贸易制度的运作情况,申请加入方需作出书面答复。工作组将根据需要召开若干次会议,审议申请加入方的对外贸易制度及有关答复。在对外贸易制度审议后期,申请加入方同有关成员开始双边贸易的市场准入谈判,凡是提出双边市场准入谈判要求的成员,申请加入方都要与其谈判。通常,谈判双方需要在申请加入方加入前达成双边市场准入协议。

阶段 3:多边谈判和起草加入文件。在双边谈判后期,多边谈判开始,工作组着手起草"加入议定书"和"工作组报告书"。加入议定书包括申请加入方与工作组成员议定的加入条件,并附有货物贸易和服务贸易减让表。工作组报告书包括工作组讨论情况总结。在工作组举行的最后一次正式会议上,工作组成员协商一致通过上述文件,达成关于同意申请加入方加入WTO的决定,提交部长级会议审议。

阶段4:加入文件的表决和生效。WTO部长级会议对加入议定书、工作组报告书和决定草案进行表决,需经2/3的多数成员同意方可通过。申请加入方以签署或其他方式向WTO表示接受加入议定书。在WTO接到申请加入方表示接受的文件之日起第30天,有关加入文件开始生效,申请加入方成为WTO正式成员。

任何成员都可以退出WTO。在WTO总干事收到书面退出通知之日起的6个月期满后,退出生效。退出应同时适用于《建立WTO协定》和其他多边贸易协定。退出之后,与其他WTO成员的经贸关系从多边贸易关系回到双边贸易关系,不再享受WTO成员的权利,同时也解除了作为WTO成员应尽的义务。

延伸阅读1.3
中国入世历程

1.5 世界贸易组织秘书处

WTO秘书处(WTO Secretariat)旨在为WTO成员的政府就本组织开展的所有活动提供高质量、独立的支持,并以专业、公正和诚信的态度为WTO服务。秘书处作为一个多文化的团队,由具有各种技能、知识和经验的高素质人员组成,负责履行秘书处各项职责,致力于成为一支高效率和勤奋的国际公务员队伍。

WTO设立的由总干事领导的秘书处,为日常办事机构,下有副总干事4人。总干事的权力、职责、服务条件和任期由部长级会议通过后确定,秘书处没有决策权。秘书处的主要任务是为WTO机构谈判协定或协议服务。它的主要职责是为各理事会和委员会提供技术和专业支持,为发展中国家提供技术援助,监测和分析世界贸易的发展,为公众和新闻媒体提供信息,并组织部长级会议。秘书处还在争端解决过程中提供某些形式的法律援助,并向希望成为WTO成员的政府提供咨询。

总干事任命秘书处的职员,其职责和服务条件由总干事根据部长级会议通过的条例确定。总干事和秘书处职员的职责属于国际性质,在履行职责时不得寻求或接受WTO之外任何政府或任何其他权力机关的指示。他们应避免任何可能对其国际官员身份产生不利影响的行动。WTO成员应尊重总干事和秘书处职员职责的国际性质,不得在他们履行职责时对其施加影响。

目前,秘书处下设总干事办公室等25个单位,共有职员625名,来自83个国家。专业人员主要以经济学家、法律专家及精通国际贸易政策的专家为主。秘书处还设立若干个处,负责支援相关委员会的工作,如农业和商品处负责支援与农业协议有关的工作;协助处理申请加入WTO的国家或单独关税区的加入谈判,为其提供咨询等。WTO的工作语言是英语、法语和西班牙语。

如表1-4所示,WTO现任总干事是罗伯托·阿泽维多(巴西前外交部副部长)。他是WTO的第六任总干事,于2013年9月1日就任,任期4年。在2017年2月的总理事会会议上,WTO成员一致同意任命其连任总干事,任期4年,自2017年9月1日起生效。

表 1-4 WTO 历任总干事

姓　　名	国　　籍	任职年限
皮特·萨瑟兰	北爱尔兰	1994—1995 年
瑞那托·鲁杰罗	意大利	1995—1999 年
迈克·穆尔	新西兰	1999—2002 年
素帕猜·巴尼巴滴	泰国	2002—2005 年
帕斯卡尔·拉米	法国	2005—2009 年
帕斯卡尔·拉米	法国	2009—2013 年
罗伯托·阿泽维多	巴西	2013—2017 年
罗伯托·阿泽维多	巴西	2017—2021 年

资料来源：WTO 官方网站资料汇总。

1.6　世界贸易组织的预算

2015 年 WTO 秘书处的预算大约是 2.05 亿美元，WTO 年度预算的大部分收入来自成员的贡献。这些贡献是根据每个成员在国际贸易中所占份额的公式计算的。

WTO 还管理着一些由成员捐赠的信托基金。这些资金用于支持旨在使最不发达国家和发展中国家更好地利用 WTO 并从多边贸易体制中获得更大利益的技术合作和培训特别活动。

1.7　世界贸易组织的采购

WTO 采购部门负责以及时和符合成本效益的方式获得满足本组织需要的货物和服务。这些货物和服务除其他外，包括信息软件和硬件、安全产品和服务、复印及出版设备和材料、各种咨询服务，以及与 WTO 日内瓦大楼运作有关的货物和服务。在整个采购过程中，WTO 遵循以下原则：①有效地利用 WTO 的资源；②非歧视性、公平、公正和公开竞争；③透明度；④物有所值；⑤问责；⑥完整性；⑦尊重 WTO 的规章制度。

延伸阅读 1.4

共担时代责任，共促全球发展[①]

——习近平在世界经济论坛 2017 年年会开幕式上的主旨演讲节选

今天，我想从经济全球化问题切入，谈谈我对世界经济的看法。

我想说的是，困扰世界的很多问题，并不是经济全球化造成的。比如，过去几年来，源自中东、北非的难民潮牵动全球，数以百万计的民众颠沛流离，甚至不少年幼的孩子在路

---

① 资料来源：共担时代责任，共促全球发展，习近平在世界经济论坛 2017 年年会开幕式上的主旨演讲节选[EB/OL]. 人民网, http://theory.people.com.cn/n1/2018/0104/c416126-29746002.html.

途中葬身大海,让我们痛心疾首。导致这一问题的原因,是战乱、冲突、地区动荡。解决这一问题的出路,是谋求和平、推动和解、恢复稳定。再比如,国际金融危机也不是经济全球化发展的必然产物,而是金融资本过度逐利、金融监管严重缺失的结果。把困扰世界的问题简单归咎于经济全球化,既不符合事实,也无助于问题解决。

历史地看,经济全球化是社会生产力发展的客观要求和科技进步的必然结果,不是哪些人、哪些国家人为造出来的。经济全球化为世界经济增长提供了强劲动力,促进了商品和资本流动、科技和文明进步、各国人民交往。

当然,我们也要承认,经济全球化是一把"双刃剑"。当世界经济处于下行期的时候,全球经济"蛋糕"不容易做大,甚至变小了,增长和分配、资本和劳动、效率和公平的矛盾就会更加突出,发达国家和发展中国家都会感受到压力和冲击。反全球化的呼声,反映了经济全球化进程的不足,值得我们重视和深思。

"甘瓜抱苦蒂,美枣生荆棘。"从哲学上说,世界上没有十全十美的事物,因为事物存在优点就把它看得完美无缺是不全面的,因为事物存在缺点就把它看得一无是处也是不全面的。经济全球化确实带来了新问题,但我们不能就此把经济全球化一棍子打死,而是要适应和引导好经济全球化,消解经济全球化的负面影响,让它更好地惠及每个国家、每个民族。

当年,中国对经济全球化也有过疑虑,对加入世界贸易组织也有过忐忑。但是,我们认为,融入世界经济是历史大方向,中国经济要发展,就要敢于到世界市场的汪洋大海中去游泳,如果永远不敢到大海中去经风雨、见世面,总有一天会在大海中溺水而亡。所以,中国勇敢迈向了世界市场。在这个过程中,我们呛过水,遇到过旋涡,遇到过风浪,但我们在游泳中学会了游泳。这是正确的战略抉择。

世界经济的大海,你要还是不要,都在那儿,是回避不了的。想人为切断各国经济的资金流、技术流、产品流、产业流、人员流,让世界经济的大海退回到一个一个孤立的小湖泊、小河流,是不可能的,也是不符合历史潮流的。

人类历史告诉我们,有问题不可怕,可怕的是不敢直面问题,找不到解决问题的思路。面对经济全球化带来的机遇和挑战,正确的选择是,充分利用一切机遇,合作应对一切挑战,引导好经济全球化走向。

1.8 习　　题

1. 名词解释

关税与贸易总协定　世界贸易组织　部长级会议

2. 简答题

(1) 简述 WTO 在国际贸易利益协调中的作用。

(2) 简述 WTO 的主要职能。

(3) 简述 WTO 的宗旨。

(4) 简述 WTO 和关税与贸易总协定的区别。

3. 论述题

当地时间2018年7月11—13日,WTO对中国进行第7次贸易政策审议,对WTO秘书处独立撰写的关于中国的《贸易政策报告》和中国政府提交的《政策声明》两份文件进行审议。审议会前,来自WTO的42个成员提出了涉及中国宏观经济和贸易政策方方面面的1963个书面问题。审议会上,共有70个成员发言。WTO成员对中国认真履行市场开放承诺、努力遵守多边规则表示赞赏,同时期待中国在多边贸易体制中发挥更大影响。

WTO政策审议中心主任威利·阿法罗表示:我们看到中国非常积极地参与到这次的贸易政策审议中来,我们看到很多WTO成员代表前来参会,这说明他们对中国的关注。其中很多的成员提及这样一个事实,中国是几乎所有WTO成员重要的贸易伙伴,中国对于WTO成员的问题也积极地作出了评价和回应。

WTO根据成员的贸易规模将审议周期分为不同档次。贸易额排名世界前4位的成员每两年审议一次,居前5~20位成员每四年审议一次,其他成员每六年审议一次,最不发达成员审议周期会更长。中国加入WTO以来已接受6次审议,在2006年接受首次审议时属于审议周期"第二梯队",之后便进入"第一梯队",与美国、欧盟和日本三大经济体每两年接受一次WTO成员的集体"检阅"。

(资料来源:WTO对中国第七次贸易政策审议结束:肯定中国经济发展与贸易政策[EB/OL].央视网,http://news.cctv.com/2018/07/14/ARTISDzwFsLfynUj5DHrguXA180714.shtml.)

问题:

(1) 简述WTO贸易审议政策的作用。

(2) 试分析中国贸易政策审议备受关注的原因。

第 2 章

世界贸易组织基本原则解读与运用

多边贸易体制是促进世界经济和贸易稳定发展的重要保证。为了促进成员之间进行公平、互惠的贸易,避免贸易歧视和贸易摩擦,实现贸易的自由化,WTO制定了一系列的贸易原则。上述原则体现了多边主义的精神,反映了绝大多数成员的共识,特别是体现了WTO中约3/4的发展中国家及经济转型国家的诉求。以规则为基础的WTO,通过组织成员进行贸易谈判、贸易政策审议、解决贸易争端等方式开创了全球贸易的治理模式,促进了国际经济的协调,对全球经济和贸易的发展起到了至关重要的作用。

WTO自成立以来,除在2015年达成《贸易便利化协定》等少数新成果之外,几乎没有对新变化作出适当调整和有效回应。当前,单边主义和保护主义盛行,WTO的权威性和有效性受到挑战。在此背景下,WTO及其主要成员开始倡议推进WTO改革。WTO总干事阿泽维多强调,当前国际贸易体制的发展正处于关键时期,各成员必须积极参与应对多边贸易体制危机。欧盟、加拿大和日本等主要成员已各自提出WTO改革方案;中国明确表示赞成对WTO进行必要改革,同时坚持开放合作,维护多边贸易体制;美国多次要求WTO进行改革,但其方法是对WTO极限施压;IMF、WB等国际组织对WTO改革表示关切,呼吁各国积极推动改革,应对当前多边贸易体制面临的危机。但改革需要循序渐进,在保障其基本宗旨和原则不变的前提下,增强其权威性和领导力,强化多边贸易体制的核心作用,从而更好地促进全球经济的发展。

本章主要介绍了在WTO负责实施管理的贸易协定与协议中贯穿的基本原则:非歧视原则、贸易自由化原则、透明度原则、公平竞争原则、鼓励发展和经济改革原则。

★学习目标和要求

(1) 掌握WTO基本原则的概念;

(2) 了解WTO基本原则的主要内容;

(3) 熟悉WTO基本原则的具体适用范围及其例外,并结合案例分析其运用技巧。

为了保障宗旨和目标的实现,WTO制定了一系列原则,要求各成员通过达成互利互惠的安排,实质性地削减关税和其他贸易壁垒,消除在国际贸易交往中的歧视待遇,协调好各方的贸易政策,共同推进自由贸易发展等。这些基本原则体现在WTO的各项协议之中,主要包括非歧视原则、贸易自由化原则、透明度原则、公平竞争原则、鼓励发展和经济改革原则等(如图2-1所示)。

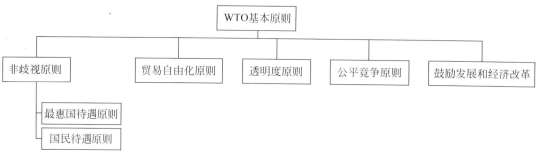

图 2-1　WTO 基本原则

2.1　非歧视原则

非歧视待遇(trade without discrimination)又称无差别待遇，是针对歧视待遇的一项缔约原则。它要求缔约双方在实施某种优惠和限制措施时，不要对缔约另一方实施歧视待遇。根据这项原则，WTO 一成员对另一成员不采用任何其他同样不适用的优惠和限制措施。本原则由最惠国待遇和国民待遇条款体现。

A country should not discriminate between its trading partners, and it should not discriminate between its own and foreign products, services or nationals.

在非歧视原则下，各成员本着互惠原则，进行对等的双边减让谈判，互惠得到的好处通过最惠国待遇无条件地适用于所有成员，使双边互惠成为多边互惠，使一成员对各成员的进口产品均无歧视。国民待遇保障了互惠的好处不受减损，使进口产品和国内产品同样在一国国内不受歧视。最惠国待遇的目的是一成员平等地对待其他任何成员，在不同成员之间实施非歧视待遇。国民待遇的目的是平等对待外国和本国的贸易活动主体和客体，实施非歧视待遇。

2.1.1　普遍最惠国待遇原则

1. 普遍最惠国待遇原则的含义

普遍最惠国待遇(general most-favored-nation treatment, MFN)是指一成员方将在货物贸易、服务贸易和知识产权领域给予任何其他国家(无论是否为 WTO 成员)的优惠待遇，立即和无条件地给予其他各成员方。例如，可以通过降低关税的方式给予优惠，可以通过允许向某国出口稀缺商品而优待该国，可以采取免税的方式给予某国特权，可以通过免除检疫要求的方式给予某国豁免。最惠国待遇的义务是 WTO 法律中最重要的原则。如果没有这一原则，多边贸易体制就不可能存在。

GATT 1947 1.1: With respect to customs duties and charges of any kind imposed on or in connection with importation or exportation, or imposed on the international transfer of payments for imports or exports, and with respect to the method of levying such duties and charges, and with respect to all rules and formalities in connection with importation and exportation, and with respect to all matters referred to in paragraphs 2 and 4 of Article Ⅲ, any advantage, favour, privilege or immunity granted by any contracting party to any product originating in or destined for any other country shall be accorded immediately and unconditionally to the like product originating in or destined for the territories of all other contracting parties.

在货物贸易方面,最惠国待遇不仅适用于关税,还适用于:①一切与进出口有关的其他费用;②关税和其他费用的征收办法;③与进出口有关的规章与手续;④国内税和其他国内费用;⑤有关影响产品销售、购买、运输、分销和使用的规则与要求等。

在服务贸易方面,根据《服务贸易总协定》第2条规定:在《服务贸易总协定》下的任何措施方面,各成员应立即和无条件地给予任何其他成员的服务和服务提供者以不低于其给予任何其他成员相同的服务和服务提供者的待遇,使最惠国待遇原则普遍适用于所有的服务部门。如果一成员在某个服务部门允许外国竞争,那么在该部门对来自 WTO 其他所有成员的服务及服务提供者都应给予相同的待遇。

在与贸易有关的知识产权保护方面,WTO 将最惠国待遇规定为其成员必须普遍遵守的一般义务和基本原则。《与贸易有关的知识产权协定》第4条规定:在知识产权保护方面,一成员给予任何其他成员国民的任何好处、优惠、特权或豁免,应立即无条件地给予所有其他成员的国民。各成员的国民应当享受同等的待遇,而不能对某一成员的国民实行歧视。

最惠国待遇原则在三大协定中都具有多边性。多边适用是 WTO 法律原则最重要的基础,具有重要的意义。从经济理论的角度看,最惠国待遇能够切实保证一成员从最有效的供应来源满足本身的进口需求,从而使比较优势原则充分发挥作用。从贸易政策角度看,最惠国待遇可以确保双边的关税或非关税壁垒减让谈判的成果在全体成员的多边范围内得到实施,进而促进全球贸易自由化。从国际角度来看,承诺实行最惠国待遇可以通过较大成员的实力帮助较小成员的利益和要求得到实现,使之获得平等的竞争机会与待遇。对于多边贸易体制来说,它是使市场的新来者顺利进入市场的保证。从一成员的国内角度来看,它促使成员实行更直接、更透明的政策及更为简化的保护制度。各成员承诺无条件最惠国待遇具有立法上的意义,可以保障授予行政当局贸易问题的处置权。

2. 最惠国待遇原则的特点

(1) 自动性(initiative)。它是最惠国待遇的内在机制,体现在"立即和无条件"的要求上。例如,A 国、B 国和 C 国同为 WTO 成员,当 A 国把从 B 国进口的汽车关税从 30% 降到 20%时,这个 20%的税率同样要适用于从 C 国等其他成员方进口的汽车。

(2) 同一性(identity)。当一成员给予其他国家的某种优惠,自动转给其他成员方时,受惠标的必须相同。例如,A 国给予从 B 国进口的汽车的关税优惠,只能自动适用于从 C 国等其他成员方进口的汽车,而不是其他产品。

(3) 相互性(reciprocity)。任何一个成员既是给惠方,又是受惠方,即在承担最惠国待遇义务的同时,享受最惠国待遇权利。

(4) 普遍性(universality)。普遍性是指最惠国待遇适用于全部进口产品、服务贸易的各个部门及所有种类的知识产权所有者和持有者。

3. 最惠国待遇原则的例外[①]

最惠国待遇原则是 WTO 法律制度的一个基石。但某些 WTO 成员不愿意或客观上不能给予所有成员一视同仁的待遇,在某些特殊情况下,它们要求有某些例外。WTO 允许它们在一定条件下提出请求,暂时背离最惠国待遇的规定,实行歧视性措施,如某些优惠只给予某些成员、某些措施只对某些成员实施。这些特殊情况下的某些例外就是最惠国待遇原则的例外。通常,这些例外的特征在最惠国待遇原则的实施过程中,缺少了无条件、互惠、普遍三个要求中的某个或全部。最惠国待遇原则的例外主要有以下 4 种情形。

(1) 区域经济一体化组织例外。区域经济一体化组织主要有自由贸易区(FTA)、关税同盟(CU)、共同市场(CM)和经济同盟(EU)等形式。在经济利益的推动下,区域贸易自由化已经成为一种潮流。目前,区域经济一体化是最惠国待遇原则的一个最重大、最现实的例外。WTO 允许区域贸易自由化作为最惠国待遇原则的例外,允许其贸易自由化的优惠安排只在彼此之间进行,GATT 第 24 条对其作为例外的合法性已经明确予以承认。

(2) 对发展中国家适用的"普惠制"[②](简称 GSP)例外。"东京回合"谈判通过的"授权条款"授权发达国家的缔约方根据普遍优惠制对原产自发展中国家的产品给予优惠的关税待遇。允许其不适用普遍的最惠国待遇,即在给予发展中国家成员最低关税时,不立即和无条件地将这类优惠给予其他成员。各给惠国实施了不同的普惠制方案。

延伸阅读 2.1
多边谈判举步维艰,区域一体化合作兴起

(3) 服务贸易领域的例外。《服务贸易总协定》规定,在该协定生效时,已在双边或几个国家之间签有服务贸易优惠协定的,可一次性列出豁免清单,作为最惠国待遇原则的例外,但一般要在 10 年内取消。

(4) 知识产权领域的例外。成员给予任何其他国家的知识产权所有者或持有者的下列权利,对 WTO 成员可不适用最惠国待遇原则:在一般司法协助的国际协议中享有的权利;《与贸易有关的知识产权协定》第 4 条规定,在 WTO 成立前已生效的国际知识产权保护公约中规定的权利,即最惠国待遇方面的优惠、特权及豁免的例外规定不在当事国义务范围内。

---

① WTO 多边贸易规则的法律框架"是由若干规则和相关例外所构成的",人们又把"例外规定"称为 WTO 的灵活适用原则。WTO 的"例外"条款有的有明文规定,有的则无规定,而是体现在其原则精神和实践中,归纳起来可以分为五大类:基本原则的例外、一般例外、安全例外、发展中国家成员的例外、免责规定等。每大类中又有若干例外,有些例外又是交叉的。

② 普惠制,即普遍优惠制(generalized system of preferences,GSP),是一种关税制度,是指工业发达国家对发展中国家或地区出口的制成品或半制成品给予普遍的、非歧视的、非互惠的关税制度。普惠制是发展中国家经过长期的斗争后获得的胜利成果。1968 年第二届联合国贸易与发展会议上通过了建立普惠制的决议。1971 年 7 月,欧洲共同市场首先制定了普惠制方案,并开始实施。

2.1.2 国民待遇原则

1. 国民待遇原则的含义

国民待遇(national treatment,NT)又称平等待遇,是指对其他成员方的产品、服务或服务提供者及知识产权所有者和持有者所提供的待遇,不低于本国同类产品、服务或服务提供者及知识产权所有者和持有者所享有的待遇。

GATT 1947 4.1: The products of the territory of any contracting party imported into the territory of any other contracting party shall not be subject, directly or indirectly, to internal taxes or other internal charges of any kind in excess of those applied, directly or indirectly, to like domestic products. Moreover, no contracting party shall otherwise apply internal taxes or other internal charges to imported or domestic products in a manner contrary to the principles set forth in paragraph 1.

National treatment only applies once a product, service or item of intellectual property has entered the market. Therefore, charging customs duty on an import is not a violation of national treatment even if locally-produced products are not charged an equivalent tax.

2. 国民待遇原则的特点

(1) 使用存在差异。因产品、服务和知识产权领域具体受惠对象不同,国民待遇条款的适用范围、具体规则和重要性有所不同。

(2) 在境内享有。国民待遇原则只涉及其他成员方的产品、服务或服务提供者及知识产权所有者和持有者在进口成员方境内所享有的待遇。

(3) "不低于"是基点。国民待遇定义中"不低于"一词的含义是指,给予其他成员方的产品、服务或服务提供者及知识产权所有者和持有者,应与进口成员方同类产品、相同服务或服务提供者及知识产权所有者和持有者享有同等基础上的待遇;若进口成员方给予前者更高的待遇,并不违背国民待遇原则。

3. 国民待遇原则的例外

各成员方在贸易中承担国民待遇义务,也有例外情况可以使成员暂时偏离这种义务。这些例外包括:

(1) 检验检疫。为维护公共道德,保障人类或动植物的生命和健康,对进口产品实施有别于本国产品的待遇,如商品检验、检疫等。

(2) 政府采购。政府采购即所购货物供政府使用,未参加《政府采购协议》的成员政府,在为自用或为公共目的采购货物时,可优先购买国内产品。

(3) 只给予某种产品的国内生产者的补贴。符合《补贴与反补贴措施协议》和《农业协议》规定的只给予某种产品的国内生产者补贴。发展中国家成员提供的以使用国内产品为条件的补贴,自1995年起,最不发达国家成员可将此项补贴保留8年,其他发展中国家成员可保留5年。

(4) 有关电影片的国内放映数量规定。成员可要求本国电影院只能放映特定数量的外国影片。

(5) 服务贸易。《服务贸易总协定》规定,对于未作出承诺的服务部门,则无须实施国民待遇原则;即使是已经作出承诺的部门,也允许对国民待遇采取某些限制。

(6) 知识产权。在《与贸易有关的知识产权协定》中未作规定的有关表演者、录音录像制品作者和广播组织的权利可不适用国民待遇。

2.2 贸易自由化原则

WTO自成立以来,一直致力于倡导和推动贸易自由化,要求成员方尽可能地取消不必要的贸易障碍、开放市场,为货物和服务在国际间的流动提供便利。

1. 贸易自由化原则的含义

在WTO框架下,贸易自由化(freer trade)原则是指通过多边贸易谈判,实质性削减关税和减少其他贸易壁垒,扩大成员方之间的货物和服务贸易。开放市场是实现世界贸易自由化的前提和保证。开放市场在货物贸易中主要是国别关税减让与约束原则和禁止使用除关税以外的保护措施原则,在服务贸易中则主要是开放成员服务贸易市场。

Freer Trade: the principle of substantially reducing tariffs and other trade barriers through multilateral trade negotiations to expand trade in goods and services between members. Lowering trade barriers is one of the most obvious means of encouraging trade. The barriers concerned include customs duties (or tariffs) and measures such as import bans or quotas that restrict quantities selectively. From time to time other issues such as red tape and exchange rate policies have also been discussed.

在WTO规则框架下,贸易自由化原则的要点包括:

(1) 以共同规则为基础。成员方要根据WTO的协议,有规则地实行贸易自由化。

(2) 以多边谈判为手段。成员方通过参加多边贸易谈判,并根据在谈判中作出的承诺,逐步推进贸易自由化。货物贸易方面体现在逐步削减关税和减少非关税贸易壁垒,服务贸易方面则更多地体现在不断增加开放的服务部门,减少对服务提供方式的限制。

(3) 以争端解决为保障。WTO的争端解决机制具有强制性,如某成员被诉违反承诺,并经争端解决机制裁决败诉,该成员方就应执行有关裁决,否则WTO可以授权申诉方采取贸易报复措施。

(4) 以贸易救济措施为"安全阀"。成员方可通过援引有关例外条款或采取保障措施等贸易救济措施消除或减轻贸易自由化带来的负面影响。

(5) 以过渡期方式体现差别待遇。WTO承认不同成员之间经济发展水平的差异,通常允许发展中成员履行义务有更长的过渡期。

2. 贸易自由化原则的体现

(1) 削减关税。关税透明度越高,越容易衡量,但对进出口商品价格有直接影响,特别是高关税是制约货物在国际间自由流动的重要壁垒。因此,WTO 在允许成员方使用关税手段的同时,要求成员方逐渐下调关税水平并加以约束,从而不断推动贸易自由化进程。如果需要提高关税约束水平,须同其他成员方进行谈判。

(2) 减少非关税贸易壁垒。非关税贸易壁垒通常是指除关税以外的各种限制贸易的措施。随着关税水平的下调,非关税贸易壁垒增多,且形式多样,隐蔽性强,成为国际贸易发展的主要障碍。

(3) 扩大服务市场准入。国际服务贸易的迅速发展,客观上要求各国相互开放服务领域。但各国为了保护本国服务业,对服务业的对外开放采取了诸多限制措施,如限制服务提供者的股权、经营权、开业权、雇佣当地职工人数等。这些限制影响服务业的公平竞争、服务质量的提高和服务领域资源的有效配置,对服务贸易本身、对货物贸易乃至世界经济发展都有不利影响。

3. 贸易自由化原则的例外

(1) 服务贸易领域,《服务贸易总协定》的贸易自由化例外是未通过谈判达成协议的部门即为限制或禁止的。换言之,成员认为国内的服务贸易的某些部门尚无竞争能力,即列入幼稚产业,而不对外开放。

延伸阅读 2.2
多边贸易体系合法性正面临挑战

(2) 实施数量限制例外。在特殊情况下,成员可以实行数量限制,但 WTO 要求其成员在实施数量限制时,同时做到"非歧视性",即"除非对所有第三国的相同产品的输入或对相同产品向所有第三国的输出同样予以禁止或限制",否则不得进行数量限制。

2.3 透明度原则

贸易自由化是 WTO 的基本原则之一,也是 WTO 的主要宗旨,而要实现这一宗旨必须增强贸易法规和政策的透明度。因此,WTO 规定了各成员的贸易法律、规章、政策、决策和裁决必须公开的透明度原则。透明度原则涉及贸易的所有领域,已经成为各缔约方在货物贸易、技术贸易和服务贸易中所应遵守的一项基本原则。

1. 透明度原则的含义

透明度原则(transparency)是指成员方应公布所制定和实施的贸易措施及其变化情况(如修改、增补或废除等),不公布的不得实施,同时还应将这些贸易措施及其变化情况通知 WTO。成员方所参加的会影响国际贸易政策的国际协议,也在公布和通知之列。

Transparency: members should publish the trade measures formulated and implemented and their changes (such as modification, addition or abolishment), and those that are not published shall not be implemented. At the same time, they should inform the WTO of these trade measures and their changes. International agreements affecting international trade policies to which members are party are also published and notified.

总之,WTO 提倡透明度原则,目的在于防止缔约方之间进行不公平的贸易。透明度原则有两方面的要求:①让 WTO 了解有关信息,要求各成员在采取相关贸易措施时及时通知 WTO;②让公众了解有关信息。

2. 贸易措施的公布

公布有关贸易措施(trade measures)是 WTO 成员最基本的义务之一。如果不公布有关贸易措施,成员方将很难保证提供稳定的、可预见的贸易环境,其他成员将难以监督其履行 WTO 义务的情况,WTO 的一系列协议也难以得到充分、有效的实施。WTO 要求,成员方应承担公布和公开有关贸易措施及其变化情况的义务。

具体公布的内容包括:①产品的海关分类和海关估价等海关事务;②对产品征收的关税税率、国内税税率和其他费用;③对产品进出口所设立的禁止或限制等措施;④对进出口支付转账所设立的禁止或限制等措施;⑤影响进出口产品的销售、分销、运输、保险、仓储、检验、展览、加工、与国内产品混合使用或其他用途的要求;⑥有关服务贸易的法律、法规、政策和措施;⑦有关知识产权的法律、法规、司法判决和行政裁定,以及与其他成员签署的影响国际贸易政策的其他协议等。

延伸阅读 2.3
维护多边贸易体制

另外,关于公布时间,WTO 规定,成员方应迅速公布和公开有关贸易的法律、法规、政策、措施、司法判决和行政裁定,最迟应在生效之时公布或公开。

3. 透明度原则的例外

透明度原则的例外主要表现在:透明度的实施并不要求成员方公开那些会影响成员方国家安全和违反公共利益、妨碍法令的贯彻执行,或会损害某公营或私营企业的正当商业利益的机密材料。换言之,允许成员方及成员方的机构、企业根据某些安全、利益方面的正当理由对透明度义务的履行作出一定保留。

2.4 公平竞争原则

WTO 是建立在市场经济基础之上的多边贸易体制,公平竞争是市场经济顺利运行的重要保障。公平竞争原则体现在 WTO 的各项协定和协议中。

1. 公平竞争原则的含义

在 WTO 体系下,公平竞争(fair competition)是指 WTO 成员方应避免采取扭曲市场竞争的措施,纠正不公平贸易行为,致力于维护公开、公平、公正的市场环境,其适用范围为货物贸易、服务贸易和与贸易有关的知识产权领域。

Fair Competition: WTO members should avoid taking measures to distort market competition. More accurately, WTO is a system of rules dedicated to open, fair and undistorted competition. Its application scope covers trade in goods, services and trade-related intellectual property.

2. 公平竞争原则的内容

在货物贸易领域，公平竞争原则主要体现在 WTO 禁止成员采用倾销或补贴等不公平贸易手段扰乱正常贸易行为，允许通过反倾销和反补贴的贸易应对措施进行补救，保证国际贸易在公平的基础上进行。但如果滥用反倾销和反补贴，也会构成不公平的竞争行为。倾销是指企业以低于正常价值的价格出口产品，使进口方相关产业受到损害和威胁。出口补贴是指政府对本国特定出口产品提供资助，以增强产品竞争优势，使进口方同类产品的产业造成损害。WTO 实施和管理的《反倾销协议》《补贴与反补贴措施协议》一方面允许进口成员方征收反倾销税和反补贴税，抵消出口倾销和出口补贴对本国产业造成的实质损害；另一方面对成员实施反倾销和反补贴措施，规定了严格的条件和程序，防止滥用反倾销和反补贴措施。

在服务贸易领域，WTO 鼓励各成员通过相互开放贸易服务市场，逐步为外国的服务或服务提供者创造市场准入和公平竞争的机会。为使其他成员的服务或服务提供者在本国市场上享有同等待遇，进行公平竞争，《服务贸易总协定》要求成员方实施最惠国待遇，而无论有关服务部门是否列入服务贸易承诺表。

在知识产权领域，公平竞争原则主要体现为对知识产权的有效保护和反不正当竞争。《与贸易有关的知识产权协定》要求成员方加强对知识产权的有效保护，防止含有知识产权的产品和品牌被仿造、假冒、盗版。无论是本国国民还是其他成员方国民的知识产权，都应得到有效保护。

3. 公平竞争原则的例外

公平竞争原则的例外主要表现在：对货物贸易中可能产生扭曲竞争行为、造成市场竞争"过度"的状况，一成员政府在 WTO 授权下，为维护公平竞争，维持国际收支平衡或出于公共健康、国家安全等目的可采取措施，以维护市场竞争秩序。例如，《农业协议》的目的是给农业贸易提供更高的公平程度；知识产权方面的协议，致力于改善智力成果和发明的竞争条件；《服务贸易总协定》致力于进一步规范国际服务贸易的竞争环境，促进服务贸易的健康发展。

2.5 鼓励发展和经济改革原则

WTO 3/4 以上的成员方是发展中国家和向市场经济过渡的国家。在"乌拉圭回合"谈判的 7 年多实践中，60 多个发展中国家实行了贸易自由化改革，发展中国家和转型经济国家在"乌拉圭回合"谈判中比在以往任何一轮谈判中都更加积极和具有影响力，在目前的多哈发展议程中更是如此。它们对多边贸易体制的稳定和发展起到了积极作用，同时也促进了本国经济的发展。

Encouraging development and economic reform: over three quarters of WTO members are developing countries and countries in transition to market economies. During the seven and a half years of the Uruguay Round, over 60 of these countries implemented trade liberalization programmes autonomously. At the same time, developing countries and transition economies were much more active and influential in the Uruguay Round negotiations than in any previous round, and they are even more so in the current Doha Development Agenda.

WTO也认识到发展中国家,尤其是最不发达国家履行义务的灵活性和特殊要求等问题,而只有促进发展中国家的贸易发展和经济改革,才能带动整个世界贸易和经济的发展。为此,WTO的各项规则允许发展中国家成员在相关贸易领域非对等的基础上承担义务,对发展中国家成员给予更多的优惠。这是WTO处理发达国家成员与发展中国家成员之间贸易关系的一项基本原则。WTO对发展中国家成员的优惠安排主要体现在如下方面。

(1) 允许发展中国家成员用较长的时间履行义务,或有较长的过渡期。例如,在农产品关税减让上,发达国家成员在6年内使关税降低36%,而发展中国家成员在10年内使关税降低24%,最不发达国家免除降税义务。在《与贸易有关的投资措施协定》中,对外资企业不可采用"当地成分""外汇平衡"措施,发达国家成员在2年内取消,发展中国家成员则有5年过渡期,最不发达国家成员有7年过渡期。

(2) 允许发展中国家成员在履行义务时有较大的灵活性。例如,《农产品协议》规定,原则上取消并禁止进口数量限制,但在特定条件下,对发展中国家成员给予"特殊待遇",即仍可采用进口限制措施,通常可长达10年之久。

(3) 规定发达国家成员对发展中国家成员提供技术援助,以使后来者能够更好地履行义务。例如,《服务贸易总协定》第4条规定发达国家成员要在技术获得、销售渠道、信息沟通等方面帮助发展中国家成员,并主动向发展中国家成员更多地开放自己的服务市场;又如,《与贸易有关的知识产权协定》第67条规定,发达国家成员向发展中国家成员提供财政和技术援助,帮助后者有效地履行知识产权协定。

2.6 世界贸易组织基本原则的运用

2.6.1 最惠国待遇原则运用技巧

1. 坚持服务贸易领域最惠国待遇

发展中国家一直以来都倾向于对服务贸易领域实行较为严格的控制。而美国基于自身利益提出了反对"搭便车",要求"互惠对等"的主张。从贸易法方面来说,通过互惠原则寻求服务贸易的对等减让是合理的,但从国际贸易的发展现状来看,由于发达国家和发展中国家之间的巨大差距,以"互惠对等"为条件来享受最惠国待遇,将带来实质上的不公平。发达国家以"互惠对等"作为迫使发展中国家开放国内服务市场的筹码,以表面的平等掩盖实质上的不平等。这种"有条件"的最惠国待遇实际上是对最惠国精髓的否定。只有无条件最惠国待遇才是实现贸易自由化的基石,这应是各成员方一起努力的目标。

无条件的最惠国待遇原则,对于中国的服务业进入其他缔约方的服务市场是非常关键的。无条件的最惠国待遇将给中国的某些优势服务产业(如劳务输出、旅游业、餐饮业、娱乐业等)不受歧视地进入世界服务业投资市场创造机会。当然,也将使中国处于相对劣势的服务业面临严峻的挑战,因为给予一国的服务和服务提供者的待遇将会无条件地扩及其他任何一个缔约方。

2. 巧用例外规则

最惠国待遇在实践中有许多例外,其中对于中国来说具有特别意义的就是普惠制和区域经济一体化作为最惠国待遇的例外。中国是以发展中国家身份加入WTO的,而普惠制是WTO规则和例外规则中对发展中国家最具有意义的规则之一。具体来说,一方面要扩大对发展中国家成员的出口贸易。因为根据普惠制的规定,发展中国家成员间的贸易优惠可以不受最惠国待遇的约束,即发展中国家成员间在贸易上的相互优惠可以不扩大到发达国家成员中。这样,中国与发展中国家成员的贸易就具有比发达国家成员更多的优惠,可以弥补中国某些产品竞争力不足的劣势。另一方面加强与发达国家成员的交流,争取更多的发达国家成员给中国更多的产品普惠制待遇。值得注意的是,目前很多发达国家拟逐步取消对发展中国家的优惠待遇,尤其是欧盟经常实施毕业制度①。毕业制度包括国家毕业制和产品毕业制,前者意为取消国家受惠资格,后者意为取消某项产品的受惠资格。

2.6.2 国民待遇原则运用技巧

1. 立法层面要注意规避矛盾

从WTO国民待遇的要求看,追求立法形式上和实质上的平等是一个重要要求。例如,美国的337条款对侵犯进口产品和本国产品所包含的知识产权的救济,实施不同程序:进口产品知识产权受到侵犯的,要求先申请行政救济,再寻求司法救济;本国产品知识产权受到侵犯的,则可以直接寻求司法救济。加拿大认为这不符合国民待遇原则,并就此在WTO起诉美国。WTO争端解决机构认为,两套程序本身并不违反国民待遇原则的要求,关键在于对进口产品的保护程度是否低于本国产品。美国的这种做法是可以的,因为它最终对本国和外国知识产权提供的保护水平是相同的。因此,政府在国民待遇的相关的立法中要讲究实质的平等,进行实质的控制。

由于国民待遇的严格实施和国际社会的普遍认同,即使在立法或相关的政策中出现轻微的歧视,也会受到其他成员方的非议。因此国内有关立法和政策的设计必须注重技术和规则。但同时也需要注意,国民待遇在货物贸易和服务贸易及知识产权领域,具有不同的表现和特点,因此对国民待遇应该在尊重规则的基础之上结合产业的

---

① 毕业制度:当发展中国家或地区的产品在优惠政策下出口越来越多,经济增长速度相应加快并达到一定程度时,发达国家认为这些国家或地区可以毕业,就会取消优惠。

特点而加以运用。从另一个角度看,国民待遇的严格要求限制了成员国政府的立法和行政。成员国政府从保护国内公共利益出发,必须在遵守规则的同时,进一步加强主动立法和积极立法。

2. 巧用国民待遇例外

加强例外的研究和立法也是我国政府管理上的重点。具体而言,我国目前的《对外贸易法》(2016 年 11 月 7 日第二次修订)第 16 条规定"国家基于下列原因,可以限制或者禁止有关货物、技术的进口或者出口"的 11 条例外,第 26 条规定了限制或者禁止有关的国际服务贸易的 6 条例外。此外,在我国《专利法》《进出口商品检验法》等其他部门立法中都规定了相应的例外条款。因此,在国民待遇的实施中,要引用例外就需要找这些国际和国内均认可的规则,而不仅局限于某一个事项。同时,例外的运用也具有技术性。根据 WTO 规则,必须满足单项的例外标准和必需性审查。目前,国民待遇发展的趋势表明了现存的例外条款正处于快速增加期。对此,我们应该多加学习,才能灵活运用。

2.6.3 透明度原则运用技巧

加入 WTO 后,可以利用透明度原则及时获得国际市场的最新信息和资料,改变因为对国际市场信息缺乏了解、产品定价不合理而容易被诉倾销的不利状况;企业可依此制定适合国际市场的经营方针和策略,对反倾销案件实施及时有效的预防应对措施。虽然近年来我国对透明度原则已经有了卓有成效的实践,但我国仍被国际社会看作透明度较差的国家。因此,我国应该从行政立法、行政执法、制定行政程序法、制定政府信息公开法、完善司法审查监督机制、完善听政制度、提高公民参政意识等几个方面提升透明度。

在把握透明度原则的尺度时,应注意:①在制定相关法规时要考虑透明度原则公正、合理、统一的要求,中央政府和地方政府颁布的有关法规应该一致,同时各地对相关法规的实施要履行非歧视原则。②透明度原则涉及的相关规则制定后应该迅速公布,但如果公开后会妨碍法令执行、违反公共利益或损害某一企业的利益,则可以不公开。

此外,遵守和履行 WTO 透明度原则固然是我们的义务,但同时也是我们可以向 WTO 其他成员方主张和要求的权利。因此,在研究 WTO 规则的同时,我们还应当深入研究与我国经贸关系比较密切的国家,尤其是经济发达国家的相关实体法和程序法,并充分运用 WTO 透明度原则要求其及时公布相关法律法规。如果发现其所制定的法律法规存在与 WTO 规则不一致的内容,或其做法违背了 WTO 规则并损害了我国的相关权益等,则可以运用 WTO 规则要求其修正、废止那些歧视性或对我国对外贸易造成重大影响的法律法规或做法,必要时,可以运用法律手段诉诸 WTO 争端解决机构,从而为我国对外经贸发展提供强有力的法律支持。

2.6.4 公平竞争原则运用技巧

作为全球遭受反倾销、反补贴调查最多的国家,我国应当深入研究 WTO 反倾销、反补贴规则,将之用好用巧,维护自身的权益。

1. 要充分利用发展中国家成员地位,争取应有的特殊待遇

按 WTO 反倾销协议第 15 条规定,各成员对发展中国家成员的特殊情况应给予特别注意。在实施有可能影响发展中国家成员基本利益的反倾销税之前,发达国家成员应当就 WTO 反倾销协议内规定的建设性救济措施的可能性进行探寻。协议制定这一原则的目的就是要努力促进并保障发展中国家成员的贸易出口和经济发展,保障发展中国家成员在国际贸易及国际贸易增长中的合理份额和利益。目前我国是发展中国家,理应享有此待遇。

2. 要坚决抵制同一出口产品就同一损害后果采取双重救济措施

自 2004 年以来,我国出口的同一产品在某些 WTO 成员境内频繁遭受反倾销和反补贴的双重指控和调查,这完全违反了 WTO 反倾销和反补贴的规定。不论是《GATT 1947》,还是《GATT 1994》第 6 条第 5 款,在对同一出口产品是否可以同时征收反倾销税和反补贴税的问题上,都做了明确规定:在任何缔约方领土的产品出口到任何缔约方领土时,不得同时对其征收反倾销税和反补贴税,以弥补倾销或出口补贴所造成的相同情况。也就是说,若某一进口产品在进口国存在倾销和补贴问题,那么进口成员方只能选择征收反倾销税或反补贴税,不得同时征收反倾销税和反补贴税。

3. 借助反倾销与反补贴保护我国产业安全

在面对不公平的贸易行为时应主动出击,拿起贸易救济的武器,在符合 WTO 规则的前提下,保护本国相关产业及企业的合法利益。倾销与补贴是国际贸易中公认的非公平贸易行为,它们会扭曲国际市场上的公平竞争关系和资源的优化配置,对进口国国内产业造成损害。因此,反倾销与反补贴措施得到了 WTO 的明确许可。但是,WTO 并非反对所有形式的倾销或补贴,只有在它们对进口国国内产业造成损害(影响进口国国内产业安全)并符合其他条件的情况下,WTO 才许可成员对外实施有限的反倾销与反补贴措施。此外,WTO 对倾销与补贴的规定使它们的使用效果具有限度性和临时性。因此,为有效地保护我国国内产业的安全,应该变被动为主动,坚决、主动、适时、适度地采取反倾销与反补贴措施,并严格按照 WTO 规则行事。

在采取反倾销与反补贴措施、保护国内产业方面应坚持三个基本原则:一要注意反倾销和反补贴措施对受损国内产业保护的有效性,特别应防止外国政府及其出口企业采取多种方式规避反倾销税或反补贴税;二要从宏观上综合考虑公共利益的重要性,避免对两类措施的误用或滥用;三要明确认识反倾销与反补贴措施的产业安全保障作用的有限性,反倾销与反补贴措施只能在有限的范围和时间内加以实施,不应对其寄予过高期望,仅可当作短期的应急之计,根本上还是要从提升产业的竞争力做起。

4. 灵活运用规避与反规避[①]手段防守和进攻

常见的规避行为包括:进口国组装规避、第三国组装规避、轻微改变产品规避、后期改变产品规避、销售渠道规避等。反规避措施有助于制止规避反倾销税或反补贴税的非

---

① 规避:通过某种行为和手段绕过或避开本应被征收的反倾销税与反补贴税。规避行为使反倾销税与反补贴税对于倾销和补贴的抵消作用大大削弱或化为乌有,倾销与补贴行为得不到有效遏制;相应地,反规避就是原来的反倾销措施或反补贴措施的延伸、扩展。

法行为,有效保护受到损害的国内产业。WTO规则目前并未对规避与反规避作出明确规定,欧美等国早已经在其国内的反倾销法与反补贴法中对规避与反规避加以规定,并在实践中频繁使用反规避措施。而我国的相关立法缺乏可操作性,迄今为止我国从未启动反规避调查。为有效防止规避行为的发生和确保反倾销、反补贴对国内产业的安全保障作用,我国有必要在《反倾销条例》和《反补贴条例》中增加规避与反规避的内容。

2.6.5 鼓励发展和经济改革原则运用技巧

作为WTO的发展中国家成员,我们不仅应当遵守、熟悉、运用WTO规则,也有权利充分利用发展中国家成员地位,争取应有的特殊待遇。在这方面,巴西、印度等国的做法值得借鉴:一是充分利用WTO的相关规定控制开放国内市场节奏,减缓外来冲击;二是大量提起反倾销、反补贴调查,利用WTO允许的合法手段,保护本国工业;三是把握好"开放度"与"保护度",促进本国经济发展。

1. 中美芯片增值税案

早在2000年年末,美国半导体协会就致函中国外经贸部,称我国的《关于鼓励软件产业和集成电路产业的若干政策》(俗称国务院"18号文")是对进口商的歧视。2001年12月,中国正式加入WTO后不久,美国再次质疑18号文的芯片增值税退税政策违背了WTO国民待遇原则。而这时财政部和税务总局又出台了《关于进一步鼓励软件产业和集成电路产业发展税收政策的通知》(70号文),鼓励国内芯片产业的发展,将18号文中规定的税负由6%下调为3%。2002年6月在北京召开的国际半导体研讨会上,中美双方包括官员和行业协会第一次进行了面对面的辩论。

中美两国政府层面的正式磋商始于2003年,美国贸易代表佐立克在WTO的中国入世情况评估程序中反复提到了芯片退税问题。这引起了中国政府的高度关注,由财政部、税务部、商务部等六部委成立了课题组,研究在不违背WTO机制下保护芯片工业的对策。

2004年3月,美国就中国芯片增值税问题向WTO提起上诉。

美方认为:

中国政府对出口到中国的外国集成电路产品征收17%的增值税,而对国内销售的国内厂家生产的半导体产品,税负大于或者等于3%时,实行即征即退的退税政策,增值税税负实际上只有3%,构成歧视性的税收政策,因此美国政府以GATT第1条(关于最惠国待遇的规定)、第3条(关于国民待遇的规定),《中国入世议定书》以及GATS第17条为法律依据向争端解决机构提出申诉,并向中国提出相关磋商请求。

中方认为:

按照17%的税率征收增值税,等税负达到3%时再实行即征即退不同于按照3%的税率征收增值税。即征即退不属于商品税征纳环节,而属于WTO《补贴与反补贴措施协定》中规定的财政补贴拨款形式,是《关税与贸易总协定》中所述的国民待遇原则的例外,因此芯片增值税即征即退的补贴政策符合WTO规则的要求,也与国民待遇原则不冲突。但是,18号文第48条关于优惠关税税率的规定属于税式支出,与WTO国民待遇原则有出入。

解决:

2004年7月15日中美在日内瓦签署《中美关于中国集成电路增值税问题的谅解备忘录》,美方撤回在WTO争端解决机制下对中国的申诉。中方宣布2004年9月1日取消国内设计、国外加工再进口的集成电路产品增值税退税政策,2004年10月1日正式实施。中方宣布2004年11月1日前调整国产集成电路产品增值税退税政策,取消"即征即退"的规定,于2005年4月1日正式实施。

(资料来源:根据网上各权威评论汇总整理。)

前期准备知识: 增值税相关知识,中国芯片行业发展现状。

(1) 根据此案例进行模拟谈判,运用国民待遇原则及其例外进行阐述。

(2) 此案例对中国相关行业的启示有哪些?

2. 欧盟诉韩国酒税案

(1) 案情背景: 根据韩国酒税法,韩国对国内烧酒征收35%的税,而其他进口蒸馏酒(威士忌、伏特加、朗姆酒等)的税率是100%。欧共体和美国认为韩国违背了《GAAT 1994》第3条第2款,即国内税的国民待遇条款。1997年4月4日,欧共体要求与韩国就其含酒精饮料国内税问题进行磋商。欧共体认为,韩国的烈酒税法和教育税法与韩国在《GAAT 1994》第3条第2款承担的义务不相吻合。1997年5月23日,美国以同样的理由起诉韩国违反了《GAAT 1994》第3条第2款。

(2) 双方争端焦点: 1997年9月10日,欧美要求成立专家组,但遭到韩国的阻止。10月16日,在欧美的再次请求下,WTO争端解决机构成立了专家组。1998年9月17日专家组报告完成。专家组发现:①韩国的烧酒(稀释的和蒸馏的)与有争议的进口蒸馏酒(威士忌、伏特加、朗姆酒等)发生直接的竞争且具有替代性;②韩国以一种不同的方式对进口产品征税,而且税款的差额超过了可以接受的幅度,征收此税的目的在于保护国内生产。因而,专家组的结论是韩国违反了《GAAT 1994》第3条第2款。

(3) 案情发展过程: 1998年10月20日,韩国提出上诉。1999年1月18日,上诉机构宣布维持专家组的原判。在2000年1月27日举行的争端解决机构会议上,韩国宣布完全实施争端解决机构的裁决和建议,修订国内烈酒税法和教育税法,在非歧视的基础上对所有的蒸馏酒精饮料按照统一的税率分别征收72%的烈酒税和30%的教育税。

本案的关键是确定威士忌、伏特加等蒸馏酒和韩国的传统烧酒是否为同类产品。因为根据《GAAT 1994》第3条第2款,只有在对进口产品的征税高于国内同类产品的情况下才可以援引此条款。如果不是同类产品,征收不同的税是理所当然的。

在准备中,韩国律师特意向日本咨询(日本有过类似的案件),什么样的人适合作为该案的专家。日本给出一个具有实践意义的建议,认为此案涉及酒类,专家本身应是饮酒者,其可以品尝出威士忌和烧酒的区别。此外,韩国认为可以从价格差价上证明烧酒和威士忌等不是相同产品。威士忌比烧酒要贵12倍,按照反垄断法的一般规则,存在如此巨大价格差距的两种产品是不构成竞争性和替代性的(进而不是相同产品)。韩国从各个方面积极准备应诉材料,如从欧共体出版的《向韩国出口食品导读》一书中发现其讲述了烧酒和威士忌等酒的不同,并且注重每个细节,如在听证会上,韩国为克服语言的困难认真准备书面材料,所有问题的回答均按书面材料进行。

(4) 结果:虽然这个案子的最终结果是韩国败诉,但韩国在此案中积累了大量实战经验,为本国以后处理国际贸易纠纷提供了有益的经验。

(资料来源:白树强.世界贸易组织教程[M].北京:北京大学出版社,2009:43-44.)

(1) 根据此案例进行模拟谈判,运用国民待遇原则及其例外进行阐述。

(2) 此案例对中国相关行业的启示有哪些?

2.7 习 题

1. 名词解释

最惠国待遇原则　国民待遇原则　贸易自由化原则　透明度原则　公平竞争原则

2. 简答题

(1) 简述 WTO 的基本原则。

(2) 简述最惠国待遇原则的适用范围。

(3) 哪些措施能够体现贸易自由化原则?

3. 论述题

材料一:WTO 的基本原则是:非歧视原则、透明度原则、贸易自由化原则和公平竞争原则等。

材料二:WTO 协议由序言、正文及附件组成。WTO 协议规定其主要职能是:①实施各多边贸易协定;②提供多边贸易谈判的场所;③解决贸易争端;④审议成员方贸易政策;⑤与有关国际机构合作;⑥提供技术援助和培训。

结合材料中所阐述的 WTO 的原则和职能,分析加入 WTO 对中国的影响。

第 3 章

世界贸易组织的协定与协议

WTO成立后,在落实贸易自由化和规则的同时,开始拓展贸易规则,推动形成更加开放的贸易环境。2014年,全球平均实施关税低至8%,并削减药品、公共医疗健康产品的关税,完善《技术性贸易壁垒协议》条款,加强进口许可和海关估价方面的规则。

中国自入世以来,积极推进与贸易伙伴之间的制度性合作建设,把签署自贸协定上升为对外开放的国家战略。截至2018年年底,中国已对外签署自由贸易协定和区域贸易协定18个,双边或多边互相给予进出口商品关税优惠,实现经济发展互利互赢,国际"朋友圈"不断扩大。中国给予最不发达国家的零关税待遇惠及42个国家,彰显了中国的国际担当。中国企业也积极利用自贸协定优惠措施,享受到了实实在在的好处。同时,为支持"一带一路"和自由贸易区建设,根据中国与有关国家或地区签署并生效的贸易协定或关税优惠安排,2019年中国对16个协定、23个国家或地区实施协定税率。自2019年1月1日起,中国进一步降低了与新西兰、秘鲁、哥斯达黎加、瑞士、冰岛、韩国、澳大利亚、格鲁吉亚及亚太贸易协定国家的9个协定税率。除内地在有关国际协议中作出特殊承诺的产品外,对原产于香港、澳门的产品全面实施零关税。此外,近年来中国海关充分发挥原产地签证作为自由贸易协定实施手段的重要作用,助力企业提高出口产品在"一带一路"沿线国家市场上的竞争力。

本章主要介绍了WTO关税和关税减让的主要内容,以及各种非关税壁垒协议的内容和作用。

★学习目标和要求
(1) 了解WTO协定与协议的构成;
(2) 了解关税的作用及分类,掌握关税减让谈判的原则及成果;
(3) 掌握WTO TBT协议、SPS协议相关规定,熟悉相关规则的运用;
(4) 了解各项非关税壁垒协议的内容及作用。

3.1 概 述

WTO负责实施管理的贸易协定与协议把WTO基本原则转化为具体的货物贸易、服务贸易和与贸易有关的知识产权规则,使WTO原则更加具体化,以便于实施和操作。同时,贸易规则的范围受制于WTO基本原则本身的变化,贸易规则要体现基本原则的内涵。

3.1.1 世界贸易组织协定与协议的分类

1. 按贸易规则涉及领域划分

WTO协定与协议包含三大领域,分别是货物贸易协定与协议、服务贸易协定与协议、与贸易有关的知识产权协定与协议。

2. 按贸易规则层次划分

WTO把所有负责实施管理的贸易规则统一用Agreement表示。为了区分贸易规则的层次和所属关系,划分为框架规则和具体规则,把框架式规则称为协定,具体式规则称为协议。比如按此划分,划入协定的为《GATT 1994》《服务贸易总协定》《与贸易有关的知识产权协定》,它们确定了各自领域中能体现WTO基本原则的框架规则,作为具体协议的基础,带有指导性;在《GATT 1994》下达成的具体规则的协议包括《农业协议》《纺织品与服装协议》《海关估价协议》《装运前检验协议》《原产地规则协议》《进口许可协议》《反倾销协议》等。上述协议是在贸易框架规则下就某个具体问题达成的具体协议,协议客体不同,内容也各有差异。

3. 按成员接受程度划分

按WTO成员和非成员接受的程度,WTO贸易协定与协议分为多边、诸边和展边三种。

(1) 多边的协定与协议:WTO成员必须全部接受的贸易协定与协议,如《GATT 1994》与附属的各种货物贸易协议、《服务贸易总协定》和附属的规定等、《与贸易有关的知识产权协定》。

(2) 诸边的贸易协议:WTO成员自愿接受的贸易协议。该协议的接受者受其约束,不接受者则不受其约束,如《政府采购协议》《民用航空器贸易协议》等。

(3) 展边的贸易协议:WTO和申请加入WTO尚未成功的国家和地区均可自愿加入的贸易协议。该协议对参加者有约束力,对不参加者没有约束力。如WTO建立后达成的《信息技术协议》规定,任何WTO成员及申请加入WTO的国家或单独关税区均可参加该协议,但需要提交关税减让表、产品清单等文件,并要获得该协议已有成员的审议通过。

3.1.2 世界贸易组织协定与协议的构成

1. WTO协定的构成

WTO负责实施管理的协定多由主体和附件两大部分构成。主体构成包括:协定序言、协定组成部件与条款。

(1) 序言。序言放在贸易协定的开始。协定序言的内容表明贸易协定的宗旨,追求的目标和达到目标的途径。由于协定涉及领域不同,其表达内容也不尽相同。

(2) 协定主体部分。协定主体部分包括协定的内涵、一般规则、成员的权利与义务、协定的实施与组织机构等。具体构成因管辖范围不同,构成部分有所不同。组成部分再具体化为条款。组成部分有的列出名称,有的不列出名称。《GATT 1994》由4部分构成。《与贸易有关的知识产权》由7部分构成,《服务贸易总协定》由6部分构成。

（3）协定附件。附件均在协定文本后单独列出，目的是对协定文本内容加以细致释义的补充。附件内容包括：对贸易协定文本的注释、条款的修订和后续工作的安排等。例如，《服务贸易总协定》文本后的附件包括关于第 2 条豁免的附件、关于本协定项下提供服务的自然人流动的附件、关于空运服务的附件、关于金融服务的附件、关于金融服务的第二附件、关于海运服务谈判的附件、关于电信服务的附件和关于基础电信谈判的附件。

2. WTO 协议的构成

WTO 协议由正文与附件两部分构成。协议正文通常包括：序言与构成部分和条款。

（1）序言。序言位于贸易协议的开头。序言要表明贸易协议的意义、宗旨和达到宗旨目标的途径。

（2）协议主体部分。一种是简式构成，内容比较简单的协议只列条款，不分部分，如《技术性贸易壁垒协议》《纺织品与服装协议》《保障措施协议》《实施卫生与植物卫生措施协议》《与贸易有关的投资措施协议》《装运前检验协议》《进口许可程序协议》《政府采购协议》《贸易航空器协议》等。上述协议通过条款顺次列出总则、成员权利与义务、发展中国家成员特殊待遇、争端解决和管理等。有的条款只有内容，没有冠名。另一种是复杂式构成，内容比较复杂的协议则分出部分，再纳入相关的条款、机构等。一般顺次列出协议的定义和范围、成员的权利及义务、争端解决和组织机构。

（3）协议附件。协议附件在文本后单独列出，用作对贸易协议文本的补充和细化。附件内容包括：对贸易协定文本的注释、清单、解释性说明、具体的组织机构等。附件多少不一，如《原产地规则协议》只有 2 个附件，而《补贴和反补贴协议》则有 7 个附件。

3.2 关税与关税减让

WTO 的一系列协定或协议都要求各成员逐步实行贸易自由化，从而扩大市场准入水平，促进市场的合理竞争和适度保护。而各国贸易的市场准入通常会受到类型的限制。市场准入的壁垒，即贸易壁垒分为两类：关税壁垒和非关税壁垒。

关税壁垒是贸易壁垒的主要形式。关税具有多种功能，即使是产品出口竞争力最强的国家也仍然采用它对进出口实行严格管理。由于关税所具有的透明性、非歧视性、相对稳定性和可预见性，使其成为 WTO 唯一允许的贸易保护手段。毫无疑问，关税在国际贸易领域仍将在相当长的时间内发挥作用。

3.2.1 关税

1. 关税的含义及作用

关税是进出口商品经过一国关境时，由政府所设置的海关根据海关法、关税税则和有关规章，对进出口商品所征收的税。关税是一个国家保护国内市场的重要手段，对国际贸易发展具有重要作用。以 WTO 为基础的多边贸易体制一直重视通过削减关税促进贸易自由化，关税减让谈判也一直是多边贸易谈判的重要内容。关税的作用表现在以下几个方面：

（1）关税可以增加一国的财政收入。关税是海关代表国家行使征税权而征收的税，关税收入是国家财政收入的来源之一。

（2）关税具有保护国内产业和市场的作用。各国关税政策的制定往往与国内有关产业发展和市场状况紧密相关。对某些进口产品征收较高的关税，可以减少该产品的进口数量，削弱或消除进口产品的竞争，从而达到保护国内同类或相关产业发展的目的。

（3）关税有利于调整一国的进出口结构。对不同的产品征收不同的关税可以有效地调节有关产品的进出口数量和结构。针对不同时期或国家经济发展的不同阶段对进口产品的需求或经济发展的客观需要，调整海关税则中各种进出口产品的关税率，调节进出口产品的数量和结构，可以充分发挥关税促进国民经济发展的作用。

2．关税的分类

（1）依据不同的标准，关税分为不同的种类。按照征收对象的流向，关税分为进口关税、出口关税和过境关税。

进口关税是指进口国海关在国外货物进入其关境或国境时征收的关税。它是关税中最重要的一种。这种关税在外国产品直接进入关境或国境时征收，或外国产品从自由港、自由贸易区或海关保税仓库等提出运往进口国的国内市场销售，在办理海关手续时征收。

出口关税是指出口国海关对本国产品输往国外在出口时所征收的一种关税。一国通常不征收出口关税，因为对本国出口产品征收关税，势必提高本国产品在国外市场的销售价格，不利于产品竞争和扩大出口。目前征收出口税的国家集中在少数发展中国家。这些国家征收出口税的目的是增加财政收入；保护本国资源充分利用；保证国内市场需要和稳定本国出口产品在国外的价格；控制某一产品的出口数量。例如，石油输出国组织（OPEC）对石油出口征收关税，其目的是通过控制石油的供应量、提高世界市场上的石油价格来增加收入。

过境关税是指一国对通过其关境的外国货物所征收的一种关税。征收过境关税的目的是增加财政收入。随着国际贸易的发展，特别是交通条件的改善，关税与贸易总协定通过协议的形式取消了各成员方的过境关税。根据《GATT 1994》第5条的规定，各成员方除对过境货物收取部分服务管理费外，应免征过境关税。

（2）按照关税的征收方法，关税可分为从量关税、从价关税、混合关税和选择关税。

从量关税是指以商品的重量、数量、长度、容量和面积等计量单位为标准计征的关税。从量关税的特点是：征税手续简便，容易计算，无须审定货物的规格、品质、价格。因为按从量税征收关税，进出口商品的单位税额固定，从量关税税额与商品数量的增减成正比，因此更适用于标准化的大宗商品。

延伸阅读3.1
关于瑞士巧克力的关税小故事

从价关税是指以进口商品的价值作为标准计征的关税，其税率为货物价格的百分比。从价关税税额与商品价格有直接关系，与商品价格的涨跌成正比。由于从价关税税额随商品价格和品质高低而增减，因此其保护作用不受价格变动的影响，较适用于制成品。

混合关税是指对某种进口商品同时采用从量关税与从价关税征收关税的方法。这种方法兼顾从量关税和从价关税的特点，使税负合理。在使用混合关税时，通常以其中一种为主，加征另一种关税。

选择关税是指对同一种进口商品既规定从量关税又规定从价关税，在具体征税时，选择其税额较高的一种进行征收。

在国际贸易实践中,各国海关在征收关税时方法各有差异,一般以征收从价关税为主,再考虑其他几种方法。

3.2.2 关税减让

关税减让原则是 WTO 所倡导的基本原则,一直作为非歧视原则、互惠原则和最惠国待遇原则的载体,是实现贸易自由化的最基本手段。根据 WTO 的原则,关税是成员可以使用的保护本国产业的合法手段。WTO 成员通过不同的谈判形式来削减和约束关税的过程即为关税谈判,谈判的结果汇总形成关税减让表。关税谈判的目标是通过不断削减和约束成员的进口关税,尽可能地消除贸易壁垒,使国际贸易具有稳定性和可预见性,从而促进国际贸易的自由化发展。

1. 关税减让的含义

关税减让是 WTO 成员之间在互惠互利的基础上通过谈判,互相让步,承担降低关税的义务。WTO 所指的关税减让具有以下四种含义:①削减关税并约束减让后的税率,如承诺将某产品的关税从 30% 减为 10%,并加以约束;②约束现行的关税水平,如某一产品现行的实施关税为 10%,谈判中承诺今后约束在 10%;③上限约束税率,即将关税约束在高于现行税率的某一特定水平,各方的实施税率不能超出这一水平;④约束低关税或零关税。

2. 关税减让谈判的基础及原则

关税谈判是对商品的关税税率进行减让谈判,因此进行谈判必须有以下两个基础:

(1) 产品基础,即各国的海关税则。在谈判中常以协调税则、税号确定产品范围,使谈判具有共同语言。

(2) 税率基础,即确定税率削减的基础。税率基础是关税减让的起点,每一次谈判的税率基础不同,一般是以上一次谈判确定的税率即约束税率,作为进一步谈判的基础。对于没有约束税率的产品,谈判方要共同确定一个税率。例如,在"乌拉圭回合"谈判中,对于没有约束税率的工业品,以 1986 年 9 月关税与贸易总协定缔约方的实施税率作为"乌拉圭回合"关税谈判的基础税率;对于农产品,发展中国家对部分产品可以自己提出一个上限约束水平作为基础税率。对于加入 WTO 关税谈判中的基础税率,一般是申请方开始进行关税谈判时在国内实施的税率。

根据《GATT 1994》规定,关税减让谈判需要遵守下列原则:

(1) 互惠互利原则。互惠互利是关税谈判的指导思想,但并不意味着在所有的关税谈判中,双方都要作出减让承诺,如在加入 WTO 谈判时,承诺减让的只有申请加入的一方,申请方加入 WTO 后,可以从成员方在多边谈判中已作的关税减让承诺中得到利益。

(2) 考虑对方需要的原则。关税谈判应充分考虑每个成员、每种产业的实际需要,并顾及各成员经济发展等其他方面的需要,尤其是发展中国家的相关需求。

(3) 谈判情况保密原则。一般情况下,一个成员要与若干个成员进行关税谈判,但具体的谈判是在双边基础上进行的。因此,双方对谈判承诺的情况保密,以避免其他成员在谈判中互相攀比要价。只有在所有双边谈判结束后,才可将汇总后的双边谈判结果多边化,让其他成员知晓。在谈判中,谈判一方如果有意透露双边谈判的情况,则应受到谴责。

(4) 最惠国待遇原则。关税谈判达成的谈判结果,应按照最惠国待遇原则,对 WTO 所有成员适用。

3. 关税减让谈判权的确定

根据 WTO 规定,只有享有关税谈判权的成员才可参加关税谈判。凡具备以下条件之一者,可享有关税谈判权。

(1) 产品主要供应利益方。在谈判前的一段合理期限内,一个成员如果是另一成员进口某项产品的前三位供应者,则该成员对这项产品享有主要的供应利益,被称为有主要供应利益方,通称主要供应方。主要供应方有权向对方提出关税谈判的要求。与主要供应方进行谈判,可以较准确地对减让作出评估。此外,对于一项产品,如某个成员的该产品出口额占其总出口额的比例最高,该成员即使不具有主要供应者的利益,仍应被视为具有主要供应利益,与主要供应方一样,也有权要求参加关税减让谈判。

(2) 产品实质供应利益方。在谈判前的一段合理期限内,一个成员某项产品的出口在另一方进口贸易中所占比例达到 10% 或 10% 以上,则该成员对这项产品享有实质供应利益,被称为有实质供应利益方,有权向被供应方提出关税谈判的要求。在实际谈判中,一个 WTO 成员对某项产品目前不具有主要供应利益,也没有实质供应利益,但这项产品在该成员的出口中处于上升的发展阶段,今后可能成为该成员有主要供应利益或有实质供应利益的产品;或者这项产品在世界其他国家已成为该成员具有主要供应利益的产品,则该成员一般被视为具有"潜在利益"。该成员也有权要求进行关税谈判,但是否与之谈判由进口方决定。

(3) 最初谈判权方。一个 WTO 成员与另一方就某项产品的关税减让进行了首次谈判,并达成协议,则该成员对这项产品享有最初谈判权,通常被称为最初谈判权方。当作出承诺的一方要修改或撤回这项关税减让时,应与最初谈判权方进行谈判。

最初谈判权的确定,是为了保持谈判方之间的权利与义务的平衡。最初谈判权方一般都具有主要供应利益,但具有主要供应利益方不一定对某项产品要求最初谈判权。在双边谈判中,有些国家对某项产品并不具有主要供应利益或实质供应利益,但这些国家认为自己对该产品有潜在利益,因而要求最初谈判权,此时,谈判的另一方不得拒绝。给予最初谈判权的产品品种多少由双方谈判确定。这种情况一般出现在非 WTO 成员加入时的关税谈判中。

4. 关税减让谈判的类型

关税谈判大体分为三类:多边关税谈判、加入 WTO 时的关税谈判和修改或撤回减让表的关税谈判。不同的关税谈判有不同的程序,对不同的谈判形式,享有谈判权的资格条件不同。

(1) 多边关税谈判:由所有 WTO 成员参加的,为削减关税壁垒而进行的关税谈判。多边关税谈判可邀请非缔约方或成员参加。关税与贸易总协定下的八轮多边贸易谈判中的关税谈判都属于多边关税谈判。多边关税谈判是相互的,任何缔约方或成员均有权向其他缔约方或成员要价,也有义务对其他缔约方或成员的要价作出还价,并根据确定的规则作出对等的关税减让承诺。但是,就具体产品减让谈判而言,有资格进行谈判的,主要是对该产品具有主要供应利益,或对该产品具有实质供应利益,或已享有最初谈判权的缔约方或成员。

(2) 加入 WTO 时的关税谈判:任何一个加入 WTO 的申请方都要与原成员方进行关税谈判,谈判的目的是削减并约束申请方的关税水平,作为加入后享受多边利益的补偿。根据 WTO 规则,加入时的关税谈判,减让是单方面的,申请方有义务作出关税减让承诺,无权向成员方提出关税减让要求。加入时的关税谈判资格,一般不以是否有主要供应利益或实质供应利益来确定,任何成员均有权向申请方提出关税减让要求,是否与申请方进行谈判由各成员自行决定;要求谈判的成员也可对某些产品要求最初谈判权,申请方不得拒绝。加入时的关税谈判一般不遵循"主要供应国"和"实质利益"等原则确定谈判资格。

(3) 修改或撤回减让表的关税谈判,又称"重新谈判":一个 WTO 成员修改或撤回已作出承诺的关税减让,包括约束税率的调整或改变有关税则归类,与受到影响的其他成员进行的谈判。按照规定,有关缔约方可以根据自身的需要每隔 3 年或不定期地就提高或撤回其部分关税减让与受影响的其他成员进行重新谈判。这体现了 WTO 规则中原则性与灵活性相结合的特征。

5. 关税减让表

关税减让表是多边贸易谈判或加入 WTO 谈判在关税减让结果上的具体体现。"乌拉圭回合"结束后,参加谈判方的关税减让表均作为附件列在"乌拉圭回合"最后文件中,成为 WTO 协定的组成部分。加入 WTO 谈判结束后,关税减让表也成为申请者加入 WTO 议定书的附件。

关税谈判结果的税率与各成员实施的税率是不同的。谈判结果的税率是约束税率,而实施税率是各成员公布的法定适用税率。各成员实施的关税水平均不得高于其在减让表中承诺的税率及逐步削减的水平。若要将某产品的关税税率提高到约束水平以上,或调整关税约束的产品范围,均应按有关条款规定的程序进行谈判。经过谈判确定的修改结果,重新载入减让表。表 3-1 列出了中国加入 WTO 时关于关税减让的承诺。

表 3-1　中国加入 WTO 时关于关税减让的承诺　　%

年份	关税总水平	工业品平均	农产品平均
2000	15.6	14.7	21.3
2001	14.0	13.0	19.9
2002	12.7	11.7	18.5
2003	11.5	10.6	17.4
2004	10.6	9.8	15.8
2005	10.1	9.3	15.5
2006	10.1	9.3	15.5
2007	10.1	9.3	15.5
2008	10.0	9.2	15.1

资料来源:人民日报・华东新闻,2002-01-14(3),http://www.people.com.cn/GB/jinji/31/179/20020114/647339.html.

6. 关税减让谈判的结果

关税减让谈判的结果一般有以下三种情况：

延伸阅读 3.2
中国入世后首修关税减让表，201项IT产品逐步取消进口税

（1）谈判结果为所有成员接受并形成减让表。目前已经完成的八轮多边贸易谈判均在关税减让上取得了成果，前七轮关税减让成果参见表1-1。下面列出了"乌拉圭回合"第八轮关税主要减让成果。

① 工业制成品：发达国家减让关税40%，发展中国家和经济转型国家各为30%；约束关税并承诺不再提高，发达国家和转型经济国家98%的进口工业品纳入约束关税；发展中国家的进口货物，纳入约束税率的比例在73%左右。

② 农产品：通过关税化取消全部的非关税措施；对于关税化形成的新关税和其他关税进行约束，不再提高；发达国家削减约束关税的36%，发展中国家削减24%。

③ 各种类型成员方的关税税率变化：发达国家整体的工业制成品的加权平均关税从之前的6.3%下降到3.8%，经济转型国家整体从8.6%下降到6.0%，发展中国家均有不同程度的下降。

④ 发达国家的零关税与协调关税①：发达国家②间在药品、医疗器械、建筑、矿山钻探机械、农用机械、部分酒、家具等部门达成的协议，在纺织品、化学品方面达成了协调关税协议。

延伸阅读 3.3
《信息技术协定》关税减让协议达成，世贸组织多边谈判再获新动力

（2）谈判结果为部分成员所接受，其他成员不接受谈判结果，并退出减让，撤回已作出的承诺，谈判结果形成诸边协定。接受的成员在最惠国待遇原则基础上按作出的承诺实施减让。其他成员可以继续进行参加该协定的谈判。

（3）谈判未达成一致，谈判失败。在谈判过程中各方意见无法达成一致，最终导致谈判破裂，各方会按照自己的意愿及以前承诺的约束实施关税减让。例如，在"乌拉圭回合"谈判中，谈判方希望对纺织品的纱线、织物和制品达成5%、10%和17.5%的协调关税，但此目标未能实现，各成员根据自己的情况削减了关税。

3.3 非关税壁垒

国际贸易不仅受到关税及其他税费的限制，还受到非关税壁垒的限制。非关税壁垒是市场准入的另一类贸易壁垒，是指除关税以外的一切限制产品进口的措施。非关税壁

---

① 零关税是指在WTO运行后取消关税和逐步取消的关税。药品、医疗设备、农业机械和家具关税在WTO运行后立即取消；建筑、矿山钻探机械关税在WTO运行后5年内达到减让目标；钢材、酒、木浆、纸制品及印刷品在WTO运行10年内取消关税。玩具关税在WTO运行10年内减让到0。协调关税是指逐步下调的关税，其中化学品协调关税是将化工原料、中间体、制成品的关税分别减让到0、5.5%和6.5%。纺织品协调关税中纱线减让到5%，织物减让到10%，服装减让到17.5%。在WTO运行后10年内实施。

② 这些发达国家包括美国、欧盟、日本、加拿大、澳大利亚、奥地利、芬兰、挪威、瑞典、瑞士等。

垒一般可以分为直接和间接两大类。① 非关税壁垒范围广泛,形式多样,隐蔽性强,主要可分为通关环节壁垒、对产品歧视性地征收国内税费、进口禁令、进口许可、技术性贸易壁垒、卫生与植物卫生措施、贸易救济措施、政府采购中对进口产品的歧视、出口限制、补贴等形式。这些非关税壁垒又可分为行政性壁垒、法律性壁垒、技术性壁垒、环境贸易、社会壁垒,其中技术性壁垒、环境贸易、社会壁垒又称为新贸易壁垒。

关税与贸易总协定经过八轮多边贸易谈判,各成员的关税已经逐步、大幅度降低。与此同时,各成员为保护国内市场越来越多地采用非关税措施管理国际贸易,构成对其他成员的歧视和不公平竞争。为此,WTO制定了一系列规范非关税壁垒的规则,以促进贸易的自由化发展。这些规则包括《海关估价协议》《装运前检验协议》《进口许可程序协议》《原产地规则协议》《技术性贸易壁垒协议》《实施卫生与植物卫生措施协议》等。

3.3.1 《技术性贸易壁垒协议》

《技术性贸易壁垒协议》(Agreement on Technical Barriers to Trade,简称TBT协议)的宗旨是指导WTO成员制定、采用和实施正当的技术性措施,鼓励采用国际标准和合格评定程序,保证这些措施不构成不必要的国际贸易障碍。技术性措施是指为实现合法目标而采取的技术法规、标准、合格评定程序等。合法目标主要包括维护国家基本安全、保护人类健康或安全、保护动植物生命或健康、保护环境、保证产品质量、防止欺诈行为等。

The purpose of TBT agreement is to guide WTO members to formulate, adopt and implement proper technical measures, encourage the adoption of international standards and conformity assessment procedures, and ensure that such measures do not constitute unnecessary barriers to international trade.

1. 协议的产生背景

为了保证产品质量、使用者安全和保护生态环境,世界各国制定了许多技术标准,建立了产品质量认证制度。由于各国经济发展水平不同,技术法规和标准差别很大,给国际贸易造成了困难。为了竞争和保护国内市场的需要,技术性措施成为重要的保护手段之一,对国际贸易的不利影响加大。1947年GATT许多缔约方认为有必要制定统一的国际规则来规范技术性措施,消除技术贸易壁垒的消极作用。"东京回合"通过了《技术性贸易壁垒协议》,但它只对签署的缔约方有效。"乌拉圭回合"对该协议进一步修改和完善后予以通过,使其成为WTO负责实施管理的多边协议。

---

① 直接的非关税壁垒:进口国直接对进口商品规定进口的数量或金额,以使出口国直接按规定的出口数量或金额限制出口,如进口配额制、进口许可证制和自动出口限制等。间接的非关税壁垒:进口国没有直接规定进口商品的数量或金额,而是对进口商品制定严格的条例或规定,间接地限制商品进口,如进口押金制、最低进口限价、苛刻复杂的技术标准等。

2. 协议的主要内容

TBT 协议由 15 个条款和 3 个附件组成,主要内容包括:制定、采用和实施技术性措施应遵守的规则;技术法规、标准和合格评定程序;通报、评议、咨询和审议制度等。协议适用于所有产品,包括工业品和农产品,但政府采购的产品规格例外。协议规定,WTO 成员制定、采用和实施技术性措施时,应遵守 WTO 的非歧视原则和透明度原则。

(1) 制定、采用和实施技术性措施的具体规则。

① 必要性规则:WTO 成员只能采取为实现合法目标所必需的技术性措施。若所采取的技术性措施对其他成员的贸易产生重大影响,该成员应说明所采取措施的必要性。

② 贸易影响最小规则:WTO 成员应努力采取对贸易影响最小的技术性措施。

③ 协调规则:WTO 成员应充分参与有关国际标准化机构制定国际标准和合格评定程序指南的工作。鼓励 WTO 成员之间通过谈判,达成合格评定相互承认协议。

④ 特殊和差别待遇规则:即使存在国际标准、指南或建议,发展中国家成员仍可按照特定的技术和社会经济条件,采用某些技术性措施,以保护与其发展需要相适应的本国技术、生产方法和工艺。其他成员应采取措施,确保国际标准化机构制定对发展中国家成员有特殊利益的产品的国际标准。鼓励发达国家成员对发展中国家成员在制定和实施技术性措施方面提供技术援助。技术性贸易壁垒委员会在接到发展中国家成员的请求时,应就其承担的全部或部分义务给予特定的、有时限的例外。

(2) 技术法规、标准与合格评定程序。

① 技术法规:"规定强制性执行的产品特性或其相关工艺和生产方法,包括适用的管理规定在内的文件。该文件还可包括或专门关于适用于产品、工艺或生产方法的专门术语、符号、包装、标志或标签要求。"

协议要求 WTO 成员应尽可能按照产品的性能而不是按照设计或描述特征来制定技术法规。确保地方政府及非政府机构制定、采用与实施的技术法规符合协议的规定。如果有关国际标准已经存在或即将拟就,各成员应采用这些标准或其中的相关部分作为技术法规的基础。

② 标准:"经公认机构批准的、规定非强制执行的、供通用或重复使用的产品或相关工艺和生产方法的规则、指南或特殊的文件。该文件还可包括或专门关于适用于产品、工艺或生产方法的专门术语、符号、包装、标志或标签要求。"

协议规定,所有标准化机构应尽量采用国际标准,并充分参与国际标准化机构的工作。各成员中央政府标准化机构有义务接受并遵守该规范,同时使其领土内的其他标准化机构行为符合这一规范。

③ 合格评定程序:"任何直接或间接用以确定产品是否满足技术法规或标准要求的程序。合格评定程序特别包括:抽样、检验和检查;评估、验证和合格保证;注册、认可和批准以及各项的组合。"合格评定程序可分为认证、认可和相互承认三种形式。

认证:由授权机构出具的证明。一般由第三方对某一事物、行为或活动的本质或特征,经对当事人提交的文件或实物审核后出具的证明,通常被称为"第三方认证"。认证可以分为产品认证①和体系认证②。

认可：权威机构依据程序确认某机构或个人具有从事特定任务或工作的能力。主要包括产品认证机构认可、质量和管理体系认证机构认可、实验室认可、审核机构认可、审核员或评审员的资格认可和培训机构注册等。

相互承认：认证或认可机构之间通过签署相互承认协议，彼此承认认证或认可结果。协议鼓励成员积极考虑接受其他成员的合格评定程序，并就达成相互承认协议进行谈判，在不低于本国或其他国家合格评定机构的条件下，允许其他成员的合格评定机构参与其合格评定活动。

3. 保持透明与争端解决

（1）通知和评议。为确保WTO成员制定、采用和实施技术法规或合格评定程序具有透明度，协议要求WTO成员在单独拟订对其他成员的贸易有重大影响的技术法规时，必须事先向其他成员通告。通告内容包括拟采取措施的目的和理由以及所涵盖的产品。通知的渠道是技术性贸易壁垒委员会。对其他成员提出的书面意见和评议结果，该成员应予考虑。

（2）咨询。WTO成员应设立技术性贸易壁垒咨询点，负责回答各方所有合理询问，并提供有关中央政府机构、地方政府机构及非政府机构所采用或拟议的任何技术法规、标准和合格评定程序等资料，加入或参与国际或区域标准化机构和合格评定体系等方面的情况。

（3）审议制度及争端解决。WTO设立技术性贸易壁垒委员会，负责管理协议的执行。该委员会由全体成员代表组成，每年至少召开一次会议。联合国粮农组织、国际货币基金组织、世界银行等国际组织作为观察员参加会议。此外，该委员会自1995年开始每三年年末对协议执行情况进行一次审议。在协议执行中，如出现争端可诉诸WTO争端解决机制。

3.3.2 《实施卫生与植物卫生措施协议》

《实施卫生与植物卫生措施协议》(Sanitary and Phytosanitary Measures Agreement，简称SPS协议)是"乌拉圭回合"达成的一个新协议，其宗旨是指导WTO各成员制定、采用和实施卫生与植物卫生措施，将这些措施对贸易的消极影响减少到最低程度。进一步推动各成员使用协调的，以有关国际组织制定的国际标准、指南和建议为基础的卫生与植物卫生措施。

The Sanitary and Phytosanitary Measures Agreement allows countries to set their

---

① 产品认证：主要是证明产品是否符合技术法规或标准，包括产品的安全认证和合格认证等。由于产品的安全性直接关系到消费者的生命或健康，所以产品的安全认证为强制认证。例如，欧洲共同体对玩具、锅炉、建筑用品、通信设备等20多类产品实行安全认证，并要求加贴CE安全合格标志，否则不得在欧洲共同体市场销售。

② 体系认证：确认生产或管理体系是否符合相关法规或标准。目前，通用的国际体系认证有ISO9000质量管理体系认证和ISO 14000环境管理体系认证，行业体系认证有QS9000汽车行业质量管理体系认证、TL9000电信产品质量体系认证，以及OHSAS18001职业安全卫生管理体系认证等。

own standards. But it also says regulations must be based on science. They should be applied only to the extent necessary to protect human, animal or plant life or health. And they should not arbitrarily or unjustifiably discriminate between countries where identical or similar conditions prevail. Member countries are encouraged to use international standards, guidelines and recommendations where they exist.

1. 协议的产生背景

《GATT 1947》允许缔约方采取卫生与植物卫生措施，前提是这些措施不得对情形相同的成员构成任意或不合理的歧视，也不得构成对国际贸易的变相限制。但在实践中，一些缔约方滥用卫生与植物卫生措施，阻碍了正常的国际贸易。而《GATT 1947》有关规定过于笼统，难以操作，不能有效约束缔约方滥用卫生与植物卫生措施。因此，国际贸易的发展客观上要求制定一个明确且便于执行的具体规则。

在"乌拉圭回合"中，实施卫生与植物卫生措施问题起初是作为《农业协议》谈判内容的一部分。但许多缔约方担心，在农产品非关税措施被转换成关税以后，某些缔约方可能会更多地、不合理地使用卫生与植物卫生措施来进行保护。为消除这种威胁，"乌拉圭回合"单独达成了SPS协议。

2. 协议的主要内容

SPS协议由14个条款和3个附件组成。主要内容包括：含义；应遵循的规则；发展中国家成员所享有的特殊和差别待遇；卫生与植物卫生措施委员会的职能；争端解决等。

（1）含义与内容。卫生与植物卫生措施是指WTO成员为保护人类、动植物的生命或健康，实现下列具体目的而采取的任何措施。

① 保护成员领土内人的生命免受食品和饮料中的添加剂、污染物、毒素及外来动植物病虫害传入危害。

② 保护成员领土内动物的生命免受饲料中的添加剂、污染物、毒素及外来病虫害传入危害。

③ 保护成员领土内植物的生命免受外来病虫害传入危害。

④ 防止外来病虫害传入成员领土内造成危害。

卫生与植物卫生措施包括：所有相关的法律、法规、要求和程序，特别是最终产品标准；工序和生产方法；检测、检验、出证和审批程序；各种检疫处理；有关统计方法、抽样程序和风险评估方法的规定；与食品安全直接有关的包装和标签要求等。

（2）应遵循的规则。协议规定，成员在制定和实施卫生与植物卫生措施时，应遵循以下规则：

① 非歧视实施：成员在实施卫生与植物卫生措施时，应遵守非歧视原则，即不能在情形相同或相似的成员间，包括该成员与其他成员之间造成任意或不合理的歧视，尤其是在有关相似的控制、检验和批准程序方面，应给予其他成员的产品国民待遇。例如，两个出口方的木质包装中都有天牛害虫，但如果他们都对出口产品的木制包装采取了检疫处理措施，达到了进口方适当的植物卫生保护水平，进口方就应当同等地接受，而不能歧视情形相同的两个出口方中的一方。

② 以科学为依据实施：成员应确保任何卫生与植物卫生措施都以科学为依据，不能实施或停止实施没有充分科学依据的卫生与植物卫生措施。如果在科学依据不充分的情况下采取某种卫生与植物卫生措施，只能是临时性的，并应在合理的期限内作出科学评估。

③ 以国际标准为基础制定：为广泛协调成员所实施的卫生与植物卫生措施，各成员应根据现行的国际标准制定本国的卫生与植物卫生措施。这些国际组织有食品法典委员会、世界动物卫生组织和国际植物保护公约秘书处。在没有相关国际标准的情况下，成员采取的卫生与植物卫生措施必须基于有害生物风险分析的结果。但实施前要及早向出口方发出通知，并作出解释。

④ 等同对待出口成员达到要求的卫生与植物卫生措施：如果出口成员对出口产品所采取的卫生与植物卫生措施在客观上达到了进口成员适当的卫生与植物卫生保护水平，进口成员就应接受这种卫生与植物卫生措施，并允许该种产品进口。为此，鼓励各成员就这些问题进行磋商，并达成双边或多边协议。

⑤ 根据有害生物风险分析确定适当的保护水平：协议规定，成员在制定卫生与植物卫生措施时应以有害生物风险分析①为基础。

⑥ 接受"病虫害非疫区"和"病虫害低度流行区"的概念：病虫害非疫区是指没有发生检疫性病虫害，并经有关国家主管机关确认的地区。例如，疯牛病在某国的某地区没有发生，并经该国有关主管部门确认，该地区就是疯牛病非疫区。病虫害低度流行区是指检疫性病虫害发生水平低，已采取有效监测、控制或根除措施，并经有关国家主管机关确认的地区。如果出口方声明，其关税领土内全部或部分地区是病虫害非疫区或病虫害低度流行区，该出口方就应向进口方提供必要的证据。同时，应进口方请求，出口方应为进口方提供检验、检测和其他有关程序的合理机会。

⑦ 保持有关法规的透明度：成员应确保及时公布所有有关卫生与植物卫生措施的法律和法规。成员应指定一个中央政府机构负责履行通知义务，将计划实施的、缺乏国际标准或与国际标准有实质不同，并且对其他成员的贸易有重大影响的卫生与植物卫生措施通知WTO。

成员采取有关卫生与植物卫生措施，应允许其他成员提出书面意见，进行商讨，并考虑这些书面意见和商讨的结果。若有成员要求提供有关法规草案，该成员应予提供，并尽可能标明与国际标准有实质性偏离的部分。此外，成员还要设立一个咨询点，答复其他成员提出的合理问题，并提供有关文件。

(3) 发展中国家成员享有的特殊和差别待遇。

① 成员在制定和实施卫生与植物卫生措施时，应考虑发展中国家成员的特殊需要。如果分阶段采用新的卫生与植物卫生措施，应给予发展中国家成员更长的准备时间。

② 成员同意以双边的形式，或通过适当的国际组织，向发展中国家成员提供技术援

---

① 有害生物风险分析：进口方的专家在进口前对进口产品可能带入的病虫害的定居、传播、危害和经济影响，或者对进口食品、饮料、饲料中可能存在添加剂、污染物、毒素或致病有机体可能产生的潜在不利影响，作出的科学分析报告。在进行有害生物风险分析时，应考虑有关国际组织制定的有害生物风险分析技术。

助。此类援助可特别针对加工技术、科研和基础设施等领域。当发展中国家成员为满足进口方的卫生与植物卫生措施要求,需要大量投资时,该进口方应提供技术援助。

③ 发展中国家成员可推迟 2 年执行 SPS 协议。此后,若有发展中国家成员提出请求,可有时限地免除它们该协议项下的全部或部分义务。

(4) 设立卫生与植物卫生措施委员会。为监督成员执行该协议,并为成员提供一个经常性的磋商场所或论坛,WTO 设立了卫生与植物卫生措施委员会。该委员会对协议的运用与实施情况进行审议,还要加强同主管标准的国际组织的联系与合作,并制定相应程序,监督和协调国际标准的使用。

(5) 争端的解决。成员间有关实施卫生与植物卫生措施问题的争端,应通过 WTO 的争端解决机制予以解决。若涉及科学或技术问题,则可咨询技术专家或有关的国际组织。

3.3.3 《进口许可程序协议》

《进口许可程序协议》(Agreement on Import Licensing Procedures)的宗旨是保证进口许可程序的实施和管理的简化、透明、公平和公正,避免对产品进口造成障碍或限制。进口许可是对进口的一种行政管理程序,既包括进口许可制度本身的程序,也包括作为进口前提条件的其他行政管理手续。

The Agreement on Import Licensing Procedures says import licensing should be simple, transparent and predictable. It also describes how countries should notify the WTO when they introduce new import licensing procedures or change existing procedures. The agreement offers guidance on how governments should assess applications for licences.

1. 协议的产生背景

进口许可制度要求进口商向有关行政机关提交申请或其他文件(报关所需文件除外),作为货物进入关税领土的先决条件。该制度可以维护正常贸易秩序,也可以构成非关税措施,使出口成员难以适应,妨碍国际贸易发展。

在 1947 年关税与贸易总协定"东京回合"中,曾达成《进口许可程序守则》。但因缔约方可自行选择参加,使该守则的适用范围受到较大限制,作用难以充分发挥。在"乌拉圭回合"中,该守则经过修订,达成多边协议——《进口许可程序协议》。

2. 协议的主要内容

《进口许可程序协议》由序言和 8 个条款组成,包括一般规则、自动进口许可制度、非自动进口许可制度、通知和审议等。

(1) 一般规则。包括:① 及时公布必要的信息。成员应在已向 WTO 通知的官方公报、报纸、杂志等出版物上,公布进口许可证申请程序规定及有关信息,包括个人、企业和机构提交这种申请的资格,需要接洽的行政机关,以及需要申领进口许可证的产品清单等。②简化申请和展期手续。申请进口许可证和进口许可证展期的程序应尽可能简化，表格应尽可能简单。申请者原则上应只需接洽一个同申请有关的行政机关，若确有需要，所涉及的行政机关最多不应超过三个。③不得因小错而拒绝批准。如果申请者提交的许可证申请文件中存在微小差错但并未改变文件的基本数据等内容，主管部门不得因此拒绝批准申请。④不得在外汇供应上实行歧视。不管货物是否受进口许可证管理，任何进口商都应在同等条件下获得购买进口货物所需的外汇。⑤允许安全例外和保密例外。

（2）自动进口许可制度。这一制度是指在任何情况下对进口申请一律予以批准的进口许可制度，通常用于统计和监督。实施的条件是：没有其他更合适的手段实现其管理目的，且已具备采取自动进口许可条件；实施时不得对进口货物产生限制。

（3）非自动进口许可制度。这一制度是指不属于自动许可制度管理的其他进口许可制度，适用于对配额及其他限制性措施进行管理。非自动许可不得对进口产生额外的限制或扭曲，也不得造成更大的行政负担。实施非自动进口许可制度，要遵守以下规定：

① 保证许可证管理的透明度。应利害成员要求，实行者必须提供充分的信息，包括贸易限制的管理，近期签发的进口许可证，在出口方之间分配许可证的情况，以及受进口许可证管理的产品进口数量和金额统计。对与之有关的配额，要公布配额总量（数量或金额）、配额日期和变化。若配额是在出口方之间分配，应将分配情况立即通知所有利益关系方。

② 及时、公正地实施许可程序。如果申请未获批准，申请者可要求主管机构告知理由，并有权要求复议或按进口方的国内法定程序上诉。若按先来先得的原则处理所有申请，审批的期限不应超过 30 天；若同时处理所有申请，审批的期限不应超过 60 天。

③ 合理分配许可证。在分配许可证时，主管机构应考虑申请者的进口实绩和以往许可证的使用情况，还应考虑将许可证合理地分配给新的进口商，特别是从发展中国家成员进口产品的进口商。

④ 对误差采取补偿措施。若符合正常商业惯例的微小误差，导致了进口货物的数量、金额等超过许可证规定的水平，主管机构可在未来分配许可证时作出补偿性调整。

（4）通知和审议。制定或更改许可程序的成员，应在 60 天内通知 WTO 进口许可委员会。通知内容包括：许可程序是自动的还是非自动的；许可程序的预计期限；受许可程序管理的产品清单；索取许可资格申请资料的联系点；接受申请书的行政机关；公布许可程序的出版物名称与出版日期。

（5）管理机构。进口许可程序委员会由各成员的代表组成，每两年应至少召开一次会议，审议协议执行情况。

3.3.4 《海关估价协议》

海关估价是指海关为征收关税等目的，确定进口货物完税价格的程序。"乌拉圭回合"达成了《关于实施 1994 年关税与贸易总协定第 7 条的协议》，又称《海关估价协议》（Agreement on Customs Valuation）。该协议的宗旨是通过规范成员对进口产品的估价方法，防止成员使用任意或虚构的价格作为完税价格，确保海关估价制度的公平、统一和中立，不对国际贸易构成障碍。

The WTO Agreement on Customs Valuation aims for a fair, uniform and neutral system for the valuation of goods for customs purposes—a system that conforms to commercial realities, and which outlaws the use of arbitrary or fictitious customs values. The agreement provides a set of valuation rules, expanding and giving greater precision to the provisions on customs valuation in the original GATT.

1. 协议的产生背景

海关估价主要适用于实施从价关税的商品。通过估价确定的价格为完税价格，它是海关征收从价关税的依据。进口商申报的价格不是进口货物的完税价格，只有当该价格被海关接受后，才能成为完税价格。世界各国或地区大部分商品采用从价关税，所以海关估价的原则、标准、方法和程序等都影响完税价格的确定。海关高估进口货物的价格相当于提高了进口关税水平，从而对货物的国际流动构成限制，减损各国或地区在多边贸易体制下所作的关税减让承诺。因此，滥用海关估价将会造成完税价格的不确定性，阻碍世界贸易的正常发展。

《GATT 1947》规定，海关征收关税的完税价格应以进口货物或同类货物的"实际价格"为依据，不应采用同类国产品的价格及任意或虚构的价格；计价的汇率应符合国际货币基金组织的规定。由于该规定不够具体，可操作性不强，因此，在"东京回合"中，关税与贸易总协定缔约方通过谈判，达成《关于实施关税与贸易总协定第7条的协议》，也称《海关估价守则》，该守则对如何实施上述规定作了详细解释。但因缔约方可自主决定是否加入该守则，削弱了该守则的影响力。"乌拉圭回合"在对《海关估价守则》进行修订和完善的基础上，达成了《海关估价协议》。WTO要求每一个成员都必须接受该协议。

2. 协议的主要内容

《海关估价协议》共有4个部分，由24个条款和3个附件组成。主要内容包括适用范围、海关估价方法、对海关估价决定的复议、发展中国家成员的特殊和差别待遇、成立海关估价委员会、争端解决等。

（1）适用范围。协议适用于商业意义上正常进口的货物。以下进口货物排除在外：倾销或补贴货物的进口、非商业性进口（包括旅客携带入境物品和行李、邮递物品等）、非直接进口（主要包括暂时进口的货物，从出口加工区或保税区等进入成员关税区的货物、退运货物和运输中损坏的货物等）。

（2）海关估价的方法。协议规定，进口成员海关应首先以进口货物的成交价格作为货物完税价格。在无法使用这种方法时，可使用其他5种方法来确定货物的完税价格。海关不得颠倒6种估价方法的顺序，但进口商可以要求颠倒第4种和第5种计算价格方法。6种估价方法依次介绍如下：

① 以进口货物的成交价格确定完税价格。该方法下的完税价格为货物出口到进口方后，进口方海关根据成交情况对进口商实付或应付成交价格进行调整后的价格。采用这种估价方法必须符合以下条件：买方对货物的处置或使用权不受任何限制；卖方不得在买方购买进口货物时设定某些影响销售或价格的条件；买方不得将对货物的转售、处

置或使用产生的收益直接或间接返回给卖方,除非对成交价格进行适当调整;买卖双方之间不得存在特殊关系。

② 以相同货物的成交价格确定完税价格。相同货物是指与进口货物原产国或地区、原生产者生产的货物各方面完全相同的货物。使用这种方法要注意三个问题:相同货物必须与进口货物同时或大约同时进口;相同货物的成交价格必须先前已被海关接受;如果有两个以上相同货物的成交价格,应选用其中最低的一个价格。

③ 以类似货物的成交价格确定完税价格。类似货物是指在材料组成及特性上与进口货物原产国、原生产者生产的货物相似,具备同样功能且商业上可互换的货物。使用这种方法要注意三个问题:类似货物必须与进口货物同时或大约同时进口;类似货物的成交价格必须先前已被海关接受;如果有两个以上类似货物的成交价格,应选用其中最低的一个价格。

④ 以倒扣价格方法确定完税价格。根据进口货物、相同货物或类似货物在进口方的销售价格,扣减货物进口及销售时产生的某些特定费用。

⑤ 以计算价格方法确定完税价格。进口货物的生产成本,加上从出口成员到进口成员销售同级别或同种类货物通常所获得的利润,以及为推销和销售货物直接和间接产生的一般费用等。这种方法通常在买卖双方有特殊关系,且生产商愿意向进口方海关提供成本数据和必要审核材料的情况下采用。

⑥ 以"回顾"方法确定完税价格。海关可采用其他合理的方法来估价,包括对上述各种估价方法作出灵活处理,以其中最容易计算的方式确定完税价格。

(3) 对海关估价决定的司法复议。进口商对海关估价决定有申诉的权利,并且不应为此受到处罚。进口商的申诉权包括两个方面:第一,可向海关内部主管复议的部门提出申诉,或向海关外部的某个独立机构提出申诉;第二,可向司法机关提出申诉。一般来讲,进口商首先向上一级海关或海关外部的某个独立机构提出申诉,要求行政复议。若对行政复议不满,进口商可向司法机关提出申诉,要求司法复议。

(4) 给予发展中国家成员的特殊和差别待遇。给予发展中国家成员的特殊和差别待遇包括:推迟实施《海关估价协议》;推迟采用计算价格估价方法;对最低限价的保留;对扣除法价格和计算价格适用顺序的保留;对经进一步加工货物适用倒扣价格方法的保留;要求提供技术援助。

(5) 成立海关估价委员会。为管理协议的执行,WTO 设立了海关估价委员会,监督协议的实施,解决政策问题。海关估价委员会由各成员的代表组成,每年审议一次协议的执行情况,就各成员实施的海关估价制度产生的影响进行磋商。此外,WTO 成员之间在海关估价上的争端由 WTO 争端解决机制受理解决。

3.3.5 《装运前检验协议》

装运前检验是指进口商或进口方政府通过专业检验机构对出口货物在装运前进行检验,以确保货物的数量、质量、价格符合合同中规定的条件,或符合进口方对产品的安全要求。《装运前检验协议》(Preshipment Inspection Agreement)的宗旨是确保成员方实施的装运前检验制度是非歧视和透明的,避免给贸易造成不必要的障碍。

Preshipment inspection is the practice of employing specialized private companies (or "independent entities") to check shipment details—essentially price, quantity and quality—of goods ordered overseas. The Preshipment Inspection Agreement recognizes that GATT principles and obligations apply to the activities of preshipment inspection agencies mandated by governments. The obligations placed on governments which use preshipment inspections include non-discrimination, transparency, protection of confidential business information, avoiding unreasonable delay, the use of specific guidelines for conducting price verification and avoiding conflicts of interest by the inspection agencies.

1. 协议的产生背景

装运前检验制度是发展中国家的一种习惯做法。进行检验的机构可以是进口商品国的商检机构及其国外的分支机构,也可以委托或授权外国的专门私人公司。

实施装运前检验制度的有30多个发展中国家。为保障本国的财政利益,防止商业欺诈、逃避关税和非法输出资本,它们往往聘请外国专业检验机构对进口产品进行装运前检验,并以它们出具的"清洁检验结果报告"作为海关估价和发放进口用外汇的依据。但是出口方政府认为,这种做法违背了《GATT 1947》海关征收关税以进口货物的成交价格确定完税价格的规定。同时,它们担心装运前检验会增加贸易商的成本,导致交货迟延;还担心强行改变估价数量会干涉买卖双方的合同关系。因此,它们认为有必要在保留这种做法的前提下,通过多边谈判制定规则,规范进口方政府装运前检验的做法。为此,"乌拉圭回合"把装运前检验列为谈判议题之一,并达成多边的《装运前检验协议》,该协议适用于WTO所有成员。

2. 协议的主要内容

《装运前检验协议》由前言和9个条款组成,包括适用范围,进口方和出口方的义务,检验机构与出口商之间争端的解决等。

(1) 适用范围。协议适用于由WTO成员政府通过政府授权或政府合约的方式,指定检验机构对进口产品的质量、数量、价格、汇率与融资条件、产品的海关分类等,在出口方进行的全部装运前的检验活动。

(2) 进口方政府的义务。

① 以非歧视方式实施。检验程序和标准应是客观的,且平等地适用于所有有关产品的出口商,所有检验人员都应按照相同的标准从事检验。

② 在货物出口关税领土内进行。所有装运前检验活动,包括签发检验清洁报告书或不予签发的通知书,都应在货物出口的关税领土内进行。若因产品性质复杂而无法在关税领土内进行,或经双方同意,可在制造该货物的关税领土内进行。

③ 检验标准。依照买卖双方签订的购货合同中规定的标准进行检验。若无此类标准,则采用国际标准。

④ 保持透明度。公布所有关于装运前检验的法律、法规及其变化,把检验有关的要

求和信息全部告知出口商。

⑤ 价格合适准则。这些准则包括：以合同价格为准；所用的比较价格，应是相同时间或大致相同时间来自同一个出口国家，以竞争性、可比性的销售条件，按照商业惯例销售，且扣除了任何标准折扣后的相同或类似产品的出口价格；按合同双方约定的运输方式审核运输费；在审核价格时，检验机构还应适当考虑销售合同条件，以及公认的与进出口交易有关的各种调整因素，如销售数量、交货期和交货条件、价格调整条款、质量规格、特殊设计风格、特殊装运或包装规格、订单大小、季节影响、许可使用费或其他知识产权使用费等。同时，也应考虑影响出口价格的其他因素，如出口商和进口商之间的合同关系等。

⑥ 保守商业秘密。对装运前检验过程中收到的所有未公布且未被第三方获得，或未以其他方式进入公用领域的信息，检验机构应视其为商业秘密。检验机构不应要求出口商提供下列信息：制造数据；未公开的技术数据；内部定价（包括制造成本）；利润水平及出口商与供应商之间订立的合同条件。

⑦ 避免产生不必要的延期。装运前检验应在检验机构与出口商约定的日期进行；检验机构应在结束装运前检验的 5 天内出具一份"清洁检验结果报告"，并将该报告尽快送达出口商或其所指定的代表；只要出口商提出请求，检验机构应在实际检验日期前，根据出口商与进口商签订的合同、形式发票及有关的进口许可申请书，对价格或汇率进行初步核实。

（3）出口方的义务。应保证其有关装运前检验的法律、法规以非歧视的方式实施；应及时公布有关装运前检验的法律、法规；若收到请求，出口方应根据双方议定的条件，向其提供有关技术援助。

（4）检验机构与出口商之间争端的解决。协议建立三个层次的争端解决制度。首先，鼓励双方通过相互协商的方式解决争端。其次，由分别代表检验机构和出口商的独立实体共同审查作出决定，该决定对争端双方都具有约束力。最后，经由 WTO 争端解决程序解决争端。

3.3.6 《原产地规则协议》

原产地规则是指一个国家或地区为确定货物原产地而实施的普遍适用的法律、法规及行政决定，其核心是判定货物原产地的具体标准，即原产地标准。在国际贸易中货物的原产地具有重要地位。"乌拉圭回合"达成的《原产地规则协议》(Rules of Origin Agreement)的宗旨是，成员以公正、透明、可预测和一致、中性的方式制定与实施原产地规则，使有关原产地规则的法律、法规和做法不对贸易造成不必要的障碍，以便利国际贸易的发展。

The Rules of Origin Agreement requires WTO members to ensure that their rules of origin are transparent; that they do not have restricting, distorting or disruptive effects on international trade; that they are administered in a consistent, uniform, impartial and reasonable manner; and that they are based on a positive standard (in other words, they should state what does confer origin rather than what does not).

※※※※※※※※※※※※※

1. 协议的产生背景

由于国际分工日趋细密,产品、原料与零部件的生产与加工,依据比较利益原则选择在不同国家和地区进行。一些国家为了规避反倾销税,往往在其他国家投资设厂。在全球区域经济一体化下,一国产品是否享受优惠,也需要原产地证明。

长期以来,国际社会未能制定出一套全球性原产地规则,影响了国际贸易的发展。为此,要求形成一个国际社会公认的原产地规则。"乌拉圭回合"达成了多边的《原产地规则协议》,把《GATT 1994》第9条具体化。这是第一个协调国际贸易中货物原产地规则的多边协议,适用于WTO的所有成员。

2. 协议的主要内容

《原产地规则协议》共分4个部分,由9个条款和2个附件组成,主要包括协议的适用范围、原产地规则的协调、实施纪律和机构设置等。

(1) 适用范围。协议只适用于实施非优惠性商业政策措施的原产地规则,而不适用于优惠性原产地规则。前者包括实行最惠国待遇、反倾销和反补贴税、保障措施、原产地标记要求、任何歧视性数量限制或关税配额,以及政府采购外国货物和贸易统计等;后者包括自由贸易区内和普惠制下货物原产地规则。

(2) 原产地规则的协调体系:①同一原产地规则适用于所有非优惠性贸易政策;②原产地规则应是客观的、可理解的和可预测的,且具有连贯性;③原产地规则应以一致、统一、公正和合理的方式管理;④原产地规则应以肯定性标准为基础,否定性标准可用以澄清肯定性标准[①]。

(3) 原产地确定的依据。"实质性改变"是确定产品原产地的依据,可用下列三种标准方式表现。

① 税号改变标准,又称税则分类变化标准。产品经加工制造成最终产品后其税号与所用原材料的税号不同,此加工制造地即为该产品的原产地。例如,用其他国家或地区生产的零部件组装收音机,由于收音机与零部件的税号不同,收音机的组装地即为原产地。

② 增值百分比标准。根据构成产品的进口原料或国内原料与产品本身的价值比来确定产品的原产地。例如,一国可规定,当产品中进口成分的价值超过产品本身价值的30%时,这项产品的原产地就不能确定为该国。

③ 制造或加工工序标准。依据产品的制造或加工工序来确定产品的原产地。这种制造或加工工序必须足以赋予产品某些本质特征。产品只有在一国或地区经历规定的制造或加工工序后,方可取得该国或地区的原产地资格。例如,某国可规定"缝制地"为服装的原产地。

延伸阅读 3.4
《亚太贸易协定原产地证》VS《中韩自贸区原产地证》

---

① 肯定性标准:只要产品符合进口方原产地标准,就可授予产品原产地资格。否定性标准:在何种情况下不能授予产品原产地资格的规定。只有在作为对肯定性标准的部分澄清,或在无须使用肯定性标准确定原产地的个别情况下,才允许使用否定性标准。

(4) 机构设置。设立原产地规则委员会。该委员会由各成员方代表组成,每年至少召开一次会议,审议协议的执行情况,并根据原产地规则协调工作的结果提出必要的修正建议。

3.3.7 《政府采购协议》

政府采购是指政府为政府机关自用或者为公共目的而选择购买货物或服务的活动,其所购买的货物或服务不用于商业转售,也不用于供商业销售的生产。政府采购一般会占一国年度 GDP 的 10%～15%。

1. 协议的产生背景

在 GATT 创立之初,政府采购被排除在最惠国待遇和国民待遇之外,缔约方在进行政府采购时可以优先购买本国货物。20 世纪 50 年代以后,随着国家公共服务职能的加强,许多国家的政府及其控制机构成为重要的产品和服务采购人,政府采购占据的货物和服务市场份额不断增加。为消除政府采购政策可能引起的贸易壁垒,促进政府采购市场的对外开放和扩大国际贸易,国际社会认识到需要一个有约束力的政府间公共采购协议。

基于上述要求,"东京回合"达成《政府采购守则》,并于 1981 年生效,但仅适用于参加方。该守则将《GATT 1947》中的非歧视、透明和公平竞争等基本原则引入了政府采购领域,但其作用有限。首先,它只适用于货物的采购,没有包括服务(包括工程服务)的采购。其次,它只约束中央政府采购实体,地方政府和公用事业单位等重要的公共采购实体例外。在"乌拉圭回合"中,签署《政府采购守则》的 12 个缔约方对它进行修订和补充,达成《政府采购协议》(Government Procurement Agreement,GPA),于 1996 年 1 月 1 日生效,成为 WTO 诸边贸易协议之一,其宗旨是使有关政府采购的法律、法规、程序和做法更加透明,消除针对外国货物、服务和供应商的歧视,以期实现国际贸易更大程度的自由化和扩大,改善进行世界贸易的国际框架。

截至 2019 年,48 个 WTO 成员签署了 GPA,包括:美国、加拿大、澳大利亚、欧盟及其 28 个成员国(奥地利、比利时、丹麦、芬兰、法国、德国、希腊、爱尔兰、意大利、卢森堡、荷兰、葡萄牙、西班牙、瑞典、英国、塞浦路斯、捷克共和国、爱沙尼亚、匈牙利、拉脱维亚、立陶宛、马耳他、波兰、斯洛伐克共和国、斯洛文尼亚、保加利亚、罗马尼亚、克罗地亚)、中国香港、中国台北、冰岛、以色列、日本、韩国、列支敦士登、摩尔多瓦共和国、黑山共和国、荷属阿鲁巴、新西兰、挪威、新加坡、瑞士、乌克兰、亚美尼亚。

2. 协议的主要内容

《政府采购协议》由 24 个条款和 4 个附录组成,主要包括适用范围、有关政府采购的基本原则和规则、成员间争端的解决、政府采购委员会的职能等内容。

(1) 适用范围。

① 清单中列出的采购实体。协议只适用于参加方在各自承诺的清单中列出的政府采购实体。采购实体包括三类,分别是中央政府采购实体、地方政府采购实体和其他采购实体(如供水、供电等公用设施单位)。只有列入清单的采购实体才受协议约束。清单的具体内容是成员方根据本国政府采购市场开放需要并通过谈判确定的,所以清单范围并不相同。例如,美国清单中列出的采购实体包括所有的联邦政府机构,37 个州政府机构,

11个政府管理的实体;欧洲包括所有成员国的中央政府机构,次一级政府机构,以及电力、港口、机场等公用设施机构;日本包括所有的中央政府机构,47个都道府县,12个城市政府机构和84个特殊法人等。

② 采购对象和采购合同。协议规定的采购对象是货物和服务,但武器弹药或军事物资不包括在内。除协议规定的例外,政府所有货物采购都应纳入约束范围。服务采购的具体范围由参加方在清单中列明。协议规定的采购合同包括购买、租赁、租购、有期权的购买和无期权的购买等方式。

③ 采购限额。当政府采购的金额达到协议规定的最低限额,或达到成员方经谈判达成的最低限额时,政府采购活动才受到该协议的约束。中央政府采购实体购买货物和非工程服务的最低限额是13万特别提款权,中央政府采购实体购买工程服务的最低限额是15万特别提款权。地方政府采购实体和其他采购实体的最低限额,由各参加方根据自身的情况分别作出承诺。为防止参加方通过合同估价降低采购金额,规避协议约束,协议规定了合同估价的基本规则,不得分割任何采购项目。

(2) 政府采购的基本原则和规定。

① 非歧视原则。参加方进行政府采购时,不应在外国的产品、服务和供应商之间实施差别待遇;给予外国产品、服务和供应商的待遇,也不应低于国内产品、服务和供应商所享受的待遇。参加方应保证,不得依据国别属性和所有权的构成,对在当地设立的不同供应商实行歧视待遇。

② 透明度原则。协议要求参加方建立公开、透明的政府采购程序,公布协议所要求的有关法律、法规、程序和做法。

为此,参加方的采购实体应在已向WTO通知的刊物上发布有关政府采购的信息,包括招标的规章和程序,采购通知等。在非有限招标时,采购实体要公布投标邀请书,包括统计数字在内的实际采购情况。此外,参加方每年向WTO通知列入清单的采购实体的采购数据和中央政府采购实体未达到"最低限额"的采购统计数据。

③ 公平竞争原则。对清单中列明的采购实体进行的达到或超过最低限额的政府采购,采购实体应为供应商提供公平竞争的机会,即实行招标。

协议将招标分为公开招标、选择性招标和限制性招标三种。公开招标和选择性招标应为优先采用的采购方式。公开招标是指所有有兴趣的供应商均可参加投标。选择性招标是指由采购实体邀请的供应商参加投标。这实质上是对潜在供应商的预选,采购实体应拥有符合资格的供应商名单,该名单至少每年公布一次,并说明其有效性和条件。限制性招标又称单一招标,是指采购实体在无人回应招标,情况紧急而又无法通过公开招标或选择性招标进行采购,或需要原供应商增加供应等条件下,与供应商进行个别联系的约标。

招标程序上,采购实体应以透明和非歧视的方式进行,保证实施国民待遇原则。对于未中标的供应商,采购实体应该向其解释未中标的原因。

为防止采购实体通过技术规格、供应商资格和原产地规则限制竞争,协议对限制竞争做法作出如下运用规范:(a)技术规格的制定、采用或实施,不得对国际贸易造成不必要的障碍。协议规定,采购实体不得在招标文件中提及某一特定的商标或商号、专利、设计或型号、原产地、生产商或供应商。在制定具体采购规格时,不得寻求或接受与该采购活动有商业利益的公司的建议。(b)采购实体在审查供应商的资格时,不得在其他参加方的供应商之间,或在本国供应商与其他参加方的供应商之间有所歧视。(c)参加方对于政府采购项下从其他参加方进口的货物或服务实行的原产地规则,应与正常贸易下实行的原产地规则一致。

④ 异议程序。协议规定,参加方应提供一套非歧视、透明、及时、有效的程序,以便供应商对采购过程中违反该协议的情形提出申诉。为便于供应商运用异议程序,参加方有义务在3年内保留与采购过程相关的文件。异议案件应由法院或者与采购结果没有利害关系的公正、独立的机构进行审理。

⑤ 对发展中国家给予特殊和差别待遇。各参加方在实施本协议时,要适当考虑发展中国家,特别是最不发达国家的发展、财政和贸易的需要。在制定和实施影响政府采购的法律、法规和程序时,应便利发展中国家进口的增长。在制定清单时,应努力列入购买对发展中国家有出口利益的产品和服务的实体。允许发展中国家在采购清单中扩大国民待遇的例外。发达国家有义务就发展中国家在政府采购领域出现的问题,给予技术援助。

⑥ 例外条款。包括:国家基本安全利益例外;公共利益例外,如为保护公共道德秩序和安全、人类和动植物的生命和健康或者知识产权所采取的措施。这些例外具体执行时表现为非歧视原则和透明度原则等方面的例外。

3. 争端解决

在原则上适用WTO争端解决机制的基础上,协议作出如下具体规定:争端解决机构设立的专家组应包括政府采购领域的专业人士;专家组应该尽量在不迟于其职责范围确定后4个月,向争端解决机构提交最后报告,如需推迟提交时间,则应不迟于7个月;对于争端解决机构就本协议下的争端作出的决定或采取的行动,只有参加方才可以参与;在本协议下产生的任何争端,不应造成WTO其他协定和协议的参加方所作的减让或其他义务的中止。

4. 协议管理机构与职能

为便于协议的实施,WTO设立由参加方代表组成的政府采购委员会。该委员会可设立工作组或其他附属机构,每年开会不得少于1次。其职能是为各参加方提供机会就执行本协议的任何事项进行磋商,并履行各参加方指定的其他职责。

5. 附录

附录1是各缔约方适用于本协议的市场开放清单,包括5个附件,即附件1中央政府采购实体清单及门槛价、附件2地方政府采购实体清单及门槛价、附件3其他实体清单及门槛价、附件4服务项目清单、附件5工程项目清单;附录2~4为各缔约方发布政府采购信息的刊物清单,即附录2发布政府采购招标和中标信息的刊物名称,附录3发布供应商信息的刊物名称,附录4发布政府采购法律、法规、司法判决、采购程序等信息的刊物名称。

6.《政府采购协议》与中国

中国在2001年加入WTO时,承诺尽快提交初步出价启动GPA谈判,于2007年正式启动谈判并提交初步出价。随着谈判的深入和国内改革进展,中国对出价进行了6次修改。2019年10月20日,中国向WTO提交中国加入《政府采购协议》第7份出价,开放范围不断扩大,充分展现中国扩大开放的形象,表明加入GPA的诚意和维护多边贸易体制的决心。清单首次列入军事部门,涵盖除国务院办公厅、安全部以外的国务院序列机构;增加吉林、四川、贵州、云南、陕西、甘肃、青海7个省,地方出价由19个省(直辖市)增加到26个省(直辖市);新增中国国家铁路集团有限公司和北京首都国际机场股份有限公司2家中央管理国有企业,北京市地铁运营有限公司、天津水务集团有限公司等14家地方管理国有企业;新增山西大学、云南大学等36所地方高校;增列服务项目,调整例外情形。第7份出价已与参加方出价水平大体相当。

延伸阅读3.5
世界银行关于采购需求管理的经验及对中国政府采购制度改革的启示

加入《政府采购协议》谈判,是继加入WTO后,中国在对外经贸领域开展的又一项重大谈判。一方面,按照《政府采购协议》,开放中国采购市场的同时,国内企业可以由此进入别国政府采购市场,免受歧视性待遇,在平等基础上参与政府采购的国际市场竞争,发挥自己的比较优势;另一方面,可以按照规定,在递交初步承诺的开价单时,限制市场开放的程度和范围,以保护中国的某些部门、产品或服务免受冲击,并充分利用协议对发展中国家做出的许多有利的待遇及技术援助规定,为国内企业提供有效保护。目前,中国正在与《政府采购协议》参加方积极开展谈判。①

3.4 协议的运用

3.4.1 关税减让规则的运用

作为实现贸易自由化的中心环节,关税减让是WTO的一项重要原则和内容,是顺应全球经贸自由化不可逆转的主流。关税减让给中国带来了机遇,也带来了挑战。因而,面对全球化的市场竞争,中国应寻找应对之策,避免关税减让给中国经济造成负面影响。

1. 巧用关税减让表

(1)合理开征新的关税税目。关税减让表中规定了受到约束的关税税目的税率,但不能囊括所有的关税税目。因此,我国可以根据实际情况开征新的关税税目,以维护自己的利益。

(2)充分利用关税税目之间的税率差别。加入WTO或进行关税减让谈判,政府承诺的关税是平均约束税率。在承诺WTO所要求的平均约束税率的前提下,可以通过对不同的税目设置不同的税率来保护自己。对幼稚产业或没有比较优势的产业要求设置高关税以实行对这些产业的保护,并且中国作为发展中国家,这也是WTO规则所允许的。对于具有比较优势的产业可以承诺低关税,甚至零关税,以换取对幼稚产业或劣势产业的高关税保护。

---

① 资料来源:GPA谈判谈什么?我国的谈判进展如何?[EB/OL].中国政府采购网.http://www.ccgp.gov.cn/wtogpa/news/201912/t20191203_13473283.htm.

2. 巧用关税约束"例外"

（1）征收报复关税。报复关税是国家针对其他国家的不公平贸易行为征收的惩罚性的关税，主要是指反倾销税和反补贴税。反倾销税是进口国海关对实行倾销的进口商品所征收的一种税。反补贴税是对在生产、加工及运输过程中直接或间接地接受任何奖金和补贴的外国进口商品所征收的一种税。反倾销税和反补贴税已被国际社会普遍采用，我国应学会采用征收报复性关税的办法来保护本国产业，维护公平的市场竞争。

（2）征收紧急关税。紧急关税是指当外国产品的进口突然大量增加，对国内生产此种产品或与之直接竞争的产品的产业造成重大损害或重大损害威胁，通常正常谈判渠道又难以解决时所征收的关税。征收依据是《GATT 1994》第19条和WTO保障措施协议。这是一种紧急情况下所采取的应急措施，目的是维护公平的贸易秩序。

（3）巧用幼稚产业保护规则。关税与贸易总协定允许发展中缔约方对其幼稚产业进行关税保护。其根据是《GATT 1994》第18条，即其中提到的"在关税结构方面能够保持足够的弹性，以为某一特定工业的建立提供需要的关税保护"，其中的"某一特定工业"就是指幼稚产业。我国应该运用这一特殊条款，对有关产业实行关税保护，以减少与缓冲因入世对国内市场和产业带来的巨大冲击。

3. 优化关税的有效保护结构

运用关税减让原则时，要全面考虑各产业在国际贸易中的比较优势，确定关税的有效保护结构。为保证竞争力较弱行业的利益不受到过度冲击，关税削减应从竞争力较强的行业入手，按竞争力强弱确定从大到小的关税削减幅度。

我国的海关税则绝大部分采用从价税。从价税的确在我国经济贸易发展中发挥了极其重要的作用，但随着国际经贸关系的进一步增强，以及我国加入WTO后关税水平的逐年下降，只采用单一的从价税已不能适应当前纷繁复杂的国际贸易发展形势，不能克服由于计征方法的不全面而产生的不公平现象。为此，应建立完整灵活的关税计征标准体系，实现关税形态的多样化，逐步用从量税、选择税、复合税、滑准税、季节税、关税配额等形态加以补充。灵活的关税制度体系可以弥补一些由于降税而可能遭受的冲击与损失，同时还能够保护公平竞争，进一步提高我国关税制度的防卫能力。

3.4.2 《技术性贸易壁垒协议》的运用

一方面，要建立与TBT协议要求相一致的技术标准和合格评定程序；另一方面，也需要抵制和突破其他技术贸易壁垒。

1. 推广和使用国际标准

我国应大力推行国际标准化发展战略，建立与国际接轨的标准体系和认证体系，抓紧制定我国有优势、有自主知识产权的高新技术标准，尤其要加快涉及安全、卫生、健康、环保等标准的制定。要积极参加国际标准化机构或体系，主动参与国际标准的制定和修订工作，将我国的合理要求，包括我国先进的、具有优势的技术标准纳入国际标准的制定、修订和协调工作中。要积极建设TBT预警机制。

2. 加快构筑技术性贸易措施体系

目前，我国在这方面的相关措施还未形成体系，缺乏系统性和连续性，我国应参照国际通用做法,加快建立科学、合理、规范的技术性贸易措施体系。为此,我国应大力提升实验室检测实力。TBT协议要求缔约方互相承认合格评定的结果,互相承认的前提是实力,实验室的实力主要表现在检测范围广、数据精确、时间短上。

3. 努力研究 TBT 协议及各成员方的合格评定程序

对违反 TBT 协议的合格评定程序,及时提出自己应有的抗辩。若因 TBT 协议本身的宽泛规定而无法抗辩成功,可以"以其人之道,还治其人之身"。此外,依据 WTO 有关规则对国外技术性贸易壁垒进行评议是 WTO 成员的权利。为此,我国应该对国外不合理的要求提出抗辩理由,并对国外立法进行及时评议。

4. 努力推动缔结双边承认协定

TBT 协议第 6 条第 3 款规定,"在其他成员方的请求下,应鼓励各成员方参加谈判,以达成双边承认各自合格评定程序结果的协议"。TBT 协议鼓励对各自合格评定程序结果的双边承认。目前,欧盟已经与澳大利亚、新西兰、美国、加拿大、瑞士及其他一些国家签署了相互承认协定。我国也应积极参加缔结这种双边承认协定。

5. 努力获得发展中国家的优惠待遇

我国应依据 TBT 协议的规定,对我国出口到发达国家的产品,要求发达国家采用适合我国发展、资金和贸易安全的国际标准,作为检验标准和方法的基础。与此同时,我国应积极参与国际标准化机构的工作,对我国具有优势的产品,努力要求制定相应的国际标准,以防止发达国家利用技术优势进行贸易保护,限制我国产品进口。

3.4.3 《实施卫生与植物卫生措施协议》的运用

要根据我国产品质量的现状,鉴定出我国产品已经达到或接近国际标准的部分,并将与此相关的国内标准予以优先转化。实际上,并不是所有的国际标准都难以为发展中国家所接受,凭借发展中国家现有的技术水平和产品质量完全可以达到其中相当部分标准的要求。

要积极参与有关国际标准的制定,打破发达国家一统国际标准之天下的局面。由于 SPS 协议第 3.1 条把有关国际标准纳入其义务内容范畴,虽然只是"根据"而无须全部"符合",但已实质性地影响了这些国际标准的约束效力。按照第 3.2 条的规定,凡符合有关国际标准,即视为符合 SPS 协议。第 12.4 条还规定:"在一成员不将国际标准、指南或建议作为进口条件的情况下,该成员应说明其中的理由,特别是它是否认为该标准不够严格,而无法提供适当的卫生与植物卫生保护水平。如一成员在其说明标准、指南或建议的使用为进口条件后改变立场,则该成员应对立场的改变提供说明,并通知秘书处及有关国际组织,除非此类通知和说明已根据附件 B 中的程序作出。"第 10.4 条规定:"各成员应鼓励和便利发展中国家成员积极参与有关国际组织。"第 12.2 条规定:"委员会应鼓励所有成员使用国际标准、指南和建议。"作为世界上最大的发展中国家,我国应当积极参与,力争在标准制定的源头上掌握一定的主动权,从而改变目前我国及发展中国家成员完全被动服从的局面。

3.4.4 《海关估价协议》的运用

《海关估价协议》及其议定书包括对发展中国家的特殊及差别待遇条款。可供发展中国家采用的是当进口商颠倒扣除法与推算价值法的顺序以及采用扣除法的变种时,海关当局可以取消进口商正常享有的权利。另外,还有如下其他规定。

1. 推迟适用

发展中国家可在《海关估价协议》生效之日起不超过 5 年的期限内,推迟适用本协议的条款。如果这一推迟被证明还不够,则还可请求再延长,只要能提出充分理由,协议各方将对此项请求予以同情考虑,这一点应为各方所理解。此外,发展中国家可在适用协议所有其他条款之后不超过 3 年的期限内推迟适用有关推算价值法的条款。

2. 官方规定的最低价值

依据官方规定的最低价值估价商品的发展中国家可作出保留,以使其在可能经协议各方一致同意的条件下,在一段有限的过渡期间保留此类估价方法。

3. 技术援助

根据协议第 2 条第 3 款的规定,发达国家成员应根据与发展中国家双边协议的条件,为发展中国家成员提供技术援助,包括培训人员、协助准备实施的措施、取得有关海关估价方法资料的途径以及有关实施协议的建议。

4. 独家代理商、独家批发商、独家特许权转让人及协议各方一致同意

若在有关由适用协议的发展中国家的独家代理商、独家批发商及独家特许权转让人经办的进口做法中出现问题,则在此类国家的请求下,应对此项问题予以研究,以寻求适当的解决途径。

5. 灵活运用海关估价原则

海关估价具有关税壁垒和非关税壁垒的双重属性。正确审定进出口物品的完税价格是征收关税,尤其是征收从价关税、选择关税或复合关税等的重要前提,是关税征收工作中的一项重要内容。

这里要强调的是,采用不同的估价标准,使用不同的估价方法,可以起到与降低或提高关税税率同等的作用。例如,以 CIF 为估价基础审定的完税价格就要高于以 FOB 为估价基础审定的完税价格。这样,在两者税率一致的条件下,前者应征的关税税额也就大于后者应征的关税税额。结果,前者的实际关税水平就要高于后者,即使在同一估价基础的条件下,如果具体的计算方法不同,如规定不同的价格调整因素,也能产生不同的结果。

1. 温州打火机案

2002 年 5 月,欧盟通过了 CR 标准,并从 2004 年 6 月正式实施。CR 标准是一项关于打火机安全使用条款即"防止儿童开启装置措施"的法案,规定出口价在 2 欧元以下的打火机必须安装防止儿童开启的"安全锁",否则不准进入欧洲。欧洲各国以及日、韩等国因劳动力成本高等因素,打火机出口价均在 2 欧元以上,唯独中国生产的打火机售价在 2 欧元以下。

安全锁的工艺并不复杂,但专利已为国外垄断。温州打火机业若购买专利,则成本必然大幅提高,失去竞争优势;若自行研制安全锁,时间较长且可能触动国外知识产权保护体系。故中方提出抵制 CR 标准的理由:①温州生产的金属外壳、可重复使用的打火机与一次性打火机有很大区别;②中国实施的检验制度与国际标准接轨,质量可靠;③温州金属打火机出口 10 多年来,从未接到安全事故方面的投诉。

2002 年 6 月,欧盟方面对两年后方生效的 CR 标准急不可耐,启动反倾销程序,对中国企业设置贸易壁垒,以期通过对中国企业征收高昂的反倾销税,在短时间内挤走中国的打火机。

2002 年 7 月,中国打火机协会召集各打火机厂商在温州开会。对外经济贸易大学的相关专家组织现场讲座,通报情况和 WTO 规则,并聘请精通 WTO 事务的律师蒲凌尘积极应诉。与此同时,协会还组织应诉企业,以温州东方轻工实业有限公司申请市场经济地位、以大虎等 15 家企业进行"产业无损害抗辩"。

2003 年 7 月,欧洲打火机制造商协会正式向欧盟撤诉。2003 年 9 月,欧委会正式发布终止对中国等国打火机实行反倾销调查的官方公报。2003 年 12 月,欧盟有关机构决定暂不将 CR 标准作为《通用产品安全指令》的参考标准在欧盟《官方公报》上公布,但将从 2004 年春起,对打火机强制实施 ISO 9994(2002 年版)安全标准。

(资料来源:陈黎.2003 温州打火机案:突破欧盟 CR 技术壁垒初战告捷[J].WTO 经济导刊,2004(4):30-31.)

前期准备知识:中国打火机行业发展现状,欧盟 CR 法案,反倾销基本知识。

(1) 根据此案例进行模拟谈判,运用 TBT 协议及其例外进行阐述。
(2) 此案对中国相关行业有哪些启示?

2. 秘鲁/欧共体:沙丁鱼之争(WT/DS231)

沙丁鱼是一种常见的罐头用鱼,主要产自两个海域:①大西洋东北部,包括地中海和黑海,被称为欧洲沙丁鱼;②太平洋东部,秘鲁和智利的沿海一带,被称为太平洋沙丁鱼。这两种鱼虽然体形不同,但都生活于近洋,都属于小型鲱科鱼类。

1989 年 6 月,欧共体发布了有关罐装沙丁鱼销售法规(European Communities Regulation,以下简称"ECR")。ECR 只规定了欧洲沙丁鱼的销售标准,对太平洋沙丁鱼未作规定,客观上起到了不承认太平洋沙丁鱼是沙丁鱼,使其无法在欧共体市场上销售。2001 年 3 月,秘鲁就此问题提出与欧共体磋商,同年 5 月磋商未果,6 月 7 日,秘鲁要求成立专家组,7 月 4 日专家组成立并具有标准授权。

秘鲁的诉求是:ECR 禁止沙丁鱼罐头的名称带有原产国称谓,如称秘鲁沙丁鱼;禁止带有出产水域称谓,如称太平洋沙丁鱼,不符合 WTO/TBT 协定第 2.4 款的规定,并且不符合国民待遇与最惠国待遇原则。欧共体则持完全相反的立场。

2002 年 5 月 29 日,专家组发布正式报告,认定 ECR 不符合《技术性贸易壁垒协议》第 2.4 款的规定。但欧盟不服,提出了上诉。2002 年 9 月 26 日,上诉机构作出最终裁决,驳回了欧盟的上诉。

前期准备知识：TBT 协议，ECR 法案。

(1) 根据此案例进行模拟谈判，运用 TBT 协议及其例外进行阐述。

(2) 此案例对中国相关行业有哪些启示？

3.5 习　　题

1．名词解释

关税　关税减让　非关税措施　技术性措施　海关估价　原产地规则

2．简答题

(1) 简述关税的类别。

(2) 简述关税的计税标准。

(3) 简述关税减让谈判的原则。

(4) 简述关税减让谈判的成果。

(5) 简述 TBT 协议的宗旨。

(6) 简述 SPS 协议的宗旨。

(7) 简述《进口许可程序协议》的宗旨。

(8) 简述关税减让规则的运用技巧。

(9) 简述 TBT 协议的运用技巧。

(10) 简述《海关估价协议》的运用技巧。

即测即练题

第 4 章

世界贸易组织重要商品的贸易协议与运用

2015年联合国通过的可持续发展目标中包括消除饥饿、实现粮食安全和改善营养以及促进可持续农业。为了推动这一目标的实现,WTO在2015年关于出口竞争的决定中取消了农业出口补贴。到2050年,世界人口预计将增加到90亿,世界各地需要有创新的农业系统,以确保所有国家生产足够的粮食,并促进粮食安全。然而,WTO在2017年第11届部长级会议上却并没有为农业谈判提供明确的方向,针对发展可持续农业并没有切实可行的计划与安排。与此同时,不断变化的贸易活动正在重塑粮食和农业市场,同时又时刻影响着优惠贸易协定和国家政策的决定。上述因素共同决定了WTO未来农业谈判的轮廓。2018年开始的中美经贸摩擦,中国的反制措施就是暂停对美国农产品的采购,足见农产品在贸易中的重要地位。

世界重要的贸易品有很多,如农产品、原油、机电产品等,WTO成员经过艰苦的谈判,就农产品、纺织品、民用航空器、信息技术产品等贸易品签订了贸易协议。本章主要介绍《农业协议》《纺织品与服装协议》《民用航空器协议》《信息技术产品协议》的产生背景、主要内容和自由化的过程,以及相关规则的运用。

★ 学习目标和要求

(1) 掌握《农业协议》的主要内容;
(2) 熟悉《农业协议》的谈判经过及农产品贸易规则;
(3) 了解《纺织品与服装协议》适用的主要内容及基本规则;
(4) 了解其他重要贸易品协议,如《民用航空器贸易协议》《信息技术产品协议》。

4.1 农业贸易

在"二战"之后的大部分时间里,农业贸易实际上被排除在多边贸易规则之外,在关税与贸易总协定框架下获得了一系列豁免。在此期间,包括美国、加拿大、欧洲共同体、日本、挪威和瑞士在内的一些高收入国家为农业提供较高的关税保护和扭曲贸易的农业补贴。在"乌拉圭回合"谈判期间,贸易谈判代表同意将农业纳入多边贸易规则,并对扭曲贸易的支持和关税设定限制。他们还同意将边境上的非关税措施转变为关税,这一过程被贸易官员称为"关税化"。经过谈判,最终在1993年12月15日达成了《农业协议》(Agreement on Agriculture, AOA),所有WTO成员都要承诺进行长期的农业改革,使农产品贸易更加公平和逐步自

延伸阅读 4.1
世界农产品贸易格局及中国农产品贸易现状

由化。

WTO members have taken steps to reform the agriculture sector and to address the subsidies and high trade barriers that distort agricultural trade. The overall aim is to establish a fairer trading system that will increase market access and improve the livelihoods of farmers around the world. The WTO Agreement on Agriculture, which came into force in 1995, represents a significant step towards reforming agricultural trade and making it fairer and more competitive. The Agriculture Committee oversees implementation of the Agreement.

4.1.1 《农业协议》的产生背景

1. 协议的地位和作用

AOA 是 WTO 负责实施管理的多边货物贸易协议中的一个重要协议,是《GATT 1994》的基本原则和规则在国际农产品贸易领域的具体应用。协议的主要目标是促进国际农产品贸易的改革,实现"乌拉圭回合"确定的"建立一个公平的、以市场为导向的农产品贸易体制,并应通过支持和保持承诺的谈判及建立增强的和更行之有效的 GATT 规则和纪律发动规格过程"的目标。

2. 协议的历次谈判

从关税与贸易总协定生效至"乌拉圭回合"谈判启动之前的 30 多年时间里,在关税与贸易总协定框架下进行了 8 轮多边贸易谈判,在"乌拉圭回合"谈判之前共有 3 次与农产品贸易有关:①狄龙回合(1960—1962 年)中,美国迫于新成立的共同市场 6 国集团的力量,同意其向共同体市场出口的一些农产品受共同体制定的共同税率的影响;②肯尼迪回合(1964—1967 年)中,美国提出大幅度削减农产品进口关税,并要求取消进口数量限制,因遭到欧共体的拒绝而未果;③东京回合(1973—1979 年)中,也因为美欧两大农产品贸易体的冲突,最后仅就牛肉和奶制品达成了两项协议,农业贸易自由化进展甚微。

WTO 成立后多次对农业贸易改革进行谈判。2001 年多哈回合谈判,农产品贸易成为重要议题;2013 年巴厘岛部长级会议,通过了关于农业的重要决定;2015 年内罗毕部长级会议,就取消农业出口补贴的历史性决定达成一致,这是自 WTO 成立以来对农业国际贸易规则进行的最重要的改革。

3. 协议的基本规则

《农业协议》主要从市场准入、国内支持、出口竞争等方面对成员作出约束,这是《GATT 1994》的基本原则和规则在国际农产品贸易领域的具体应用。

The objective of the Agreement on Agriculture is to reform trade in the sector and to make policies more market-oriented. This would improve predictability and security for importing and exporting countries alike. The new rules and commitments apply to:

(1) market access—various trade restrictions confronting imports.

(2) domestic support—subsidies and other programmes, including those that raise or guarantee farmgate prices and farmers' incomes.

(3) export subsidies and other methods used to make exports artificially competitive.

4.1.2 《农业协议》的主要内容

1. 市场准入

由于许多国家,尤其是发达国家用关税及非关税壁垒来限制他国农产品进入其国内市场,导致了世界农产品贸易的不公平竞争,妨碍了农产品贸易自由化的实现。为此,AOA 要求各方尽力排除非关税措施的干扰,并通过了将非关税壁垒关税化、禁止使用新的非关税壁垒的规定,来削减农业贸易领域现存的非关税壁垒。此外,各方还达成了增加农产品市场准入机会的协议,以保证一定水平的市场准入,促进农产品贸易自由化的实现(见表 4-1)。

表 4-1 "乌拉圭回合"有关农产品自由化措施

项 目 名 称	发达国家成员(1995—2000 年)	发展中国家成员(1995—2004 年)
关税		
全部农产品平均削减	36%	24%
每项农产品最低削减	15%	10%
国内支持(基期:1986—1988 年)		
综合支持量削减	20%	13%
出口补贴(基期:1986—1990 年)		
补贴额削减	36%	24%
补贴量削减	21%	14%

注:① 最不发达国家成员无须承诺削减关税或补贴。

② 关税削减的基础税率为 1995 年 1 月 1 日前的约束税率;对于原未约束的关税,基础税率为 1986 年 9 月"乌拉圭回合"开始时的实施税率。

(1) 关税化。现行的非关税措施应转化成普通关税,即关税化。制定相应进口关税(从量税或从价税)的依据是关税等值。某种农产品的关税等值,等于该产品的国内市场平均价格减去该产品或相近产品的国际市场平均价格;某种农产品加工品的关税等值,等于农产品原料的关税等值乘以农产品原料占农产品加工品的比重。协议规定对农产品的普通关税和关税化后的关税全部进行约束。

(2) 确立关税削减基数。从 1995 年开始,发达国家成员在 6 年内,发展中国家成员在 10 年内,分年度削减农产品关税。以 1986—1988 年关税平均水平为基础,用简单算术平均法计算,发达国家成员削减 36%,每个关税税号至少削减 15%;发展中国家成员削减 24%,每个关税税号至少削减 10%。

(3) 实施关税配额。以 1986—1988 年为基准期,有关成员在这一期间进口必须进行关税化的农产品,若未达到国内消费量的 5%,则应承诺最低数量的进口准入机会。在关税减让实施期的第一年,应承诺的最低进口准入数量应为基准期国内消费量的3%,在实施期结束时应该提高到5%。若基准期的进口数量超过国内消费量的5%,则应维持原有的市场准入机会。通过关税配额实施最低的市场准入,配额内的进口享受较低或最低的关税,配额外的进口缴纳关税化后的关税。

(4) 建立特殊保障机制。针对关税化的农产品,建立特殊保障机制。成员通过谈判获得使用该机制的权利,并在其承诺表中注明。启用该机制的前提条件是,某年度的进口量超过前3年进口量的平均水平(根据该成员进口量占消费量的比例确定),或者进口价格低于1986—1988年进口参考价格平均水平的10%。

(5) 实行特殊和差别待遇。协议放宽了对发展中国家市场准入的要求,表现为:发展中国家可灵活地建立关税上限约束(因国际收支困难而维持限制的发展中国家,可免除将数量限制关税化的义务,但必须约束其关税,实际上,发展中国家通常使用上限约束的方式,将关税约束在比现行关税税率高出许多的水平上);最不发达国家虽然也进行关税化及关税约束,但可免于减让承诺。

延伸阅读4.2
推动农业多边贸易谈判的进展——市场准入

在市场准入方面,"乌拉圭回合"导致了关键的系统性变化:从无数的非关税措施阻碍农业贸易流动的局面,转变为一种只有关税约束的保护和削减承诺的制度。这个根本性变化的关键是通过以下三种方式来刺激农业投资、生产和贸易:①使农业市场准入条件更加透明、可预测和竞争;②建立或加强国家和国际农产品市场之间的联系;③更加突出地依靠市场引导稀缺资源在农业部门和整个经济范围内发挥最大的生产作用。

On the market access side, the Uruguay Round resulted in a key systemic change: the switch from a situation where a myriad of non-tariff measures impeded agricultural trade flows to a regime of bound tariff-only protection plus reduction commitments. The key aspects of this fundamental change have been to stimulate investment, production and trade in agriculture by (1) making agricultural market access conditions more transparent, predictable and competitive, (2) establishing or strengthening the link between national and international agricultural markets, and thus (3) relying more prominently on the market for guiding scarce resources into their most productive uses both within the agricultural sector and economy-wide.

2. 国内支持

各国各地区采取措施支持农业生产,既有其必要性,但又是造成国际农产品贸易不公平竞争的主要原因之一。"乌拉圭回合"农产品贸易谈判就如何区分"贸易扭曲性生产措施"和"非贸易扭曲性生产措施"进行了艰苦而又细致的讨论,最终达成的《农业协议》对不同的国内农产品支持措施进行分类处理。

(1) "绿箱"(Green Box)措施。"绿箱"措施是指由成员政府提供的、其费用不转嫁给消费者,且对生产者不具有价格支持作用的政府服务计划。这些措施对农产品贸易和农业生产不会产生或者仅有微小的扭曲影响,可以继续保留,成员无须承担约束和削减的义务。

"绿箱"措施主要包括:一般农业服务支出,如农业科研、病虫害控制、培训、推广和咨询服务、检验服务、农产品市场促销服务、农业基础设施建设等;粮食安全储备补贴;粮食援助补贴;与生产不挂钩的收入补贴;收入保险计划;自然灾害救济补贴;农业生产者退休或转业补贴;农业资源储备补贴;农业结构调整投资补贴;农业环境保护补贴;落后地区援助补贴等。

(2)"黄箱"(Amber Box)措施。"黄箱"措施是指成员政府对农产品的直接价格干预和补贴,包括对种子、肥料、灌溉等农业投入品的补贴,对农产品营销贷款的补贴等。这些措施对农产品贸易会产生扭曲,对超过农业生产总值比重的补贴,成员必须承担约束和削减补贴义务。对不高于该比重(所占比重为微量)的成员,则不需要削减。

AOA 规定,自 1995 年开始,以 1986—1988 年为基准期,发达国家成员在 6 年内逐步将综合支持量削减 20%,发展中国家成员在 10 年内逐步削减 13%。在此期间,每年的综合支持量不能超过所承诺的约束水平。对特定农产品的支持实行微量允许。对综合支持量①不超过该产品生产总值或农业生产总值的 5% 的发达国家成员和 10% 的发展中国家成员,则无须削减。

延伸阅读 4.3
推动农业多边贸易谈判的进展——国内支持

发展中国家成员的一些"黄箱"措施也被列入免予削减的范围。主要包括农业投资补贴,对低收入或资源贫乏地区生产者提供的农业投入品补贴,为鼓励生产者不生产违禁麻醉作物而提供的支持等。

(3)"蓝箱"(Blue Box)措施。"蓝箱"措施是指成员政府为了保持生态环境和土地生息,强迫部分土地休耕和约束养畜数量,为此对给农业生产者和畜牧业者造成的收入损失予以补贴。这些补贴与政府对农畜品限产计划有关,继续保留,成员无须承担削减义务。

3. 出口补贴

出口补贴是指依据出口行为而给予的补贴。这是一项对贸易产生严重扭曲的政策措施,"乌拉圭回合"之前的各轮谈判只是成功地对工业品出口补贴进行了限制。AOA 规定,不禁止成员对农产品出口实行补贴,但要削减这些出口补贴。

The Agreement on Agriculture prohibits export subsidies on agricultural products unless the subsidies are specified in a member's lists of commitments. Where they are listed, the agreement requires WTO members to cut both the amount of money they spend on export subsidies and the quantities of exports that receive subsidies.

---

① 综合支持量:为支持农产品生产者而提供给某种农产品,或为支持广大农业生产而提供给非特定产品的年度支持水平,一般用货币单位表示。

(1) 削减出口补贴的基准与削减程度。以 1986—1990 年出口补贴的平均水平作为削减基准,或在某些出口补贴已经增加的条件下,以 1991—1992 年的平均水平为削减基准。从 1999 年开始,每年进行等量削减。对农产品出口补贴的预算开支,规定发达国家成员在 6 年内减少 36%,发展中国家成员在 10 年内减少 24%;对享受补贴的农产品出口数量,发达国家成员在 6 年内要减少 21%,发展中国家成员在 10 年内要减少 14%。对于农产品加工品的出口补贴,成员只需削减预算开支。最不发达国家成员不需要作任何削减。

延伸阅读 4.4
强化贸易合作,维护粮食安全

(2) 削减承诺约束的出口补贴。下列出口补贴措施要受到削减承诺的约束:①视农产品出口实绩而提供的直接补贴;②以低于同类农产品的国内价格,将非商业性政府库存农产品处置给出口商而形成的补贴;③利用征收的农产品税,对相关农产品产生的出口补贴;④农产品的出口营销补贴,但发展中国家成员除外;⑤出口农产品的国内运费补贴,但发展中国家成员除外;⑥视出口产品所包含的农产品成分,对所含农产品提供的补贴。

延伸阅读 4.5
WTO《农业协定》如何兼顾发展中国家成员的特殊性

(3) 禁止实施未采取过的补贴。在上述基期内,若成员政府没有对某种农产品实施出口补贴措施,则禁止该成员将来对这种农产品的出口进行补贴。

(4) 遵守卫生与植物卫生措施协议。《农业协议》与农产品贸易有关的卫生与植物卫生措施,应遵循 WTO《实施卫生与植物卫生措施协议》的有关规定。

4.2 纺织品贸易

"乌拉圭回合"达成的《纺织品与服装协议》(Agreement on Textiles and Clothing)取代了 1994 年 12 月到期的《多种纤维协议》(Multi-fibre Agreement),成为 WTO 负责实施管理的多边货物协议之一。其目标是使纺织品与服装贸易"在加强的关税与贸易总协定规则和纪律基础上最终纳入关税与贸易总协定,从而也对贸易进一步自由化的目标做出贡献"。在 2004 年 12 月 31 日之前的 10 年内,逐步取消纺织品与服装贸易的配额限制。

4.2.1 《纺织品与服装协议》的产生背景

"二战"结束后,发展中国家兴起。在其经济发展过程中,部分发展中国家率先发展劳动密集型产品,如纺织品出口,因其价格低廉,在世界纺织品市场上取得竞争优势。纺织品与服装贸易在世界货物贸易中的比重约为 6%,其中,发展中国家约占 4%,发达国家占 2%。发达国家为了保护竞争力逐渐衰退的纺织品与服装产业,背离了《GATT 1947》贸易自由化的宗旨。从 1961 年开始,发达国家与发展中国家先后形成了《短期棉纺织品贸易协议》《长期棉纺织品贸易协议》和《多种纤维协议》。根据上述协议,发达国家对从发展中国家进口的纺织品与服装进行配额限制,约束发展速度,抑制了发展中国家的经济发展。

在发展中国家的努力下,"乌拉圭回合"把纺织品与服装贸易列为15个谈判议题之一。经过发展中国家和地区的不懈努力,发达国家被迫作出纺织品与服装贸易逐步自由化的妥协,达成了《纺织品与服装协议》,为最终取消纺织品与服装贸易中的配额限制作了过渡性安排。

4.2.2 《纺织品与服装协议》的特征

《纺织品与服装协议》与《多种纤维协议》的最大差异是参与者和约束性不同。前者是受 WTO 管辖的多边贸易协议,所有 WTO 成员均需遵守,后者是自愿参加。因此,《多种纤维协议》与《GATT 1947》是双轨制,而《纺织品与服装协议》是 WTO 负责实施管理的协定与协议的一部分,是单轨制,但它又延续了《多种纤维协议》的管理做法。按照《纺织品与服装协议》,纺织品与服装分三个阶段回归到《GATT 1947》的自由贸易体制。在回归的过渡期间,《纺织品与服装协议》继续保留配额,允许发达国家成员采取救济措施,重新建立纺织品监督机构,监督协议的执行与成员间的贸易争端。因此,《纺织品与服装协议》是个阶段性的协议。

4.2.3 《纺织品与服装协议》的主要内容

《纺织品与服装协议》有9个条款,1个附件。主要内容为:基本规则、适用产品的范围、分阶段取消配额限制、过渡性的保障措施、非法转口的处理、设立纺织品机构等。

1. 基本规则

① 在纺织品和服装贸易领域使小的供应方的市场准入获得有意义的增长,并为新参加方创造贸易机会;②给予原《多种纤维协议》成员特殊待遇;③反映产棉出口成员的特殊利益;④鼓励成员自主调整产业,以增强厂商的竞争力;⑤适用的纺织品和服装按照附件列出的产品范围。

2. 过渡阶段自由化措施

(1) 分阶段取消配额限制:要求在10年过渡期内,成员不得设立新的纺织品与服装贸易限制,并逐步取消已有的限制。《纺织品与服装协议》第2条规定,对于其附件中所列产品,应在10年内分4个阶段取消进口数量限制(见表4-2)。

Textiles and clothing products were returned to GATT rules over the 10-year period. This happened gradually, in four steps, to allow time for both importers and exporters to adjust to the new situation. Some of these products were previously under quotas. Any quotas that were in place on 31 December 1994 were carried over into the new agreement. For products that had quotas, the result of integration into GATT was the removal of these quotas.

表 4-2 实施《纺织品与服装协议》的四个阶段

阶　段	纳入《GATT 1994》的产品比例(%)	剩余配额的年增长率(%)
第一阶段(1995年1月1日至1997年12月31日)	16	6.96
第二阶段(1998年1月1日至2001年12月31日)	17	8.7
第三阶段(2002年1月1日至2004年12月31日)	18	11.05
第四阶段(2005年1月1日《纺织品与服装协议》终止)	49	配额全部取消

资料来源：依据 WTO 相关规定整理。

在符合规定比例的前提下，每个成员可自主决定各个步骤中取消配额限制的具体产品类别，但必须包括以下四组产品：毛条和纱、机织物、纺织制品、服装。成员在各个步骤取消配额限制的产品清单，应提前一年通知 WTO。

(2) 逐步增加配额数量：对尚未取消配额限制的产品，要逐步放宽限制，增加配额数量。具体做法是：以《多种纤维协议》达成的双边协议中的现行配额数量为基础，从 1995 年 1 月 1 日起，通过提高配额年增长率的方式，逐年增加配额数量。

提高配额年增长率的具体步骤：从 1995 年 1 月 1 日起，在《多种纤维协议》规定的年增长率基础上增加 16%，作为第一阶段的年增长率；从 1998 年 1 月 1 日起，在第一阶段年增长率的基础上再增加 25%，作为第二阶段的年增长率；从 2002 年 1 月 1 日起，在第二阶段年增长率的基础上再增加 27%，作为第三阶段的年增长率；第四阶段于 2005 年 1 月 1 日起完全取消配额。

对于结转(本年度剩余配额转入下年度)、类转(各个配额类别之间进行数量转移)和预借(下年度配额提前到本年度使用)等灵活条款的混合使用，不实行比例限制。

(3) 其他措施并行实施：纺织品与服装逐步取消配额限制的进程要与各成员在"乌拉圭回合"中其他领域所作出的影响纺织品与服装贸易的承诺挂钩。所有成员应采取削减和约束关税，减少或取消非关税壁垒等措施，改善纺织品与服装的市场准入；在反倾销措施、补贴和反补贴措施以及知识产权保护等方面，保证实施可使纺织品与服装贸易以公平、公正进行的政策；因总体贸易政策原因而采取措施时，要避免对纺织品与服装进口造成歧视。

如果任何成员认为另一成员未采取上述措施，使《纺织品与服装协议》项下的权利和义务的平衡受到破坏，该成员可向 WTO 的争端解决机构提出申诉。如争端解决机构裁决被诉方未遵守《纺织品与服装协议》，可以授权申诉方对被诉方原本自动享受的下一阶段配额的年增长率进行调整。

3. 过渡性保障措施

过渡性保障措施是指某项纺织品或服装的配额限制在取消前，若进口成员证明该产品进口数量剧增，对国内有关产业造成严重损害或有严重损害的实际威胁，则可针对该出口成员采取保护行动。过渡性保障措施只对尚未纳入《GATT 1994》的产品使用，而对纳入《GATT 1994》的产品应采用 WTO 的保障措施。

过渡性保障措施可以在双方磋商同意后采取,磋商未能达成协议时可以单方采取,但均须接受纺织品监督机构的审议。过渡性保障措施可以维持 3 年,不得延长,当该产品纳入《GATT 1994》约束时,即自行终止。过渡性保障措施的实施时间若超过 1 年,则随后各年的进口限制水平应在第 1 年限制水平的基础上每年至少增长 6%。在使用过渡性保障措施的规定时,应给予最不发达国家、小供应国、新进入市场的国家等更优惠的待遇。

任何成员欲保留使用过渡性保障措施的权利,应在规定的时间内通知纺织品监督机构。绝大多数 WTO 成员保留了这一权利,并同时提交了逐步取消纺织品与服装限制的方案。只有少数几个 WTO 成员放弃了这一权利,这些成员被认定已将附件所列产品全部纳入《GATT 1994》,提前实现了自由化。

4. 对非法转口的处理

非法转口又称"舞弊",是指出口成员通过转运、改道、谎报原产地或原产国、伪造文件来规避协议的规定和逃避配额管理的做法,如有足够的证据说明进口产品属非法转口,进口成员在与涉及非法转口的出口成员及其他有关参与方进行磋商之后,可以采取制止行动,包括拒绝清关,若产品已经入境,则可以扣除有关出口成员相应数量的配额。

《纺织品与服装协议》要求,所有 WTO 成员应在符合本国法律和程序的情况下,制定必要的法规和行政措施来处理并打击非法转口行为。在处理此类问题时,有关成员各方要进行磋商,并充分合作开展调查。

延伸阅读 4.6
中美贸易摩擦对中国纺织行业的影响

5. 设立纺织品监督机构

WTO 专门设立纺织品监督机构,发挥调解和准司法的作用。该机构是一个常设机构,由 1 名独立主席和 10 名成员组成。成员的组成需具有广泛的代表性,还要间隔进行轮换。纺织品监督机构的成员由货物贸易理事会指定的 WTO 成员任命,其以个人身份履行职责,以协商一致方式作出决定。

纺织品监督机构负责监督《纺织品与服装协议》的实施,审查成员所采取的措施是否符合协议的规定,包括各成员的纺织品与服装贸易自由化方案,以及所采取的过渡性保障措施等,并就这些事项提出建议或作出裁决。各成员应尽量全面接受这些建议或裁决,如不能接受,应说明理由,纺织品监督机构在审议后,再次提出建议;如仍未解决问题,有关成员可以通过 WTO 争端解决机制处理。在过渡期的每一个阶段结束时,纺织品监督机构还须向货物贸易理事会提交一份全面报告。

4.3 民用航空器贸易

4.3.1 《民用航空器贸易协议》的产生背景

"二战"以后,随着国际贸易的扩大和旅游事业的发展,航空事业发展迅速,民用航空器贸易飞速发展,在世界及各国经济和贸易中的地位不断提升,各国日益把航空器部门作为经济和产业政策的组成部分。继美国和欧洲共同体之后，加拿大、一些北欧国家及巴西等国的飞机制造业也在发展。为了竞争，各国在民用航空器的发展中，一方面将其作为战略产业给予各种补贴和资助，促进本国航空器产业的发展；另一方面在民用航空器的进口上实行关税和非关税壁垒，使民用航空器贸易出现扭曲，影响了民用航空器贸易的扩大。为此，国际社会特别是民用航空器比较发达的国家寻求民用航空器贸易自由化，通过国际协议逐步消除民用航空器贸易上的障碍。

在"东京回合"中，美国和欧共体发起了关于民用航空器问题的谈判，其目的是将飞机进口关税削减为零，规范各国对飞机制造业给予的补贴及其他支持措施。经过谈判，达成《民用航空器贸易协议》，并于1980年1月1日正式生效。GATT缔约方可选择加入，但加拿大和巴西等国当时没有参加这个协议。"乌拉圭回合"中，《民用航空器贸易协议》参加方曾试图对该协议的内容进行补充，扩大成员范围。由于意见分歧，最终未能取得共识。

因此，《民用航空器贸易协议》是基于GATT整体接受考虑的协议。WTO成立后，《民用航空器贸易协议》在与WTO法律框架衔接方面遇到了一些问题，比如，如何适用WTO的争端解决机制。1999年4月，民用航空器委员会主席提出了一份《〈民用航空器贸易协议〉议定书草案》，旨在澄清该协议在WTO中的法律地位，但至今该协议参加方仍未能就此达成一致。此外，民用航空器委员会就更新1996年协调税制的税号，将"飞行器地面维护设备的模拟器"纳入《民用航空器贸易协议》附件等问题进行了研讨；就美国"面向21世纪航空投资改革法案"、欧共体"航空器引擎噪声控制规定"、比利时"航空工业支持计划及大型飞行器的验证制度"等问题进行了审议，但均未取得定论。

该协议的加入属于自愿，未经其他参加方同意，不得对协议的任何条款提出保留，且其法律、法规和行政程序应符合协议的规定。任何参加方可退出该协议。目前，《民用航空器贸易协议》的参加方有32个，分别为阿尔巴尼亚、加拿大、埃及、欧盟及其成员国（奥地利、比利时、保加利亚、丹麦、爱沙尼亚、法国、德国、希腊、爱尔兰、意大利、拉脱维亚、立陶宛、卢森堡、马耳他、荷兰、葡萄牙、罗马尼亚、西班牙、瑞典、英国）、格鲁吉亚、日本、中国澳门、黑山、挪威、瑞士、中国台北、美国。

4.3.2 《民用航空器贸易协议》的主要内容

协议由9个条款和1个附件组成，主要内容包括适用范围，有关民用航空器贸易的规则、机构设置和争端解决等。协议的宗旨是：期望实现民用航空器、零件及相关设备世界贸易的最大限度自由化，包括取消关税和尽最大可能减少或消除对贸易的限制或扭曲；期望在全世界范围内鼓励航空工业技术的继续发展；期望为民用航空器活动及其生产者参与世界民用航空器市场的扩大提供公正和平等的竞争机会。

1. 适用产品范围

所有民用航空器；所有民用航空器发动机及其零件、部件；民用航空器的所有其他零件、部件及组件；所有地面飞行模拟机及其零件和部件；在民用航空器的制造、修理、维护、改造、改型或改装中，无论上述产品是用作原装件还是替换件，都属于适用的产品范围。

2. 贸易规则

（1）取消关税和其他费用。各参加方取消对适用产品进口征收的关税及与进口有关的其他费用，取消对民用航空器修理所征收的关税和其他费用。

（2）技术性贸易壁垒。协议规定，各参加方关于民用航空器认证的要求，以及关于操作和维修程序的规格，应按《技术性贸易壁垒协议》执行。

（3）进行公平竞争。协议规定，购买者只能根据价格、质量和交货条件购买民用航空器，并有权根据商业和技术因素选择供应商。各参加方不得要求航空公司、航空器制造商或从事民用航空器购买的其他实体购买特定来源的民用航空器，也不得为此对其施加不合理的压力，以避免对供应商造成歧视。各参加方不得以数量限制或以进出口许可程序限制民用航空器的进出口。各参加方不得直接或间接要求或鼓励各级政府、非政府机构和其他机构采取与该协议不一致的措施。《补贴与反补贴措施协议》适用于民用航空器贸易。

（4）确保政策的统一性。协议规定，参加方的法律、法规和行政程序符合该协议的规定，并将与协议有关的法律、法规及其变化情况通知民用航空器贸易委员会。

4.4 信息技术产品贸易

信息技术产品包括计算机、仪器设备、零部件和附件、软件、半导体、半导体生产设备、电信类产品等。《信息技术协议》(Information Technology Agreement，ITA)是 WTO 成立后达成的一个重要协议，任何 WTO 成员及申请加入 WTO 的国家或单独关税区均可参加该协议，但需要提交关税减让表、产品清单等文件，并获得已有成员的审议通过。截至 2016 年，《信息技术协议》共有 82 个参加方。协议的宗旨是通过取消信息技术产品关税，在世界范围内鼓励信息技术产业的技术发展，以及最大限度地实现世界信息技术产品贸易的自由化。

4.4.1 《信息技术协议》的产生背景

20 世纪 90 年代以后，信息技术革命出现，信息技术迅猛发展，信息技术产品贸易额不断增加。1996 年信息技术产品贸易额已达到 6970 亿美元，超过当年全球农产品和纺织品与服装的出口总和。扩大全球范围内信息技术产品市场并降低成本，成为世界经济和贸易扩大的关键，加大自由化也成为信息产业具优势国家的重要战略目标。1996 年年初，美国率先提出到 20 世纪末实现信息技术产品贸易自由化的设想。同年 12 月，WTO 首届部长级会议在新加坡举行。会前，美国、欧共体、日本、加拿大已就有关信息技术协议的主要产品达成一致意见。部长级会议期间又举行了多次会议，最终达成了《关于信息技术产品贸易的部长宣言》，共有 29 个国家参加。该宣言由正文和附件（关税减让模式及关于产品范围的两个附表）组成。宣言规定，该宣言如期生效的条件是在 1997 年 4 月 1 日之前，必须有占全球信息技术产品贸易总量约 90% 的参加方通知接受该宣言。1997 年 3 月 26 日，接受宣言的 40 个国家的信息技术产品贸易已占全球该产品贸易总量的 92.5%，该宣言如期生效。该宣言及各参加方提交的信息技术产品关税减让表构成了《信息技术协议》。

4.4.2 《信息技术协议》的主要内容

协议的核心内容是,2000 年 1 月 1 日前发达国家取消信息技术产品的关税及其他税费,发展中国家可延长减税实施期,最长可到 2005 年 1 月 1 日。

1. 约束并分阶段取消关税

协议规定,接受方在 1997 年 7 月 1 日前约束信息技术产品的关税,并在 1997—2000 年分四个阶段均等削减关税至 0,每一阶段削减现行关税的 25%(见表 4-3)。关税削减在最惠国待遇基础上,对所有 WTO 成员实施。

表 4-3　实施《信息技术协议》关税削减的四个阶段

阶　段	削　减　程　度
第一阶段,在 1997 年 7 月 1 日前	各接受方将关税削减 25%
第二阶段,在 1998 年 1 月 1 日前	进一步削减 25%
第三阶段,在 1999 年 1 月 1 日前	再削减 25%
第四阶段,在 2000 年 1 月 1 日前	削减余下的 25%,实现零关税

2. 取消其他税费

协议规定,接受方在 1997 年 7 月 1 日前取消对进口和有关进口征收的任何种类的所有其他税费。

3. 产品范围

《信息技术协议》涉及的产品非常广泛,约占《商品名称及编码协调制度》中的近 300 个税号,主要包括以下几大类。

(1) 计算机:计算机系统、笔记本电脑、中央处理器、键盘、打印机、显示器、扫描仪、硬盘驱动器、电源等零部件。

(2) 电信设备:电话机、可视电话、传真机、电话交换机、调制解调器、送受话器应答机、广播电视传输接收设备、寻呼机等。

(3) 半导体:各种型号和容量的芯片及晶片。

(4) 半导体生产设备:包括多种生产半导体的设备和测试仪器,如蒸气析出装置、旋转式甩干机、刻蚀机、激光切割机、锯床切片机、离心机、注射机、烘箱及加热炉、离子注入机、显微镜、检测仪器,以及上述产品的零部件和附件。

(5) 软件:以磁盘、磁带或只读光盘等为介质。

(6) 科学仪器:测量和检测仪器、分色仪、分光仪、光学射线设备及电泳设备等。

(7) 其他:文字处理机、计算器、现金出纳机、自动提款机、静止式变压器、显示板、电容器、电阻器、印刷电路、电子开关、连接装置、电导体、光缆、复印设备计算机网络(局域网、广域网设备)、液晶显示屏、绘图仪、多媒体开发工具等。

4. 信息产品关税减让谈判方式的特殊情况

信息技术产品因发展很不平衡,采用的关税减让方式与传统做法不同。"乌拉圭回合"以前的货物关税减让谈判方式是先由缔约方提出议题和关税减让清单,按照"主要供应者原则"进行双边谈判,谈判结果在最惠国待遇原则上执行。而信息技术关税减让谈判是由少数国家拟定草案,向 WTO 提出,由成员自行决定开放程度,并自愿参加。

纺织业一直是我国重要的出口主导产业,在发展国民经济和吸纳就业方面发挥着重要的作用。2005 年 1 月 1 日,全球正式取消了纺织品贸易配额。2005 年 4 月,欧盟贸易委员会以中国纺织品对欧出口激增、欧盟纺织业将出现大量失业为由对原产于中国的 9 类纺织品进行调查,导致双方的纺织品贸易摩擦不断升级,甚至有爆发贸易战的可能。2005 年 6 月中欧经过谈判,终于签订了《中华人民共和国与欧盟委员会关于中国部分输欧纺织品备忘录》,欧盟同意从 2005 年 6 月 11 日到 2007 年年底对源自中国的棉布、T 恤衫、套头衫等 10 类中国出口量最大的纺织品按照每年 8%~12.5% 的增长率对欧出口增长,但这个增长率大大低于中国纺织业出口的实际增长速度。2008 年,欧盟用"双重监控制"取代"配额制",对中国输欧纺织品最为敏感的 8 个类别实施为期一年的"监控",并实行企业经营资质准入。按照这一制度,一旦中国纺织品的出口情况出现波动或者异常,欧盟将有权单方面采取进口管制措施。

2005 年 5 月 13 日和 18 日,美国以"今年以来中国纺织品出口美国剧增,扰乱美国市场"为由,先后对中国棉质裤子、棉质针织衬衫、内衣、化纤制裤子、化纤制针织衬衫、男式梭织衬衫和精梳棉纱 7 种纺织品实施限制。同时,美国政府还对中国的合成纤维布、套衫、毛制裤子、针织布、胸衣和晨浴衣 6 种产品进行设限调查。为解决双方的纺织品贸易摩擦问题,中美两国于 6 月 17 日举行了第一轮正式磋商,之后又进行了几轮谈判。

(资料来源:[1]耿秋兰,蓝寿荣.中欧纺织品贸易摩擦的回顾及思考[J].武汉纺织大学学报,2011,24(4):53-56. [2]王玉清,朱文晖.中欧、中美纺织品谈判的得失分析[J].开放导报,2005(4):56-61.)

前期准备知识:中国纺织行业发展情况,欧盟、美国纺织业发展情况。

(1) 根据此案例进行模拟谈判,运用相关规则及例外进行阐述。
(2) 此案例对中国相关行业的启示有哪些?

4.5 习 题

1. 名词解释

关税化 "绿箱"措施 "黄箱"措施 "蓝箱"措施 过渡性保障措施

2. 简答题

(1) 简述《农业协议》最主要的内容。
(2) 简述《农业协议》的形成过程。
(3) 简述实施《信息技术协议》关税削减的四个阶段。
(4) 简述《民用航空器贸易协议》适用产品的范围。

即测即练题

3. 案例分析

2000年12月,日本对中国的大蒜、大葱、鲜香菇等产品自1996年以来的进口进行设限调查。2001年年初,日本农林水产省的调查数据显示,1996年日本葱的进口量占日本当年销售总量的0.4%,而2000年达到8.2%;香菇1997年进口量占销售总量的26%,2000年则为39%;蔺草1997年进口量占26%,2000年占59%。而且这几种商品几乎都是从中国进口的。

3月30日,日本农林水产大臣谷津义男、财务大臣宫泽喜一和经济产业大臣平沼赳夫在国会内举行了三方会谈,认为进口的激增已对日本农民造成冲击,符合世界贸易组织所规定的发动制裁条件,并就对从中国进口的大葱、香菇和蔺草3种农产品实施紧急限制进口措施问题基本达成一致。

4月11日,日本驻华使馆正式致函中国政府,从该月23日起至11月8日的200天里,对从中国进口的该3种农产品实施临时"紧急限制进口措施",对限制进口量以内的产品征收3%～6%的关税,超过部分则征收106%～266%的关税。4月13日,中国和日本就日本对中国3种农产品实施紧急数量限制问题进行了磋商,未果。4月17日,日本政府在内阁会议上正式决定对主要从中国进口的大葱、鲜香菇、蔺草实行临时限制。4月23日开始实施。这是日本自20世纪50年代以来头一次实施"紧急进口限制措施",由此引发了中日长达8个月的贸易争端。日本方面决定在11月8日后以每星期为单位监测3种农产品从中国进口的情况,据此可以随时启动4～8年的正式保障措施。这事关中日贸易纷争的走向。

6月5日,中国对日本的紧急贸易限制作出反应,拒绝进口一批日本小汽车。6月18日,中国政府决定对从日本进口的汽车、移动电话和空调等产品征收惩罚性关税,税率为100%,并从6月22日起生效执行。6月22日,中国国务院关税税则委员会办公室正式发布公告,决定对原产日本的汽车、手机和车载无线电话机、空气调节器加征税率为100%的特别关税。争端升级。

6月初,中国对外贸易经济合作部部长石广生借APEC贸易部长会议的场合,向日方发出明确信息:中国愿意与日本就其对从中国进口的一些农产品单方设限一事进行交涉,并希望得到顺利解决。

7月3日14时,中日两国政府有关部门代表团在北京就日方对3种农产品临时保障措施和中方的特别关税措施问题开始举行为期2天的正式磋商。双方分歧很大,谈判没有达成协议,但双方表示将尽快举行新的谈判。中国在会谈中要求日本取消歧视性的紧急限制进口。日本则再次强调是依据WTO有关规则采取的限制进口,表示从政策上说不存在取消的选择项,拒绝了中方的要求,同时还指责中国实施特别关税有违中日贸易协定,要求中方予以停止。

11月7日,主要由双方行业协会举行了中日第3轮农产品贸易磋商,未能达成协议。此次磋商主要就一些具体问题进行讨论,双方分歧很大,争执甚为激烈。日方主要担心在临时进口限制到期后,中国的大葱、香菇、蔺草3种农产品对日出口又将会激增,故要求中方对出口数量自我限制。日本对中国3种农产品实行的200天临时进口限制于11月7日到期,日本政府已确定暂不上升到长期进口限制,但又称在12月21日政府调查期结束后,将视双方谈判的情况确定是否启动。

12月11日,两国就农产品贸易争端在北京举行部长级会谈,仍没有达成最终协议。当天,中国成为WTO的正式成员。

12月19日,中日贸易副部长级谈判,没有达成协议,但双方都一致表示要通过协商解决。

12月20日,中日再次举行部长级谈判,21日终于在最后期限达成协议。中方承诺取消对日方汽车、移动电话和空调的100%惩罚性关税,日方则不会对中国正式实施全面进口限制。根据外经贸部提供的会谈备忘录,双方达成以下共识:

(1) 日方决定不启动对大葱、鲜香菇、蔺草3种农产品的正式保障措施。

(2) 中方决定撤销对原产于日本的汽车、手机和车载无线电话、空气调节器3种进口商品加征100%特别关税的措施。

(3) 双方通过政府和民间两个渠道,在现有基础上进一步探讨并加强两国农产品贸易合作。

(资料来源:赵学清,曾国平.WTO典型案例精析[M].重庆:重庆大学出版社,2002.)

问题:

(1) 该案涉及WTO的什么规则?该规则的主要内容是什么?对案例进行分析。

(2) 从该案中中国可得到什么启示?

第 5 章

世界贸易组织贸易救济措施解读与运用

自 1979 年欧共体首次对中国开展反倾销调查以来,中国已被卷入 700 多起案件的调查,累计损失上百亿美元,成为国际反倾销的最大受害者。2018 年 4 月 3 日,美国贸易代表办公室公布依据"301 调查"结果,拟对中国输美的 1333 种价值 500 亿美元的商品加征 25% 的关税,涉及信息和通信技术、航空航天、新能源汽车等行业产品。在美国发布清单 8 个小时后,中国国务院关税税则委员会决定对原产于美国的大豆、汽车、化工品等 14 类 106 种商品加征 25% 的关税,实施日期另行公布。

WTO 是建立在市场经济基础上的多边贸易体制。公平竞争是市场经济顺利运行的重要保障,公平竞争原则体现在 WTO 的各项协定和协议中。WTO 禁止成员采用倾销或补贴等不平等贸易手段扰乱正常的贸易行为,并允许采取反倾销、反补贴等贸易救济措施,保证国际贸易在公平的基础上进行。虽然这些协定的实施有严格的限定和程序,但近年来,随着贸易保护主义的抬头,部分国家对贸易救济条款有滥用之势。

本章主要介绍了 WTO 贸易救济的三种措施,即反倾销、反补贴和保障措施。反倾销和反补贴措施针对的是价格歧视的不公平贸易行为,保障措施针对的是进口产品激增的情况。

★学习目标和要求

(1) 了解 WTO 贸易救济规则体系,以及反倾销、反补贴、保障措施立法的起源和发展;

(2) 理解并熟悉《反倾销协议》中关于倾销的定义、损害程度的确认和因果关系,熟悉反倾销措施的三种实施方法和反倾销调查程序;

(3) 理解并熟悉《补贴与反补贴措施协议》中补贴的定义和分类,熟悉反补贴措施和调查程序;

(4) 熟悉保障措施实施的先决条件、程序要求和具体规定;

(5) 运用 WTO 贸易救济规则进行案例分析。

5.1 世界贸易组织贸易救济规则概述

贸易救济是国际贸易法中最具实践意义的法律领域之一,也是与各贸易企业关联最直接的贸易法内容。贸易救济法律包括国内法和国际法两部分。作为国内法的贸易救济法律是国内法律制度的有机组成部分,作为国际法的贸易救济法律是 WTO 法律体系的一个重要内容。例如,美国对外贸易法的201①、301②条款,《1930年关税法》的337③条款等,都是著名的国内法;WTO的贸易救济制度主要有反倾销、反补贴和保障措施,但这三类救济措施一般不允许双重使用。

5.1.1 世界贸易组织贸易救济法律体系

"WTO贸易救济规则"中的"贸易"实际上特指对外贸易,国内贸易不在其涵盖范围内,即指在对外贸易领域或在对外贸易过程中,国内产业由于受到不公平进口行为或过量进口的冲击,受到了不同程度的损害,各国政府给予它们的帮助或救助。贸易救济规则主要体现WTO公平竞争原则。公平竞争是市场经济顺利运行的重要保障。

WTO贸易救济法律体系是在各国贸易救济法律制度的基础上,经过多轮谈判形成和发展起来的,主要包括《马拉喀什建立世界贸易组织协议》附件1A中列示的《关于实施1994年关税与贸易总协定第6条的协议》(以下简称《反倾销协议》)、《补贴与反补贴措施协议》(以下简称《反补贴协议》)和《保障措施协议》,以及附件2《关于争端解决规则和程序的谅解》的相关规定。它们分别就《GAAT 1994》中的贸易救济规则作了进一步的细化与阐述,共同构成了WTO的贸易救济规则。广义上讲,《中国入世议定书》中规定的针对特定产品的过渡性保障措施、对纺织品的特殊保障措施,都属于WTO的贸易救济制度,但已经超出了传统意义上的"两反一保"范围。

上述三种救济措施分为两类:①不公平竞争贸易救济措施;②公平竞争贸易救济措施。它们既有相同之处又各具特点。其中,反倾销和反补贴措施针对的是价格歧视的不公平贸易行为,保障措施针对的是进口产品激增的情况。反倾销是实践中应用最为广泛的贸易救济措施形式,具有最为完整的规则体系。反补贴和保障措施法律规定中的部分内容均是平移反倾销规则中相应规定或以其作为参照。

反倾销与反补贴有三个相同点:①两者均针对不公平竞争贸易。反倾销措施针对企业的不公平贸易价格,反补贴针对外国政府的不公平补贴。②实施要件要求几乎相同。均需证明倾销或补贴给受损害企业或行业造成实质性损害或损害威胁。③实施程序的规定基本一致。两者的不同点是:前者针对不公平竞争的倾销价格,后者针对不公平竞争的外国政府补贴。

---

① 美国"201条款":英文名称US Section 201,指美国《1974年贸易法》201~204节,现收在《美国法典》2251~2254节。其允许美国国际贸易委员会针对受到进口商品严重损害或威胁的国内产业的某个产品采取暂时限制或者施加关税。

② 美国"301条款":英文名称US Section 301,指美国《1988年综合贸易与竞争法》第1301~1310节的全部内容,其主要含义是保护美国在国际贸易中的权利。根据这项条款,美国可以对它认为是"不公平"的其他国家的贸易做法进行调查,并可与有关国家政府协商,最后由总统决定采取提高关税、限制进口、停止有关协议等报复措施。

③ 美国"337条款":因其最早见于《1930年美国关税法》第337条而得名。美国"337条款"禁止的是一切不公平竞争行为或向美国出口产品中的任何不公平贸易行为。这种不公平行为具体指:产品以不正当竞争的方式或不公平的行为进入美国,或产品的所有权人、进口商、代理人以不公平的方式在美国市场上销售该产品,并对美国相关产业造成实质损害或损害威胁,阻碍美国相关产业的建立,压制、操纵美国的商业和贸易,侵犯合法有效的美国商标和专利权,侵犯了集成电路芯片布图设计专有权,或者侵犯了美国法律保护的其他设计权,并且美国存在相关产业或相关产业正在建立中。

保障措施与前两种措施有三个不同点：①实施条件不同。保障措施针对的是给国内产业造成严重损害或严重损害威胁的进口贸易，该措施的实施条件是不论是否为公平竞争贸易，只要给国内产业造成上述影响就可以进行保障措施救济；②损害程度有所不同。要求证明损害的程度不仅只是造成了实质性损害或实质性损害威胁，而必须是程度更深的严重损害或严重损害威胁；③救济尺度的规定有所不同。前两种救济措施对救济尺度有明确的规定，而保障措施不注重增加的进口给行业带来的损失，而只关注行业本身的艰难处境，并允许根据这种处境的具体情况给予救济。

延伸阅读 5.1
涉外贸易救济法律制度的沿革

由于历次关税减让谈判将关税水平降低到对贸易的影响已经十分微弱的地步，越来越多的国家将上述三种贸易救济措施当作贸易保护的手段，使国际贸易中这三种措施有被滥用的危险或者正在被各国滥用。

5.1.2 世界贸易组织贸易救济实践

2008—2016 年，由 WTO 成员发起并通报给 WTO 相关委员会的贸易救济调查（包括反倾销、反补贴和保障措施）共有 2445 起（见表 5-1），年均发生频率约为 272 起；同期已实施的贸易救济措施共有 1494 起，年均实施频率约为 166 起，平均实施比例达 61.10%。

表 5-1　WTO 成员采取的贸易救济措施（2008—2016 年）　　　　单位：起

项　　目	2008 年	2009 年	2010 年	2011 年	2012 年	2013 年	2014 年	2015 年	2016 年	合计
反倾销调查	218	217	173	165	208	287	236	229	298	2031
反倾销措施	143	143	134	99	121	161	157	181	171	1310
反补贴调查	16	28	19	25	23	33	45	31	34	254
反补贴措施	11	9	9	10	13	11	15	24	24	111
保障措施调查	10	25	20	12	24	18	23	17	11	160
保障措施实施	6	10	4	11	6	8	11	11	6	73
贸易救济调查合计	244	270	212	202	255	338	304	277	343	2445
贸易救济措施合计	160	162	147	119	137	182	179	207	201	1494
实施比例	65.57	60.00	69.34	58.91	53.73	53.85	58.88	74.73	58.60	61.10

资料来源：根据 WTO 网站贸易救济措施数据汇总而得，https://www.wto.org。

近年来，针对中国的贸易救济案件数量逐年增多，对我国出口贸易产生了较大的抑制作用。中国贸易救济信息网数据显示：2008—2016 年，全球对中国发起的贸易救济案件中，反倾销 615 起，占比 68.87%，占全球发起的反倾销调查的比例为 30.28%；反补贴 105 起，占比 11.76%，占全球发起的反补贴调查的比例为 41.34%；保障措施 160 起（包括涉华保障措施），占比 17.92%，特别保障措施 13 起，占比 1.46%，特别保障措施仅针对中国（见表 5-2）。

表 5-2　国外对中国发起贸易救济案件的总体趋势分析(2008—2016 年)　　单位：起

项　　目	2008 年	2009 年	2010 年	2011 年	2012 年	2013 年	2014 年	2015 年	2016 年	合计
反倾销调查	79	78	44	49	62	74	62	72	95	615
反补贴调查	11	13	6	10	10	14	14	8	19	105
保障措施	14	25	23	11	19	17	23	18	10	160
特别保障措施	3	7	—	1	2	—	—	—	—	13

资料来源：根据中国贸易救济网数据整理而得，http://www.cacs.mofcom.gov.cn。

5.2　反　倾　销

《GATT 1947》首次在国际法层面对倾销进行规制，但限于当时的历史条件，该条款并未对倾销的价格、幅度及损害如何确定、反倾销调查如何进行以及反倾销措施如何实施等予以具体规定，缺乏可操作性。鉴于其不足，以及 20 世纪 60 年代起国际贸易中倾销案件数量有所增加，1964 年举行的"肯尼迪回合"首次在关税谈判之外涉及反倾销规则问题，并在 1967 年 6 月结束谈判时达成了 GATT 第一个有关反倾销的专项协议：《关于实施〈GATT 1947〉第 6 条的协议》(Agreement on Implementation of Article Ⅵ of the General Agreement on Tariffs and Trade 1947)，即通常所说的《反倾销守则》，并于 1968 年 7 月 1 日生效。

延伸阅读 5.2
2015 年国外对华贸易救济措施发展趋势研究

后几经修订，1986 年"乌拉圭回合"谈判又把《反倾销守则》的修订列入议题，在原有基础上最终形成新的反倾销文件并通过，其正式名称为《关于实施〈GATT 1994〉第 6 条的协议》(Agreement on Implementation of Article Ⅵ of the General Agreement on Tariffs and Trade 1994)，即通常所说的《反倾销协议》(Anti-Dumping Agreement，ADA)。

《反倾销协议》既包括实体法，也包括程序法。实体法部分主要涉及反倾销三要素(倾销、损害及其因果关系)的确认标准以及反倾销措施的实施；程序法部分主要涉及反倾销调查的申请、立案、调查取证及裁定等程序步骤问题。

5.2.1　倾销的定义

《GATT 1994》第 6.1 条规定：一缔约方产品以低于正常价值的价格进入另一缔约方市场，如因此对该缔约方领土内已经建立的某项产业造成实质损害或产生实质损害威胁，或对产业的建立造成实质阻碍，则构成倾销。

GATT 6.1: The contracting parties recognize that dumping, by which products of one country are introduced into the commerce of another country at less than the normal value of the products, is to be condemned if it causes or threatens material injury to an established industry in the territory of a contracting party or materially retards the establishment of a domestic industry.

《反倾销协议》第 2.1 条定义的倾销,与《GATT 1994》第 6 条略有不同:"就本协议而言,如一产品自一国出口至另一国的出口价格低于在正常贸易过程中出口国供其国内消费的同类产品的可比价格,即以低于正常价值的价格进入另一国市场,即为倾销。"

ADA 2.1:For the purpose of this Agreement, a product is to be considered as being dumped, i.e. introduced into the commerce of another country at less than its normal value, if the export price of the product exported from one country to another is less than the comparable price, in the ordinary course of trade, for the like product when destined for consumption in the exporting country.

5.2.2 倾销的认定

根据倾销的定义,确定倾销要满足下面三个条件:
(1) 存在倾销的幅度,即来自外国的出口产品价格低于在本国市场上销售的正常价格;
(2) 存在损害或损害威胁;
(3) 倾销与损害之间存在一定的因果关系。

ADA 5.2:An application under paragraph 1 shall include evidence of:
(1) Dumping;
(2) Injury within the meaning of Article VI of GATT 1994 as interpreted by this agreement;
(3) A causal link between the dumped imports and the alleged injury.

1. 倾销幅度的确定

$$倾销幅度 = 正常价值 - 出口价格$$

$$\text{dumping margin} = \text{normal value} - \text{export price}$$

其中,正常价格通常是出口方国内市场的销售价格。正常价格的确定有以下三种方法:
(1) 相同产品在出口国用于国内消费时的销售价格;
(2) 相同产品在正常贸易情况下向第三国出口的最高销售价格;
(3) 相同产品在原产国的生产成本加上合理的管理费用和销售费用。
(注意:上述三种确定方法是依次采用的,即若能确定国内价格就不使用第三国价格或结构价格,依此类推。此外,上述三种方法仅适用于已经确定市场经济地位国家的产品,对于非市场经济地位的国家,一般选取替代国类似产品的价格作为正常价值。)

☙☙☙☙☙☙☙☙☙☙☙☙☙☙

ADA 2.2: It provides three methods to calculate a product's "normal value".

(1) The main one is based on the price in the exporter's domestic market. When this cannot be used, two alternatives are available.

(2) The price charged by the exporter in another country.

(3) A calculation based on the combination of the exporter's production costs, other expenses and normal profit margins.

☙☙☙☙☙☙☙☙☙☙☙☙☙☙

《反倾销协议》规定:对出口价格和正常价值进行公平的比较,即:

(1) 两种价格应在同一时间基础上,按同一贸易水准,以出厂价格为基准进行比较;

(2) 根据每一案例的具体情况对影响价格的各种不同因素作出适当的补偿或调整。WTO规定,当进口产品的倾销幅度不足2%,或某国产品的进口量不到全部进口量的3%时,不得提起反倾销要求。只有当外国产品进口对本国企业造成实质损害时,才能提起反倾销要求。

2. 存在损害或损害威胁

损害是指因倾销行为对一国国内产业造成实质性危害或实质性损害威胁,或对这种产业的建立构成严重阻碍。

在确定实质性损害时,要考虑以下因素:

(1) 无论是绝对数量还是相对数量,倾销产品均构成急剧增长;

(2) 进口引致的价格对国内相同或相似产品的价格有巨大的抑制或下降影响,并导致对进口产品需求的大幅度增长;

(3) 进口产品对进口国国内产业相同或类似产品的生产商产生的影响以及后续冲击程度,包括对产量、销售量、市场份额、库存、价格、利润、生产率、投资回收率、现金流动、设备利用能力、就业等经济指标的影响状况;

(4) 被调查产品的库存情况。

☙☙☙☙☙☙☙☙☙☙☙☙☙☙

ADA 3: The term "injury" shall, unless otherwise specified, be taken to mean material injury to a domestic industry, threat of material injury to a domestic industry or material retardation of the establishment of such an industry and shall be interpreted in accordance with the provisions of this Article. In making a determination regarding the existence of a threat of material injury, the authorities should consider, inter alia, such factors as:

(1) A significant rate of increase of dumped imports into the domestic market indicating the likelihood of substantially increased importation.

(2) Sufficient freely disposable, or an imminent, substantial increase in, capacity

of the exporter indicating the likelihood of substantially increased dumped exports to the importing Member's market, taking into account the availability of other export markets to absorb any additional exports.

(3) Whether imports are entering at prices that will have a significant depressing or suppressing effect on domestic prices, and would likely increase demand for further imports, including actual and potential decline in sales, profits, output, market share, productivity, return on investments, or utilization of capacity; factors affecting domestic prices; the magnitude of the margin of dumping; actual and potential negative effects on cash flow, inventories, employment, wages, growth, ability to raise capital or investments.

(4) Inventories of the product being investigated.

实质性损害威胁是指进口国国内产业虽然尚未处于实质性损害的境地，但已受到威胁，而且其威胁是真实的、迫切的和可以预见的。

严重阻碍某产业的建立是指倾销产品严重阻碍了进口国建立一个生产该同类产品的新产业。它指的是一个新产业在实际建立过程中受到了严重阻碍，而不能理解为是倾销产品阻碍了建立一个新产业的设想或计划，而且必要时要有充分的证据来证明。

3. 倾销与损害之间存在因果关系

因果关系是指进口国国内产业受到的损害是由进口产品的倾销直接造成的。其他因素对产业造成的损害不得归咎于倾销产品。这些因素包括：需求变化、消费模式变化、限制性贸易措施、技术进步、出口实绩和国内产业的生产率变化等。在确定倾销与损害的因果关系时，并不一定要证明倾销的进口产品是造成损害的主要原因，只要能证明是造成损害的原因之一即可。

ADA 3.5：The demonstration of a causal relationship between the dumped imports and the injury to the domestic industry shall be based on an examination of all relevant evidence before the authorities. The authorities shall also examine any known factors other than the dumped imports which at the same time are injuring the domestic industry, and the injuries caused by these other factors must not be attributed to the dumped imports. Factors which may be relevant in this respect include, inter alia, the volume and prices of imports not sold at dumping prices, contraction in demand or changes in the patterns of consumption, trade restrictive practices of and competition between the foreign and domestic producers, developments in technology and the export performance and productivity of the domestic industry.

5.2.3 反倾销的定义

只有在《GATT 1994》第6条规定的情况下,并根据该协定规定发起和进行的调查,才应实施反倾销措施。

❋❋❋❋❋❋❋❋❋❋❋❋❋❋❋❋❋❋❋❋

ADA 1: An anti-dumping measure shall be applied only under the circumstances provided for in Article VI of GATT 1994 and pursuant to investigations initiated and conducted in accordance with the provisions of this Agreement.

❋❋❋❋❋❋❋❋❋❋❋❋❋❋❋❋❋❋❋❋

《反倾销协议》共18条,体例上分为实体性规则(如倾销、损害、因果关系等)和程序性规则(如立案、调查、征税、复审程序等),此外还有2个附件,包括对实地核查程序(procedures for on-the-spot investigations)和可获得最佳信息(best information available,BIA)。"东京回合"谈判中确定的《1979年反倾销守则》已经规定了基本的实体和程序,因此《反倾销协议》沿用其基本体例。当然,《反倾销协议》也包含了"乌拉圭回合"谈判中对于反倾销规则进一步修改和补充的成果,如倾销幅度计算的成本分摊规则和价格比较规则、实质损害威胁规则、因果关系规则、微量倾销幅度和最低倾销进口量规则、司法审查、透明度规则等。

5.2.4 反倾销措施

根据规定,反倾销措施只允许采取一种手段——反倾销税,而不允许采取数量限制等措施。

1. 临时性措施

在倾销调查中初步认定存在倾销、国内工业损害及因果关系后,进口方当局可采取措施,以防在调查期间有关工业受到更为严重的损害。临时性反倾销措施主要有以下两种形式:

(1) 征收临时性反倾销税(provisional anti-dumping duty),时间一般不超过4个月,特殊情况下如需延长,也不得超过9个月;

(2) 采取担保方式,即支付现金或保证金,其数额不得高于预计的临时性反倾销税。临时性的反倾销税措施只能从开始调查之日起60天后采取。

2. 价格承诺

在反倾销调查初步裁定存在倾销后,如果出口商主动承诺提高倾销商品的价格或停止以倾销价格向投诉方国内市场出口,则可以达成价格承诺(price undertaking)协议,进口方将停止调查,但出口商要定期提供执行该协议资料,并允许对资料中的有关数据进行核实。但如果出口商违背价格承诺协议,进口方有关当局则可采取紧急行动,包括采取反倾销临时性措施。

价格承诺的有效期限一般不得超过征收反倾销税的有效期限,并应进行必要的审查以确定是否需要保持价格承诺。进口方反倾销调查当局不能接受其价格承诺,应向出口商说明不接受的理由,并给出口商说明其意见的机会。

3. 反倾销税的征收

当最终裁决确定存在倾销，并因此对进口国相同或某类似产品的产业构成了实质性损害时，即可对该倾销产品征收反倾销税。反倾销税是指在正常海关税费外，进口方管理机构对倾销产品征收的一种附加税。反倾销税的税额不得超过倾销幅度。如果反倾销调查及最终裁定涉及多个出口国家或地区，并要对不同来源的倾销产品按适当的数额征收反倾销税，则应根据无歧视原则，对所有倾销产品按适当的数额征收反倾销税。反倾销税在抵消损害的期限内有效，但最长一般不得超过 5 年。反倾销税的纳税人是倾销产品的进口商，出口商不得直接或间接代替进口商承担反倾销税。

4. 追溯征收

反倾销税的追溯效力是对某项进口商品裁定征收反倾销税后，可在某些情况下对以往进口的该商品追征反倾销税：

（1）在作出倾销造成产业损害或损害威胁的最终裁定时，如果由于缺乏临时性措施而使倾销产品在调查期间继续对进口方境内产业造成损害，则最终确定的反倾销税可以溯及能够适用临时性措施的时候开始计征。如果反倾销调查现在初步裁定存在倾销时已制定了临时性措施，在追溯性计征反倾销税时，如最终确定的反倾销税额超过已支付或应支付的临时性反倾销税，则其差额不再征收。如果最终确定的反倾销税额低于已支付或应支付的反倾销税额或交付的担保金，则其差额应予退还，或重新计算税额。

（2）如果反倾销调查最终裁定进口商有造成损害的倾销史，或者进口商知道或理应知道出口商在进行倾销，并肯定会对进口方产业造成损害，或者损害是短期内引起新产品的大量进入而造成的，那么反倾销税可以对那些在临时性措施适用之前 90 天内进入消费领域的倾销产品追溯计征。

（3）对倾销产品作出的最终裁决是属于损害威胁或者严重阻碍的裁决，而损害尚未发生，则反倾销税只能从该损害威胁或严重阻碍的裁决作出之日起计征。在临时性措施试用期间交付的现金押金予以退还，担保应尽快解除。

5.2.5 反倾销调查程序

反倾销调查程序是指一国反倾销当局根据国内受到倾销损害的相关产业的起诉，对被指控倾销的产品进行立案调查的过程。

1. 发起

反倾销申诉是反倾销立案的根据。调查的发起必须由进口方境内声称受损害的产业或其代表所提交的书面申请开始。在特殊情况下，进口方当局也可自行进行反倾销调查。《反倾销协议》第 5.1 条规定："除第 6 款另有规定外，为确定任何指称倾销的存在、程度和影响，应由国内产业或代表提交书面申请，展开调查。"

ADA 5.1: Except as provided for in paragraph 6, an investigation to determine the existence, degree and effect of any alleged dumping shall be initiated upon a written application by or on behalf of the domestic industry.

申请的内容包括：

(1) 该倾销行为对国内产业相同产品造成的损害；

(2) 倾销产品与声称的损害之间存在因果关系；

(3) 申请人的身份以及申请人对国内相同产品生产价值和数量的综述；

(4) 产品在原产地国或出口国国内市场上出售时的价格资料、出口价格资料；

(5) 所声称倾销进口产品数量发展变化的资料，进口产品对国内市场相同产品价格影响以及对国内有关产业造成后续冲击程度的资料，表明影响国内产业状况的有关因素和指数。

《反倾销协议》第5.4条规定："在表示支持申请或者反对申请的国内产业中，支持者的产量占支持者和反对者的总产量的50%以上的，应当认定申请是由国内产业或者代表国内产业提出，可以启动反倾销调查；若表示支持申请的国内生产者的产量不足国内同类产品总产量的25%，不得启动反倾销调查。"

ADA 5.4：The application shall be considered to have been made "by or on behalf of the domestic industry" if it is supported by those domestic producers whose collective output constitutes more than 50 per cent of the total production of the like product produced by that portion of the domestic industry expressing either support for or opposition to the application. However, no investigation shall be initiated when domestic producers expressly supporting the application account for less than 25 per cent of total production of the like product produced by the domestic industry.

2. 立案

进口方当局对申诉所提供的证据的准确性和充分性进行复查后，决定是否立案，并予公告。公告包括下列内容：

(1) 出口国名称和涉及的产品；

(2) 开始调查的日期；

(3) 申请书声称倾销的证据；

(4) 导致产生声称损害存在因素的概要说明；

(5) 指明有利害关系的当事人及其住址；

(6) 允许有利害关系的当事人公开陈达其观点的时间限制。

立案后，进口方当局便向因倾销产品面临被调查的当事方或其他各利害关系方等进行调查。

ADA 12.2：A public notice of the initiation of an investigation shall contain adequate information on the following：

(1) The name of the exporting country or countries and the product involved；

(2) The date of initiation of the investigation；

(3) the basis on which dumping is alleged in the application;
(4) a summary of the factors on which the allegation of injury is based;
(5) the address to which representations by interested parties should be directed;
(6) the time-limits allowed to interested parties for making their views known.

3. 调查

调查的内容主要是倾销和损害的确定,同时给予出口商至少 30 天的答复时间,在调查期间相关利益方有辩护机会,包括问卷、实地考察。实地调查主要侧重于同类产品的生产工艺、技术设备、产品用途、原材料使用、产品的理化性质等方面的内容。《反倾销条例》第 5.10 条规定:"除特殊情况外,调查应在调查开始之后 1 年之内,无论如何不得超过调查后的 18 个月结束。"

ADA 5.10:Investigations shall, except in special circumstances, be concluded within one year, and in no case more than 18 months, after their initiation.

进口成员方当局可要求已接受其保证的任何出口商定期提供与履行该保证有关的资料,并允许核查有关数据。在违反承诺的情况下,进口成员方当局可根据协议的规定采取迅速行动,并可利用现有的可获得的最佳信息(BIA)立即适用临时措施。

ADA 8.6:Authorities of an importing Member may require any exporter from whom an undertaking has been accepted to provide periodically information relevant to the fulfilment of such an undertaking and to permit verification of pertinent data. In case of violation of an undertaking, the authorities of the importing Member may take, under this Agreement in conformity with its provisions, expeditious actions which may constitute immediate application of provisional measures using the best information available.

在反倾销调查开始以后,若发现下列情况应立即终止调查:
(1) 倾销或损害证据不足。
(2) 倾销幅度按正常价值的百分比表示小于 2%。
(3) 如果从一个特定国家进口倾销产品的数量被确定为占进口国国内市场上相同产品不足 3%,倾销产品的数量可忽略不计。此外,反倾销程序不得妨碍海关的通关程序。

调查的"利害关系方"应包括:
(1) 被调查产品的出口商、外国生产者或进口商,或者以该产品的生产者、出口商、进口商为主的行业协会、商业协会;
(2) 出口成员的政府;

（3）进口成员中同类产品的生产者或者在进口成员境内生产同类产品的行业协会的成员中占大多数的。

本名单不排除成员允许上述以外的国内或外国缔约方被列入感兴趣缔约方。

ADA 6.11：" Interested Parties" shall include：

（1）An exporter or foreign producer or the importer of a product subject to investigation, or a trade or business association a majority of the members of which are producers, exporters or importers of such product；

（2）The government of the exporting Member；

（3）A producer of the like product in the importing Member or a trade and business association a majority of the members of which produce the like product in the territory of the importing Member.

This list shall not preclude Members from allowing domestic or foreign parties other than those mentioned above to be included as interested parties.

4. 初裁与终裁

初裁是指在适当调查的基础上，有关当局作出肯定或否定的有关倾销或损害的初步裁定。初裁的法律意义在于进口方当局可以视情况采取临时措施与价格承诺措施。在调查过程中，有关当局作出存在倾销的最初裁决，并且断定采取临时措施对防止调查期间发生损害是必须的，可采取临时措施。若出口商以价格承诺方式主动承诺修改其价格，或停止以倾销价格向该地区出口，并且当局对消除倾销不利影响感到满意时，反调查程序可以暂时停止或终止；否则，可立即采取临时措施。

ADA 8.2：Price undertakings shall not be sought or accepted from exporters unless the authorities of the importing Member have made a preliminary affirmative determination of dumping and injury caused by such dumping.

终裁是指进口方当局最终确认进口产品倾销并造成损害而作出对其征收反倾销税的裁决。若决定征收反倾销税，还应公布各涉讼出口商、生产商出口产品应征收的反倾销税额或税率。

ADA 9.1：The decision whether or not to impose an anti-dumping duty in cases where all requirements for the imposition have been fulfilled, and the decision whether the amount of the anti-dumping duty to be imposed shall be the full margin of dumping or less, are decisions to be made by the authorities of the importing Member.

5. 行政复审

行政复审(judicial review)应该在任何有利害关系的当事人提出审查要求，并提交了认为十分必要的确定资料，或者征收反倾销税已过了一段合理的期限时进行，其目的是由当局对继续征收反倾销税的必要性进行审查。行政复审一般应在12个月内结束。

ADA 11.2: The authorities shall review the need for the continued imposition of the duty, where warranted, on their own initiative or, provided that a reasonable period of time has elapsed since the imposition of the definitive anti-dumping duty, upon request by any interested party which submits positive information substantiating the need for a review.

值得强调的是，执法机关具有一定的酌情裁量权。在反倾销法领域，尤其是在国际或多边的体制里，面对各国市场的不同环境与法律结构，面对科学技术日新月异的状况，没有灵活性较大的酌情而定的要求，法律规则很难实际运转。如图 5-1 和图 5-2 所示，中美两国的反倾销调查程序存在很大的不同。相反，就 GATT/WTO 反倾销规则而论，诸如第 6 条的"相同产品""国内行业""正常价值""重要损伤"等一连串术语，就很难下一个滴水不漏的严格法律定义。但酌情处理权又具有相当多的任意性，易产生偏袒。因而，如何防止各国执法机关滥用酌情处理权，是一个巨大的难题。

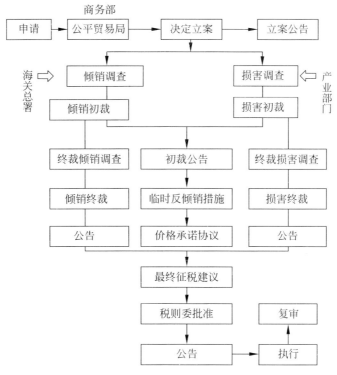

图 5-1 中国反倾销调查程序简图

资料来源：根据商务部网站相关规定流程整理，http://www.mofcom.gov.cn。

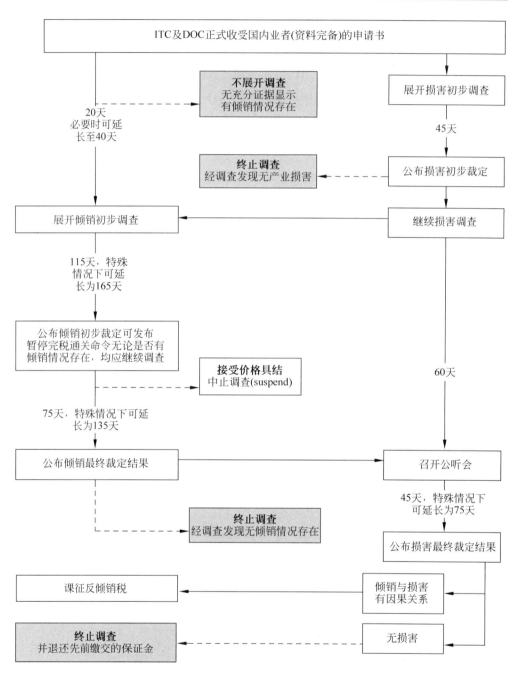

图 5-2 美国反倾销流程申请图

资料来源：中方正面回击，启动世贸争端解决程序[EB/OL]. 搜狐 IT, http://it.sohu.com/20120527/n344166934.shtml, 2012-05-27.

5.2.6 争端解决

《争端解决协议》(Dispute Settlement Understanding,DSD)为成员间的反倾销争端作了特别的规定。协议规定,除协议的这些特别规定外,WTO的争端解决机制也适用于协议范围内的争端解决,二者共同构成了一个较为健全的解决反倾销争端的法律机制。根据DSU附件2的有关规定,当"特殊或附加的程序规则和程序"与相关DSU条款冲突时,前者优先于后者适用。

ADA 17.1: Except as otherwise provided herein, the Dispute Settlement Understanding is applicable to consultations and the settlement of disputes under this Agreement.

产生反倾销争端一般有两种情况:①进口方主管机关已采取最终措施征收反倾销税或接受价格承诺而产生的争端;②被申请方认为调查主管机关违反《反倾销协议》第7.1条的规定而采取的临时措施对其产生了重大影响。根据DSU的有关规定,任何争端都要进行磋商。磋商阶段之后,将反倾销争端提交争端解决机构的前提条件是:①进口成员方已开始征收反倾销税,或已有价格承诺协议存在;②临时措施已产生实质性影响,而申诉方认为该临时措施违反了必要的条件。

争端解决机构同意成立专家小组解决争端的条件为:①申请方提出书面请求,说明反倾销协议赋予他的某种利益已受到直接或间接的损害或已丧失;②申请提供的事实是根据进口国主管机关适当的国内法程序规定获得的。

《反倾销协议》在程序方面有一条特殊的规定:关于法律问题审查标准的规定。协议规定,当专家组认为协议内容有一种以上的解释时,只要主管机关的决定符合其中任何一种解释,专家组就必须裁定主管机关所采取的措施符合协议要求。

5.2.7 对发展中国家成员的特殊安排

《反倾销协议》第15条是发展中国家的特殊地位原则在反倾销问题上的具体表现。协议要求发达国家在实施反倾销措施时,需要特别注意发展中国家成员的特殊情况,在征收影响发展中国家成员根本利益的反倾销税之前,应尽可能寻求协议范围内的建设性补救措施。尽管这一规定中的"根本利益""探讨""建设性补救"等内容十分抽象,没有实质性内容,却也为今后发展中国家成员在WTO体制内争取自己的权益提供了法律依据。

延伸阅读5.3
《中国入世议定书》第15条到期的问题及解读

ADA 15: It is recognized that special regard must be given by developed country Members to the special situation of developing country Members when considering the application of anti-dumping measures under this Agreement. Possibilities of constructive remedies provided for by this Agreement shall be explored before applying anti-dumping duties where they would affect the essential interests of developing country Members.

※※※※※※※※※※※※※※※※※※

5.3 补贴及反补贴措施

反补贴措施是除反倾销措施之外,使用最为频繁的贸易救济措施。与反倾销措施不同,反补贴措施针对的不是生产企业而是政府,因此直接涉及国际关系问题。同时,由于补贴是一国经济政策的重要内容,政府利用补贴发展和扶持关键或困难企业、援助贫困山区、调整产业结构和增加就业机会的情况十分普遍。因此,补贴与反补贴措施是一个复杂棘手且争议颇多的难题。

通常,反补贴措施属于国内法范畴。但是,为了规范各成员的反补贴措施,WTO于1994年对《1979年补贴和反补贴守则》做了系统的修改和补充,形成《补贴与反补贴措施协议》(Agreement on Subsidies and Countervailing Measures,SCM),简称《反补贴协议》。协议共分为11部分32条,且包括7个附件,确立了补贴的概念,完善了补贴计算、损害认定和程序性规则等。

5.3.1 补贴的定义

《GATT 1947》对补贴与反补贴做了原则性规定,"东京回合"对补贴与反补贴做了较为详细的规定。在"乌拉圭回合"中,经谈判各方的共同努力,最终达成了更为明确、更易操作的《补贴与反补贴措施协议》。但该协议只针对影响货物贸易的补贴,《农业协议》中对农产品的补贴还有一些特殊的规定,关于服务贸易的补贴在《服务贸易总协议》中另有规定。

根据《反补贴协议》第1条规定,补贴是指成员政府或任何公共机构(以下统称"政府")提供的财政资助或其他任何形式的收入或价格支持。

※※※※※※※※※※※※※※※※

SCM 1.1: A subsidy shall be deemed to exist if: there is a financial contribution by a government or any public body within the territory of a Member (referred to in this Agreement as "government").

※※※※※※※※※※※※※※※※※※

根据这一定义,补贴只有在满足下列3个条件时才能成立:①提供了财政资助;②资助是由成员方领土内的公共机构提供的;③资助授予了某项利益。

协议以列举形式明确列出的补贴形式有:①政府直接转让资金,如赠与、贷款、资产注入等;潜在的直接转让资金或债务的直接转移,如政府为企业提供贷款担保。②政府应征税收的减免。③政府提供除一般基础设施之外的货物或服务,或购买货物。④政府向基金机构拨款,或委托、指令私人机构履行上述三项职能。⑤构成《GATT 1994》第16

条含义内的任何形式的收入或价格支持。

5.3.2 补贴的分类

《补贴与反补贴措施协议》起初定义了三类补贴：禁止性补贴、可申诉的补贴和不可申诉的补贴。不可申诉补贴于 1999 年 12 月 31 日截止，没有延长。

1. 禁止性补贴

要求受援国达到一定的出口目标，或者使用国内商品代替进口商品的补贴。它们被禁止是因为它们是专门为扭曲国际贸易而设计的，因此很可能损害其他国家的贸易。经争端解决程序确认为禁止补贴的，必须立即撤销，否则申诉国可以采取对策。如果国内生产商受到进口补贴产品的损害，可以征收反补贴税。

Prohibited subsidies: require recipients to meet certain export targets, or to use domestic goods instead of imported goods. They are prohibited because they are specifically designed to distort international trade, and are therefore likely to hurt other countries' trade. They can be challenged in the WTO dispute settlement procedure where they are handled under an accelerated timetable. If the dispute settlement procedure confirms that the subsidy is prohibited, it must be withdrawn immediately. Otherwise, the complaining country can take counter measures. If domestic producers are hurt by imports of subsidized products, countervailing duty can be imposed.

2. 可申诉的补贴

在这一类别中，申诉国必须证明补贴对其利益有不利影响；否则允许补贴。协议规定了它们可能造成的三种损害：①一个国家的补贴会损害进口国的国内产业；②当这两个国家在第三国市场竞争时，它们可能会伤害来自另一个国家的竞争性出口商；③一个国家的国内补贴可能会损害试图在补贴国国内市场竞争的出口商。如果争端解决机构裁定补贴确实有不利影响，则必须撤销补贴或消除其不利影响。同样，如果国内生产商受到进口补贴产品的损害，可以征收反补贴税。

Actionable subsidies: in this category the complaining country has to show that the subsidy has an adverse effect on its interests. Otherwise the subsidy is permitted. The agreement defines three types of damage they can cause. One country's subsidies can hurt a domestic industry in an importing country. They can hurt rival exporters from another country when the two compete in third markets. And domestic subsidies in one country can hurt exporters trying to compete in the subsidizing country's domestic market. If the Dispute Settlement Body rules that the subsidy does have an adverse effect, the subsidy must be withdrawn or its adverse effect must be removed. Again, if domestic producers are hurt by imports of subsidized products, countervailing duty can be imposed.

5.3.3 反补贴的定义

《反补贴协议》第1.2条明确规定,提出反补贴申请应当包括充分证据证明:①存在补贴;②存在损害;③补贴进口产品与被指控损害之间存在因果关系。

SCM 1.2: An application of anti-subsidy shall include sufficient evidence of the existence of:

(1) A subsidy and, if possible, its amount.

(2) Injury within the meaning of Article VI of GATT 1994 as interpreted by this Agreement.

(3) A causal link between the subsidized imports and the alleged injury.

反补贴措施针对的补贴必须具有专向性,即补贴是给予特定的企业或产业的。这一规定反映多边规则制约的是在一国经济中扭曲资源分配的补贴。由于非专向性补贴不会造成这种扭曲,因此无须对其进行约束。协议列出了四种类型的专向性:①企业专向性:一国政府挑选一个或几个特定公司进行补贴;②产业专向性:一国政府针对某一个或几个特定部门进行补贴。③地区专向性:一国政府对其领土内特定地区的生产进行补贴;④被禁止的补贴:与出口实绩或使用国产投入物相联系的补贴。确定补贴的关键在于确定是否产生某种"利益",但《反补贴协议》对如何确定利益的存在没有明确的指示。

5.3.4 反补贴措施

反补贴措施与反倾销措施类似。反补贴税(与反倾销税平行)只有在进口国进行了类似于反倾销行动所需的详细调查后才可征收。

Some of the disciplines are similar to those of the Anti-Dumping Agreement. Countervailing duty (the parallel of anti-dumping duty) can only be charged after the importing country has conducted a detailed investigation similar to that required for anti-dumping action.

1. 临时措施

调查当局初步认定存在补贴,且对进口成员方的相关产业造成了严重损害或严重损害威胁,为防止损害继续扩大,可征收临时反补贴税。临时措施的实施不得早于自发起调查之日后的60天,其实施应限定在一定时期内,最长不超过4个月。

SCM 17.3: Provisional measures shall not be applied sooner than 60 days from the date of initiation of the investigation.

SCM 17.4: The application of provisional measures shall be limited to as short a period as possible, not exceeding four months.

2. 补救承诺

如果在反补贴调查期间,出口成员方政府承诺取消被诉补贴,或出口商承诺修正出口价格,并且有关的承诺已为调查当局所接受,就视为达成了补救承诺。此时,反补贴调查应停止或中止。如果以后情况表明并不存在产业损害或损害威胁,则补救措施应自动取消。

SCM 18.1: Proceedings may be suspended or terminated without the imposition of provisional measures or countervailing duties upon receipt of satisfactory voluntary undertakings under which:

(1) The government of the exporting Member agrees to eliminate or limit the subsidy or take other measures concerning its effects.

(2) The exporter agrees to revise its prices so that the investigating authorities are satisfied that the injurious effect of the subsidy is eliminated. Price increases under such undertakings shall not be higher than necessary to eliminate the amount of the subsidy. It is desirable that the price increases be less than the amount of the subsidy if such increases would be adequate to remove the injury to the domestic industry.

3. 反补贴税

如果反补贴调查当局最终裁定存在补贴和产业损害,进口成员方当局即可征收反补贴税。反补贴税的税率或税额按单位产品实际得到的补贴计算,但绝对不得高于补贴税或补贴税额。如果较低的税率即可消除损害或损害威胁,则应适用较低的税率。反补贴税应在生效之日起的5年内停止,除非停止征收反补贴税可能造成补贴的继续或再度产生损害。

5.3.5 反补贴调查程序

反补贴调查程序与反倾销调查程序基本一致,包括发起、举证与证据审核、磋商、初裁和终裁、行政复审等程序。

1. 发起

与反倾销调查程序一致,反补贴调查由进口成员方有资格代表国内产业的企业或产业提出书面申请而发起,当然特殊情况下也可由进口方主管机关自行发起。其中产业代表性有两项指标:①支持调查申请的国内产业的合计产量已超过表示支持或反对的那部分国内产业总产量的 50%；②表示支持的国内生产商的集体产量占全部国内生产商总产量的比例不低于 25%。只要同时符合这两项指标，即可正式发起调查。在反补贴调查申请中，进口成员方应列明补贴与损害二者之间因果关系的充分证据及实施反补贴措施的迫切性。协议规定，反补贴调查应在一年内结束，最长不得超过 18 个月。

2. 举证与证据审核

反补贴税调查中的相关成员和所有相关方应获得当局要求的信息通知，并有充分的机会以书面形式提供他们认为与所涉调查相关的所有证据，包括计算补贴量和产业损害的确定。收到反补贴税调查中使用的问卷的出口商、外国生产商或相关成员应至少给予 30 天的答复期，可适当考虑延长 30 天期限的任何请求，如有理由，应在可行时予以延长。

3. 磋商

在调查启动前，成员可能会被邀请进行磋商，目的是澄清事实和达成双方同意的解决方案。此外，在整个调查期间，应给予成员一个合理的机会，继续进行协商，以便澄清事实，并达成双方同意的解决方案。磋商并不影响当局成员启动调查，达成初步和最终决定或者采取临时或最终措施。

4. 初裁与终裁

与反倾销调查程序基本一致，初裁是指在进行适当调查的基础上，有关当局作出肯定或否定的有关补贴或损害的初步裁定，并采取相应的临时措施。终裁是指进口方当局最终确认进口产品存在补贴并造成损害而作出对其实施反制措施的裁决。

5. 行政复审

行政复审应该在任何有利害关系的当事人提出审查要求，并提交了其认为十分必要的确定资料，或者反制措施已过了一段合理的期限时进行，其目的是由当局对继续实施反制的必要性进行审查。行政复审一般应在 12 个月内结束。

5.3.6 对发展中国家成员的特殊安排

对发展中国家成员给予的特别待遇包括如下几项：

（1）若反补贴调查发现源自发展中国家成员的受调查产品所得到的补贴不及该产品单位价值的 2%（发达国家成员为 1%，最不发达国家成员为 3%），或受补贴产品的进口额不到进口方同类产品进口总额的 4%，且所有不到 4% 的发展中国家成员的合计进口额不及进口方同类产品进口总额的 9%，则应立即取消反补贴调查。

（2）最不发达国家成员和人均国民收入不到 1000 美元的发展中国家成员不必取消禁止使用的出口补贴，其他发展中国家成员可在 8 年内（并可申请延长）逐步取消此类补贴。

（3）对于那些在 8 年期满之前已取消出口补贴的发展中国家成员，以及最不发达国家成员和人均国民生产总值不到 1000 美元的发展中国家成员，若它们对产品的补贴不及该产品单位价值的 3%，则也应立即取消反补贴调查，此项规定截至 2003 年年底。

（4）发展中国家成员达到出口竞争性标准的产品，在 2 年内逐步取消补贴，对最不发达国家成员和年人均国民生产总值不足 1000 美元的发展中国家成员，可在 8 年内逐步取消。出口竞争性标准是该产品连续 2 年在世界贸易中占 3.25% 及以上的份额。

（5）对于根据国内产品使用情况而定的补贴（及当地成分要求），其禁令在 5 年内不适用于发展中国家成员，最不发达国家成员为 8 年。

5.4 保障措施

保障措施（safeguards）作为公平贸易条件下 WTO 成员的自我保护性措施，经历了较长的历史进程。自 1943 年《美国墨西哥互惠贸易协议》确定了保障措施条款以后，有关保障措施的规定普遍见于各种自由贸易协议。《GATT 1947》中的保障措施条款体现为第 19 条，条文很短，内容简单，只有 3 款规定（第 1 款是实施措施的条件，第 2 款是通知要求，第 3 款是补偿要求）。在"乌拉圭回合"谈判中各成员在此基础上最终达成《保障措施协议》（Agreement on Safeguards，AS），成为第 1 部专门且系统的关于保障措施的多边规则。

《保障措施协议》共分为 14 条规定和 1 个附件，主要是规范成员实施保障措施的条件、方式、程序、期限和围绕措施实施可能出现的争端解决，并明确了实施成员与受影响成员围绕保障措施应有的权利和义务。当然，现行的《保障措施协议》的很多条款还有待明确和补充，这也充分反映了谈判各方在这些问题上的意见分歧。

5.4.1 保障措施的定义

按《GATT 1994》第 19 条和《保障措施协议》，可以将保障措施定义为：在公平贸易条件下，某一成员在执行 GATT/WTO 的有关承诺时，因为意外情况的发生，使某种特定产品的进口数量激增，以致严重损害或严重威胁本国相同或类似产品的生产者，该成员为保障本方经济利益，对该产品全部或部分地暂时停止实施 GATT/WTO 所规定的义务，或者撤销，或者修改减让，以减少损害或避免严重损害威胁的一种自我保护性贸易救济措施。

AS 2.1：A Member may apply a safeguard measure to a product only if that Member has determined, pursuant to the provisions set out below, that such product is being imported into its territory in such increased quantities, absolute or relative to domestic production, and under such conditions as to cause or threaten to cause serious injury to the domestic industry that produces like or directly competitive products.

5.4.2 保障措施的实施要件

协议规定采取保障措施前必须先明确以下内容：①国内产业；②进口产品数量的增加；③严重损害、造成或威胁造成等。

1. 国内产业

协议关于"国内产业"的定义比反倾销和反补贴中的相关定义更为广泛,包括"成员领土内经营同类产品或直接竞争产品的所有生产者,或同类产品或直接竞争产品的部分生产者,合计产量在这些产品的国内总产量中占较大比例"。

※※※※※※※※※※※※

AS 4.1(c): A "domestic industry" shall be understood to mean the producers as a whole of the like or directly competitive products operating within the territory of a Member, or those whose collective output of the like or directly competitive products constitutes a major proportion of the total domestic production of those products.

※※※※※※※※※※※※

2. 进口产品数量的增加

关于进口产品数量的增加,既可以是"绝对增加",也可以是相对国内生产数量而言的"相对增加"。

※※※※※※※※※※※※

An import "surge" justifying safeguard action can be a real increase in imports (an absolute increase); or it can be an increase in the imports' share of a shrinking market, even if the import quantity has not increased (relative increase).

※※※※※※※※※※※※

3. 严重损害或威胁

协议将严重损害定义为国内产业状况的"重大全面减损"。同时,协议规定在证明"严重损害威胁"时必须通过事实证据证明这种威胁迫近,而不能仅凭控制推测极小的可能性。

在认定"造成或威胁造成"时,协议要求调查主管部门应评估影响该产业状况的所有客观和可计量的相关因素,特别是进口增长的绝对与相对增长率和数量,增加的进口产品占国内市场的份额以及销售、生产、生产力、生产能力利用、利润、亏损和就业变化等。协议要求调查证据表明,增加的进口与损害或损害威胁之间存在因果关系,同时要求对"威胁或威胁造成"必须采用肯定性认定,不得将其他因素造成的损害归因于增加的进口产品。虽然有上述规定,协议并没有要求证明增加的进口是造成损害的唯一原因。

一般来说,实施保障措施只需要遵守该协议和WTO法律制度框架中有关的规则,不需要征得其他成员的同意,或作出其他安排。

※※※※※※※※※※※※

AS 4.2:

(1) In the investigation to determine whether increased imports have caused or are threatening to cause serious injury to a domestic industry under the terms of this Agreement, the competent authorities shall evaluate all relevant factors of an objective and quantifiable nature having a bearing on the situation of that industry, in

particular, the rate and amount of the increase in imports of the product concerned in absolute and relative terms, the share of the domestic market taken by increased imports, changes in the level of sales, production, productivity, capacity utilization, profits and losses, and employment.

(2) The determination referred to in subparagraph (1) shall not be made unless this investigation demonstrates, on the basis of objective evidence, the existence of the causal link between increased imports of the product concerned and serious injury or threat thereof. When factors other than increased imports are causing injury to the domestic industry at the same time, such injury shall not be attributed to increased imports.

(3) The competent authorities shall publish promptly, in accordance with the provisions of Article 3, a detailed analysis of the case under investigation as well as a demonstration of the relevance of the factors examined.

5.4.3 保障措施的实施

WTO保障措施委员会负责监督协议的运作,并负责监督成员的承诺。各成员政府必须报告保障调查和有关决策的每一个阶段,由委员会审查这些报告。

The WTO's Safeguards Committee oversees the operation of the agreement and is responsible for the surveillance of members' commitments. Governments have to report each phase of a safeguard investigation and related decision-making, and the committee reviews these reports.

1. 遵守的原则

(1) 无歧视。采取保障措施不能有选择地针对其中一两个国家,而应该对该产品的所有出口国一视同仁,或者说,保障措施应遵循无歧视待遇原则。进口限制措施仅针对产品而不论该种产品的来源。但与此同时,《保障措施协议》并未彻底禁止选择性保障措施,其中的有关条款允许以某种歧视性方式分配配额。

(2) 调查程序要公开透明。调查要通告所有利害关系方;要举行听证会或采用适当方式使利害关系方能够提供证据或发表意见,尤其是对保障措施是否符合公共利益发表意见;一切有关事实与法律问题的结论都必须公布;任何拟采取措施的成员应提前和与出口产品有实质关系的成员进行磋商。

(3) 要在一定的限度内。保障措施必须限定在防止或补救严重损害和提供产业调整所必需的程度与时间内。因为实施保障措施的真正目的在于促进经济结构调整,而非限制国际市场竞争。因此,保障措施的实施必须有一个限度。如果将数量限制作为保障措施,则不应将进口数量降低到过去3年内进口的平均水平。

（4）暂时性。保障措施实施期限一般不超过4年；在特殊情况下，经有关当局同意可以延长，但是最长只能延至第8年。

2. 临时性措施

主管机构在初步裁定进口激增已经或正在造成严重损害或损害威胁的情况下，可采取临时性保障措施，但不得超过200天，并且要计入保障措施总的实施期限内。临时性保障措施包括增加关税、纯粹的数量限制和关税配额等，但其实施仅在防止或救济严重损害的必要限度内。如果随后的调查不能证实进口激增对国内有关产业已经造成损害或损害威胁，则增加征收的关税应立即退还。

成员要在采取临时性保障措施前通知保障措施委员会。在采取保障措施后，应尽快与各利害关系方进行磋商。

3. 补偿与报复措施

有关成员如果就保障措施对贸易产生不利影响，协商贸易补偿的适当方式在30天内未达成协议，受影响的出口方可以对进口方对等地中止义务，即实施对等报复应在进口方实施保障措施后的90天内，并在货物贸易理事会收到出口方有关中止义务的书面通知30天后进行，且货物贸易理事会对此中止不持异议。如果进口方采取保障措施是因为进口的绝对增长，且保障措施符合《保障措施协议》的规定，则出口方自保障措施实施之日起的3年内不得进行对等报复。

5.4.4 对发展中国家成员的特殊安排

《保障措施协议》规定：若发展中国家成员的产品在进口成员方同类产品总进口中所占份额不到3%，则不得针对该发展中国家成员的产品实施保障措施。但是当比例均不超过3%的几个发展中国家成员的合计比例超过9%时，实施保障措施则可适用。发展中国家成员实施保障措施最长可至10年。在保障措施的再度适用方面，对发展中国家成员的限制也较发达国家成员少。

5.5 贸易救济规则的应用

5.5.1 国家层面

1. 完善相关法律，规范各类政府补贴

中国反倾销立法起步较晚。1997年国务院颁布《中华人民共和国反倾销和反补贴条例》。2001年，国务院颁布《反倾销条例》，将反倾销与反补贴分开立法，该条例于2002年1月1日起实施，2004年进行修订，并于2004年6月1日起实施。虽然中国现行的《反倾销条例》已经与WTO《反倾销协议》及欧美的反倾销法十分接近，但仍存在部分缺陷。例如，关于倾销的确定、出口价格的认定、损害的界定等方面不够清晰；调查程序、调查方法及司法审查和诉讼方面存在部分问题，需要在实体法、程序法及立法层次方面不断完善。

中国补贴政策措施较为繁杂。2006年4月,中国政府向WTO补贴与反补贴措施委员会通知了中国实施的补贴措施,仅中央政府提供的补贴就达78种,地方政府提供的补贴种类也不少。因此,需要进一步清理、规范我国的各项补贴措施,并尽可能降低其负面效应。①要坚决停止使用出口补贴和进口替代补贴。这是WTO明确规定禁止的补贴行为。②可根据经济发展需要适当运用其他补贴。一方面,应将其限定在必要的范围和水平内,以便降低遭遇进口国反补贴调查的可能性。根据WTO规则,中国作为发展中国家,只要出口产品享受的补贴总量低于产品价格的2%,就可以免予遭受进口国的反补贴调查。另一方面,要谨慎运用可申诉补贴。虽然出口退税并不违反国际贸易规则,但从本质上说,出口退税制度就是依靠政府的财政补贴,降低出口产品的各种税收,进而促进产品的出口。如果补贴范围过大、补贴力度过强,则极容易成为外国对中国进行反补贴诉讼的借口。

2. 加强反倾销机构建设,建立贸易制裁预警机制

中国可借鉴美国反倾销司法审查模式,成立专门的国际贸易法院,来负责审理反倾销、反补贴等与WTO规则有关的涉外经济纠纷案件。此外,还应成立行业协会、专门研究机构、企业内部反倾销组织、反倾销联盟等正式与非正式的机构。

贸易制裁都有前兆,这就要求行业和政府做好信息收集、整理和预判工作,并就可能遭遇的制裁行动向国内企业和行业协会发出警示,特别是政府应对相关出口产业可能遭遇制裁的系统性风险进行预评估并预发布信息。以中国出口美国的轮胎特保案为例,从最初动议到奥巴马总统签署制裁法案,历时近半年,但因为中国轮胎行业没有建立成熟的贸易预警机制,因而没有采取积极的"补救"措施,导致了对中国极其不利的后果。必要时可以采取的预警措施包括外贸秩序的监管机制、信息发布机制和沟通协调机制等。

3. 积极争取市场经济地位

《中国入世议定书》规定,在识别和衡量中国产品享受补贴利益和倾销幅度时,视其为非市场经济国家,可以使用替代国的资料。从以往的案例看,使用第三国资料常常会得出对中国不利的结论。为此,中国政府近年来在争取贸易伙伴承认中国的市场经济地位方面做了大量工作。目前,新西兰、东盟、南非、俄罗斯、智利、阿根廷、巴西和秘鲁等100多个国家和地区先后承认中国的完全市场经济地位,但欧美等主要贸易伙伴仍然没有承认中国的完全市场经济地位。

为此,中国一方面应积极谈判争取美国、欧盟立场的转变,另一方面也要积极改革争取尽快获得完全市场经济地位。另外,还可以积极努力争取行业的市场经济地位。

5.5.2 企业层面

1. 转变生产与贸易增长方式

中国目前需要改变低效率、低成本、低附加值的产业发展模式,走高科技含量、高效率、高附加值的产业发展道路,从而可以合理提高售价,避免不必要的反倾销麻烦。在改革开放初期,中国出口贸易过于追求数量上的增长,资源消耗大,经济效益不高,而且容易引起贸易摩擦。今后,中国要在切实转变外贸增长方式上下功夫,尤其是要转变出口增长方式,实施"以质取胜"的战略,降低出口产品遭遇贸易救济措施的风险,向高质量经济发展。

2. 出口企业团结合作

由于中国的行业集中度低,中小企业占这些出口贸易企业的绝大多数,达80%以上,而且其出口额也占全国出口总额的70%以上。这些出口企业由于技术水平、生产规模、议价能力差异巨大,降价是它们抢夺订单的唯一法宝,因此出口价格恶性竞争严重,这也是长期以来中国成为反倾销调查主要目标国的原因之一。出口企业需团结合作,提升议价能力,并尽量少采用降价策略,促进企业对外贸易的长期良性发展。

3. 完善行业、企业反倾销预警机制

由于进口产品对国内产业的损害极其隐蔽,所以企业意识到时往往已经错过了申诉时机。因此,产业必须建立预警机制,降低遭受倾销损害的可能性。目前,我国已经在汽车、钢铁、化肥等行业建立了产业损害预警机制,但还不够高效,其他行业的反倾销预警机制更是亟待完善。反倾销预警机制涉及社会组织的各个方面,其参与对象涉及政府、行业协会、相关企业,以及驻外机构、海关、税务、统计信息、法律服务等多行业、多部门,是一项复杂的系统工程,要花费大量的人力、物力、财力。为此,建议抓好以下重要环节:

(1) 建立进口商品价格监控体系。由于倾销商品主要通过低价格对国内产业造成损害,因此在海关设立重要商品价格监控体系尤为必要。对重要商品可设定一个参考价格,并通过对进口商品价格的监控,及时发现有倾销嫌疑的进口商品,预先向进出口商发出警告,例如,美国在钢铁进口时设立的"启动价格机制"、欧盟在农产品进口时采用的"闸门价格"。

(2) 要构建反倾销信息库,为反倾销预警机制提供决策依据。应建立产品预警信息资料库和海外市场准入信息数据库,及早了解商业信息,及时发布最新预警信息。

(3) 重组行业协会。中国行业协会是经济体制改革的产物,其改革与发展明显滞后于企业,并受政府多方制约。为此,行业协会应更多地为企业提供专业服务。

4. 运用反倾销、反补贴规则

近年来,国外产品对中国的倾销行为已经严重影响中国的产业安全,中国的反倾销实践已经积累了一些经验,且运用反倾销手段保护本国产业的意识不断增强,可积极运用反倾销、反补贴规则,维护中国企业的正当权益。

但要注意以下细节:①要注意申请人资格。当表示支持申请的国内生产者的产量不足国内同类产品总产量的25%的时候,一方面要主动联合国内同行业主要生产企业共同提出;另一方面要积极参加国内行业协会,以协会名义提出申请。②要积极协助反倾销调查。反倾销调查一般一年内结束,延长期不得超过6个月。因此,在调查期内,申请企业要积极主动地协助调查机关做好相关调查,并按照调查机关的要求,对申请书进行相应的调整和补充,提供的相关资料和信息要真实可靠,以便主管机关及时、准确地作出定案判断,维护中国企业的权益。③及时提出反倾销调查申请。不仅要及时提出反倾销调查申请,而且应及时提出期中复审调查,并落实复审调查。一旦发现进口产品以倾销方式进入中国,就应立即提出反倾销诉讼。

模拟谈判

1. 中国诉欧盟葡萄酒案

2013年5月15日,商务部收到中国酒业协会代表国内葡萄酒产业正式提交的反倾销调查申请,申请人请求对原产于欧盟的进口葡萄酒进行反倾销调查。

商务部依据《中华人民共和国反倾销条例》有关规定,对申请人的资格、申请调查产品的有关情况、中国同类产品的有关情况、申请调查产品对国内产业的影响、申请调查地区的有关情况等进行了审查。同时,商务部对申请书提供的涉及倾销、损害及倾销与损害之间的因果关系等方面的证据进行了审查。申请人提供的初步证据表明,申请人中国酒业协会代表的葡萄酒总产量在2009年、2010年、2011年和2012年均占同期中国同类产品总产量的50%以上,符合《中华人民共和国反倾销条例》第十一条、第十三条和第十七条有关国内产业提出反倾销调查申请的规定。同时,申请书中包含了《中华人民共和国反倾销条例》第十四条、第十五条规定的反倾销调查立案所要求的内容及有关证据。

根据上述审查结果及《中华人民共和国反倾销条例》第十六条规定,商务部决定自2013年7月1日起对原产于欧盟的进口葡萄酒进行反倾销立案调查。现将有关事项公告如下:

一、立案调查及调查期

自本公告发布之日起,商务部对原产于欧盟的进口葡萄酒进行反倾销调查,本次调查确定的倾销调查期为2012年1月1日至2012年12月31日,产业损害调查期为2009年1月1日至2012年12月31日。

二、被调查产品及调查范围

调查范围:原产于欧盟的进口葡萄酒

被调查产品名称:葡萄酒,英文名称:Wines。

被调查产品的具体描述:以鲜葡萄或葡萄汁为原料,经全部或部分发酵酿制而成的,含有一定酒精度的发酵酒。

该产品归在《中华人民共和国进出口税则》:22041000、22042100和22042900。

三、登记应诉

就倾销调查,任何利害关系方可于本公告发布之日起20天内,向商务部进出口公平贸易局申请参加应诉,参加应诉的涉案出口商或生产商应同时提供2012年1月1日至2012年12月31日向中国出口本案被调查产品的数量及金额。《倾销调查应诉登记参考格式》可在商务部网站进出口公平贸易局子网站(网址为http://gpj.mofcom.gov.cn)公告栏目下载。

就产业损害调查,利害关系方可自本公告发布之日起20天内向商务部产业损害调查局申请参加产业损害调查活动登记,同时应提供产业损害调查期内的生产能力、产量、库存、在建和扩建的计划以及向中国出口该产品的数量和金额等说明材料。《参加产业损害调查活动申请表》可在中国贸易救济信息网(网址为:http://www.cacs.gov.cn)下载。

四、利害关系方的权利

利害关系方可在商务部网站进出口公平贸易局子网站（网址为http://gpj.mofcom.gov.cn）"案件动态"栏目下载本案申请人提交的申请书的非保密文本，或到商务部贸易救济公开信息查阅室（电话：86-10-65197878）进行查阅。

利害关系方对本次调查的产品范围、申请人资格、被调查国家及其他相关问题如有异议，可以于上述登记应诉期间内将书面意见提交商务部。

五、调查方式

调查机关可以采用问卷、抽样、听证会、现场核查等方式向有关利害关系方了解情况并进行调查。

关于上述产业损害调查的相关通知可在中国贸易救济信息网（网址为http://www.cacs.gov.cn）查询。

六、问卷调查

（一）葡萄酒反倾销案倾销调查问卷

商务部在本公告规定的登记应诉截止之日起10个工作日内向登记应诉公司及申请书列明的其他公司发放调查问卷。调查问卷包括公司的机构和运作、被调查产品、对中国（大陆）的出口销售、国内（地区内）销售、对中国（大陆）以外其他国家（地区）的出口销售、生产成本和相关费用、估算的倾销幅度及核对单等内容。《葡萄酒反倾销案倾销调查问卷》届时可在商务部网站进出口公平贸易局子网站（网址为http://gpj.mofcom.gov.cn）"案件动态"栏目下载。未登记应诉的其他公司可直接下载或向商务部索取该调查问卷，并按要求填报。

上述所有公司应在规定时间内提交完整、准确的答卷。答卷应当包括调查问卷所要求的全部信息。所有答卷应当在问卷发放之日起37日内送至商务部。应诉公司有正当理由表明在答卷到期日前不能完成答卷的，应在答卷提交截止期限7日前向商务部提出延期提交答卷书面申请，陈述延期请求和延期理由。

应诉公司若在规定的期限内未提交答卷，或者不能按照要求提供完整而准确的答卷，或者对其所提供的资料不允许商务部进行核查，或者以其他方式严重妨碍调查，则商务部可依据《中华人民共和国反倾销条例》第二十一条的规定，根据已经获得的事实和可获得的最佳信息作出裁定。

（二）葡萄酒反倾销案产业损害调查问卷

关于产业损害调查问卷的相关通知，可在中国贸易救济信息网（网址为http://www.cacs.gov.cn）查询。

本次调查自2013年7月1日起开始，通常应在2014年7月1日前结束调查，特殊情况下可延长至2015年1月1日。

（资料来源：商务部进出口公平贸易局.商务部公告2013年第37号关于葡萄酒反补贴立案的公告[EB/OL]. http://www.mofcom.gov.cn/article/b/c/201307/20130700182185.shtml.）

前期准备知识：中国葡萄酒行业发展现状，反倾销条款及规则。

（1）请根据反倾销调查流程，模拟中方企业代表、中方机构、欧盟机构及欧方企业代表，查找相关资料进行模拟磋商谈判。

(2) 此案例对中国相关行业有哪些启示？

2. 中欧紧固件案

螺丝、螺帽等小部件的专有名词叫作紧固件，它们被称为"工业之米"，用处大到飞机、汽车，小到桌椅板凳，像一辆普通的家用轿车，使用紧固件就超过3000个。目前，中国是全球最大的紧固件生产国。但就在2009年1月，欧盟决定对中国碳钢紧固件产品征收最高达85%的反倾销税，这就意味着每年贸易额达12亿美元的欧盟市场将完全对中国紧固件关闭。

调查开始于2007年，涉及中国1800多家企业，而原因就在于欧盟认定中国碳钢紧固件价格太低，有违公平贸易原则，直接损害了欧洲相关企业的利益。2009年7月，紧固件争端上升到政府层面，中国宣布与欧盟就紧固件倾销案进行磋商，启动了WTO争端解决程序。先是专家组裁定中国胜诉，之后欧盟、中国分别提起上诉，官司一直打到了WTO最高的裁决机构。2011年7月15日，WTO上诉机构发布报告，不仅认定欧盟关于中国紧固件的反倾销措施违规，还认定欧盟在法律方面存在与WTO原则相矛盾的地方。

中国不满于欧盟上述执行措施，于2013年10月向WTO争端解决机构提起DSU第21.5条的执行之诉。2016年1月18日，WTO公布了中国诉欧盟对中国部分钢铁紧固件最终反倾销措施争端案执行之诉的上诉机构报告。该报告认定，欧盟对先前针对中国制造的钢铁紧固件反倾销税所进行的审议修改不足以使其措施符合WTO的规则。长达7年的诉讼终于尘埃落定。

一颗螺丝引发的一系列诉讼，最终成为一个范例。WTO并不是自动带来自由贸易，而是提供了一些世界通行的游戏规则，中国要融入世界，就需要学习、理解和运用这些规则。

（资料来源：根据网上各权威评论汇总整理。）

前期准备知识：中国紧固件行业发展现状。

(1) 根据此案例进行模拟谈判，运用倾销的认定、反倾销程序进行阐述。

(2) 此案例对中国相关行业有哪些启示？

3. 美国对中国轮胎实施特保案

2009年4月20日，美国钢铁工人协会宣布，依据美国1974年贸易法第421条，向美国国际贸易委员会(ITC)提出对中国售美商用轮胎的特殊保障措施案申请。2009年4月29日，ITC在联邦纪事上公告启动对中国轮胎产品的特保调查。2009年6月18日，ITC对中国乘用车及轻卡车轮胎特保案作出肯定性损害裁决，认定中国轮胎产品进口的大量增加，造成或威胁造成美国国内产业的市场扰乱。2009年6月29日，ITC就对中国轮胎采取特保措施，提出对乘用车、轻型货车用中国制轮胎征收3年特别关税的方案：第1年至第3年额外征收的关税分别为55%、45%、35%。2009年9月2日，美国贸易代表办公室在咨询财政部、劳工部、商务部等部门意见后，向奥巴马总统提出相关建议。

2009年9月14日，中国政府正式就美国限制中国轮胎进口的特殊保障措施启动了WTO争端解决程序。

2009年9月17日前，奥巴马总统综合各方建议作出最后裁决。美国于2009年9月26日实施了带有强烈贸易保护主义色彩的"轮胎特殊保障措施"：对从中国进口的所有小轿车和轻型卡车轮胎征收为期3年的惩罚性关税,对从中国进口轮胎实施的惩罚性关税税率第1年为35%,第2年为30%,第3年为25%。其裁决依据为:据ITC统计,在过去的5年间,由于中国轮胎大量进入美国市场,导致美国轮胎业失去大约5000个工作岗位,2004—2008年从中国进口的消费用轮胎的进口数增加了215%,金额则增长了295%,造成美国相关制造业企业倒闭。ITC认定中国轮胎扰乱了美国市场。

2010年12月13日WTO宣布,美国对从中国进口的轮胎采取的过渡性特保措施并未违反该组织规则。

2011年5月24日,WTO发表的一份公报显示,中国已经通知WTO仲裁机构,决定对中美轮胎特保措施WTO争端案的专家组报告提出上诉。

2011年9月5日WTO上诉机构在日内瓦发布关于中美轮胎贸易纠纷案的裁决结果,判定美国对中国售美轮胎征收惩罚性关税符合WTO规则。

该案实施与全球金融危机导致美国经济不景气的大背景有关,这其中美国的贸易保护意图明显。业内人士表示,新一轮"贸易保护主义"已经抬头。

(资料来源:黄霞.美国对华轮胎特保案[J].汽车纵横,2013(3):98.)

前期准备知识:中国轮胎行业发展现状,特殊保障条款及规则。

(1) 根据此案例进行模拟谈判,运用特殊保障条款及其例外进行阐述。
(2) 此案例对中国相关行业有哪些启示?

5.6 习 题

1. 名词解释

倾销 损害 出口价格 补贴 反补贴 保障措施

2. 简答题

(1) 简要介绍反倾销、反补贴和保障措施协议的异同。
(2) 简要介绍反倾销措施。
(3) 简要介绍WTO反倾销措施实施程序。
(4) 简要介绍WTO对于补贴的分类。
(5) 简要介绍保障措施的特点。
(6) 简要介绍实施保障措施的前提条件。

即测即练题

3. 案例分析

2003年5月2日,美国五河电子公司与另外两家劳工组织一起,向美国商务部和国际贸易委员会提交了对原产自中国和马来西亚的彩电反倾销调查申请。分别经过美国商务部与国际贸易委员会的初裁和终裁,至2004年4月14日美国国际贸易委员会作损害终裁裁决,案件基本以对来自中国的彩电生产商和进口商征收5.22%~78.45%的反倾销税暂告一段落。厦华为4.35%、康佳为11.36%、TCL为22.36%、长虹为24.48%,海尔、海信、苏州飞利浦、创维、上广电集团、星辉国际控股公司及其另外3家全资附属公司共9家企业的税率为21.49%,而其他未应诉的中国企业的税率为78.45%。

反倾销调查的申请方是美国五河电子公司及电子工人国际兄弟会和美国通信个人产

业部两家劳工组织。申诉方的申请获得了美国三洋、夏普、东芝等彩电生产企业工会的支持。

调查期：2002年10月1日至2003年3月31日（一般是按反倾销调查申请提起之日前最近的两个会计季度确定）。

涉案产品：直投或背投阴极射线管彩色电视机，且图像显示对角线超过52厘米（即21寸以上彩色电视机），不包括电脑显示器及其他不能接收广播电视信号的图像显示设备。

案件持续时间：从2003年5月2日申请方正式提起申请，到2004年5月14日美国国际贸易委员会公布肯定性终裁结果，整个案件历时377天。

据了解，中国彩电对美出口的贸易方式基本上以进料加工为主，且输美彩电成品的绝大部分料件都是从日本、美国等国家和地区进口，在此情况下，美方仍然坚持采用"替代国"（印度）的做法，以至于中国企业被判定较高的倾销幅度，是对中国企业的不公正待遇。

（资料来源：王峰，王桂芝.美国对华彩电反倾销案件研究[J].中国流通经济，2003(10)：26-29.）

问题：

（1）请根据法条及背景知识解释美国在计算倾销幅度时采用印度作为替代国来计算我国出口产品的正常价值的原因。

（2）探讨我国企业有效应对反倾销的策略。

（3）根据此案例探讨中国实施反倾销策略的措施。

第 6 章

世界贸易组织服务贸易规则解读与运用

20世纪80年代以来,国际服务贸易迅速增长,其增长速度甚至远高于同期国际货物贸易的增长速度,服务贸易在国际贸易中占据越来越重要的地位。根据WTO官方数据统计,2016年全球服务贸易出口前10名的国家如下:美国位居世界首位,占据15.4%的份额,其次是英国(6.9%)、德国(5.6%)、法国(4.9%)、中国(4.3%)、荷兰(3.7%)、日本(3.5%)、印度(3.4%)、新加坡(3.1%)和爱尔兰(3.1%)。进口方面,亚洲呈现较快增长,已经成为服务进口领域增长最快的地区。中国位居全球第二,占全球服务贸易进口份额的9.7%。中国商务部统计数据显示,2018年中国服务贸易进出口总额为7918.8亿美元,其中服务贸易出口金额为2668.4亿美元、进口金额为5250.3亿美元,服务贸易逆差达2581.9亿美元。出口方面,排名前三的行业为商业、计算机信息与通信、运输行业;进口方面,排名前三的行业为旅游、运输和其他商业。

本章主要介绍国际服务贸易的定义、WTO服务贸易规则的要点、具体适用范围及其例外,并结合案例说明其运用技巧。

★学习目标和要求
(1) 熟悉服务贸易谈判的背景、历程,了解国际服务贸易发展现状;
(2) 掌握《服务贸易总协定》的适用范围,并了解其法律框架;
(3) 熟悉《服务贸易总协定》的一般义务和纪律的内容;
(4) 了解中国服务贸易发展现状及其摩擦案例,总结应用技巧。

6.1 《服务贸易总协定》的产生

《服务贸易总协定》(General Agreement on Trade in Services,GATS)是"乌拉圭回合"多边贸易谈判的三项新议题之一,它的签订有着深刻的历史背景,是第一个专门调整服务贸易的国际条约,被认为是自1948年GATT生效以来,多边贸易体制在单一领域内所取得的最重要进展。

The General Agreement on Trade in Services (GATS) is the first and only set of multilateral rules governing international trade in services. Negotiated in the Uruguay Round, it was developed in response to the huge growth of the services economy over the past 30 years and the greater potential for trading services brought about by the communications revolution.

6.1.1 服务贸易谈判的背景

20世纪70年代以来,服务业开始作为独立的产业部门进入国民经济统计范畴。在美国和欧洲等西方发达国家和地区,服务业发展迅速,在国民经济中所占比重大幅度增加,以制造业为主的经济结构逐渐向以服务业为主演变。与此同时,随着经济全球化进程的加快,国际服务贸易得到迅猛发展,服务跨国流动的规模和形式也在不断增加,通过国际分工,在世界市场范围提高了资源配置的效率,从而使各国之间的经济联系日益紧密和加深。

随着世界服务贸易规模的迅速扩大,服务贸易领域的国际利益冲突也日趋激烈。出于对本国利益的考虑,各国政府往往采取限制外国服务提供者经营活动的保护政策,形成了各种各样的服务贸易壁垒。服务贸易规模的迅速扩大要求多边贸易体制对其贸易关系和利益进行规制与调节,各国减少关税与非关税壁垒,以推动服务贸易自由化。但自1948年以来,GATT作为唯一的多边贸易体制,其管辖范围仅涉及货物贸易领域,服务贸易领域从未涉及,并无系统的国际规则对其予以协调和管理。

1973年"东京回合"谈判中,美国率先提出将服务贸易纳入GATT多边贸易谈判。当时美国的比较优势产业从传统制造业转变为资本和技术密集型服务产业,服务业成为经济中最为庞大、发展最快的支柱产业之一,美国也成为世界上最大的服务贸易出口国。因此,美国迫切需要推进服务贸易自由化,打开其他国家的市场,通过扩大服务贸易出口来弥补长期以来货物贸易的巨额逆差,平衡国际收支;同时,通过推动服务贸易自由化进程,促进本国跨国公司在全球投资,从而充分发挥其竞争优势。但是,广大发展中国家由于经济技术水平落后,在服务贸易的实际发展水平、涉及范围、服务能力、竞争力及出口利益等方面与发达国家相比明显滞后,因此担心服务业的开放会导致本国经济利益受损,极力反对服务贸易自由化及将其纳入谈判。

美国1979年颁布的《贸易协定法》和1984年出台的《贸易和关税法》中,都对服务贸易问题有所规定,为美国政府提供了包括服务产业在内的一整套谈判方法,引入了一种新的整体贸易互惠观念,并在1988年美国《综合贸易和竞争立法》中得到进一步确认。自20世纪80年代以来,美国通过种种方式不断对其他国家政府施加压力,要求它们同意服务贸易的开放。在美国的倡议下,成立了服务贸易谈判组,以便加强有关信息交流。在1985年7月举行的GATT理事会上,美国继续阐明其在服务贸易问题上的立场及谈判目标,并在1985年9月GATT缔约方特别会议上坚持将服务贸易问题纳入多边贸易谈判。在美国的积极推动下,1986年1月举行的GATT第41届缔约方大会上,GATT高级官员小组和"乌拉圭回合"筹备委员会对服务贸易问题进行讨论,并达成共识。1986年9月,在发动"乌拉圭回合"多边贸易谈判的埃斯特拉角部长级会议上,服务贸易最终作为三项新议题之一正式列入多边贸易谈判程序,由此拉开了服务贸易多边谈判的序幕。

6.1.2 服务贸易谈判的过程

1. 谈判立场及目标

美国在服务贸易谈判中的核心观点是所谓的"整体贸易互惠原则",即强调"货物"和"服务"的两位一体,认为发达国家成员有权要求以在货物贸易领域某些项目谈判中的让步来换取发展中国家成员在服务贸易自由化问题上的妥协,该原则后来在1988年《综合贸易和竞争法》中得到了确认。在谈判中,美国提出了实现服务贸易自由化的具体目标,主要包括:①确认GATT的基本原则不仅适用于货物贸易,也适用于服务贸易;②应拓展服务贸易谈判的项目和范围,主要是指把通信、信息软件处理、跨国公司内部交易及有关的投资、开业权等问题纳入谈判范围,以制定世界服务贸易规则框架;③根据GATT有关"维持现状、逐步回退"原则及所达成的部分协定,抑制国际服务贸易限制措施的升级,进而削减这些措施,逐步实现服务贸易多边自由化。

由于发达国家和地区的服务业具有较高的发展水平,因此普遍积极主张推动世界服务贸易自由化谈判,以全力维护自身的近期与长远利益。从参与国际竞争与扩大自身利益角度考虑,欧共体积极主张服务贸易自由化,但由于担心成员国市场及在发展中国家已取得的市场有可能受到来自美国的竞争冲击,反对美国提出的服务贸易全面自由化,主张逐步推进自由化,同时应考虑发展中国家的实际情况。欧共体为"乌拉圭回合"谈判设定的目标包括:①制定服务贸易规则的基本框架;②提高服务贸易政策的措施的透明度;③为国家垄断性服务企业提供特别的行为准则;④明确在服务贸易方面,谈判各方应停止采取新的限制措施;⑤制定特别程序解决服务贸易争端。

发展中国家和地区在多边服务贸易谈判中经历了从反对、观望到积极参与制定的转变。印度、埃及和巴西等大多数发展中国家在美国欲将服务贸易问题正式列入谈判议程后,不断明确表示坚决反对。它们反对的出发点是尽管本国服务业也在不断成长壮大,但与其他行业相比仍属于"幼稚产业",过早实行服务贸易自由化,很可能会断送本国服务业的前程,且部分产业还涉及国家主权、安全机密甚至意识形态,盲目开放的后果不堪设想。但后来在美国提出"整体贸易互惠原则",并对发展中国家施加巨大经济压力以后,发展中国家的立场发生了变化,为了换取发达国家在GATT框架内在纺织品与服装、农产品方面作出让步,发展中国家最终同意将服务贸易列入"乌拉圭回合"谈判议程。随着形势的进一步发展,发展中国家开始积极参与多边服务贸易谈判,希望借此改变发达国家决定服务贸易规则的局面,维护发展中国家的根本利益。但发展中国家仍坚持有关货物贸易自由化原则不能直接适用服务贸易的立场。发展中国家提出的服务贸易谈判目标包括:①希望达成一项与GATT原有体系十分紧密的服务贸易规则;②要求确立发展中国家在服务贸易上的某些特殊优惠安排;③确认在服务贸易谈判中的既得利益;④提高某些劳动密集型服务业的服务贸易自由化程度。

2.《服务贸易总协定》的达成

1986年9月开启的"乌拉圭回合"中服务贸易谈判进程共有125个谈判方参与,大体可分为以下三个阶段。

（1）1987年2月—1988年12月，蒙特利尔部长级中期评审会议。这一阶段的谈判重点是澄清服务贸易的定义与谈判范围，以及审议和探讨与服务贸易有关的国际规则及协定。

（2）1988年12月—1991年12月，"邓克尔案文"形成。这一阶段的谈判重点是制定谈判的部门清单，并由服务贸易谈判工作组对其中的电信、建筑、运输、旅游、金融等部门进行审查，于1990年12月修订出《GATS多边框架协定》（草案），并由总干事邓克尔提交协调各方意见的"邓克尔案文"，作为后续开展谈判的基础。

（3）1991年12月—1994年4月，达成GATS。这一阶段以"邓克尔案文"为基础，围绕服务贸易自由化的具体承诺继续谈判，并进行修改。1993年12月除少数部门外，服务贸易谈判实质上已经结束，贸易谈判委员会最终通过了包括GATS在内的最后文件草案，各国均提交各自的承诺表，附在GATS之后。

延伸阅读6.1
全球服务贸易形势分析及展望

GATS的达成标志着服务贸易的内容正式纳入WTO法律体系，从而改变了长期以来服务贸易活动缺乏法律依据的状况，其中确立的原则和规定为服务贸易的发展创立了可供共同遵循的国际准则，并为后续的多边、双边服务贸易谈判奠定了基石。

6.2 《服务贸易总协定》主要规则解读

GATS的法律框架主要由正文、附件、减让表3部分组成，文头有序言，阐明了发展服务贸易的重要性、目的及其实现途径和目标，明确了协定的宗旨。此外，还包括部长级会议相关决定与谅解。

（1）正文分为6个部分，共29个条款，包括范围与定义（第1条）、普遍义务与原则（第2~15条）、特定义务（第16~18条）、逐步自由化（第19~21条）、组织机构条款（第22~26条）、最后条款（第27~29条）。

（2）8个附件对较为复杂的具体部门进行了确定，确定其定义、范围、原则与规则，并列出各成员方提交的最惠国待遇义务的免除名单。

（3）减让表是各成员对服务部门和分支部门贸易自由化所作的具体承诺，详细说明市场准入和国民待遇的范围、条件、限制及适当时间框架等。

（4）部长级会议决定与谅解，其内容可以分为两个层面：①表明了各国通过定期谈判使服务贸易逐步提高自由化程度的决心；②对一些暂时性、技术性的实施程序作出规定。

6.2.1 范围与定义

GATS第1条第2款根据服务提供的方式，用分类和列举的方法，界定了协定的适用范围，包括跨境提供、境外消费、商业存在和自然人流动四方面内容。

（1）"跨境提供"方式，从一成员境内向另一成员境内提供服务。这种服务方式的特点是服务提供者和消费者分别处于不同的国家，如电信、邮政、计算机网络等提供的跨国界服务。与货物贸易一样,强调的是买方和卖方在地理上的界线,跨国界的只是服务本身。

（2）"境外消费"方式,在一成员境内向另一成员的服务消费者(接受或使用某项服务的自然人或法人)提供服务。这种服务方式的特点是服务的对象是在服务提供者所在国生产的,如涉外旅游服务、涉外医疗服务、提供留学教育服务,以及船舶、飞机等在外国进行维修等。与第一种形式一样,这也是一种相对简单的服务贸易形式,涉外的问题较少,因为它不要求服务的消费国允许服务提供者进入其境内。

（3）"商业存在"方式,一成员的服务提供者通过另一成员境内的商业存在(在该成员境内为提供服务而建立的任何类型的经营企业或专业机构)提供服务。这种服务方式的特点是强调通过生产要素的流动到消费者所在的国家提供服务,如在境外开设银行、保险公司、会计师事务所等。这种服务贸易往往与对外直接投资联系在一起。

（4）"自然人流动"方式,一成员的服务提供者通过任何其他成员领土内的自然人的存在提供服务。这种形式一般与第三种形式相联系,通过任何其他成员的领土内的自然人可能是以外国服务提供者的雇员形式出现,也可能是以个人身份的服务提供者形式出现。例如,外籍教师、律师、技术专家等以自然人的身份在我国境内提供服务等。

GATS 1.2：

Mode 1：Cross-border supply, from the territory of one Member into the territory of any other Member.

Mode 2：Consumption abroad, in the territory of one Member to the service consumer of any other Member.

Mode 3：Commercial presence, by a service supplier of one Member, through commercial presence in the territory of any other Member.

Mode 4：Movement of natural persons, by a service supplier of one Member, through presence of natural persons of a Member in the territory of any other Member.

GATS 参考了联合国中心产品分类系统对服务的分类与定义,将服务分为 12 大类 160 多个分类,包括商业服务,通信服务,建筑和相关工程服务,分销服务,教育服务,环境服务,金融服务,健康服务,旅游服务,娱乐、文化和体育服务,运输服务,其他服务等。当然,GATS 对服务部门和分部门的分类与定义不是一成不变的。目前,服务贸易理事会下设的具体承诺委员会负责有关服务部门和分部门的技术性调整。

6.2.2 一般义务和纪律

一般义务和纪律是 GATS 的核心内容,各成员在制定和实施服务贸易措施时,必须遵守其中绝大部分条款,适用于所有的服务部门。由于或多或少受到 GATT 规则的影响,该协定的许多规定条款与《GATT 1994》相似,包括最惠国待遇、国民待遇、透明度、发展中国家成员的更多参与、经济一体化、国内法规、承认、垄断和专营服务提供者、经营方式、限制措施与例外、紧急保障措施与补贴、支付、政府采购、补贴、市场准入等。

1. 最惠国待遇

最惠国待遇是 GATT 确立的基本原则,因此适用于服务贸易。GATS 第 2 条规定:"有关本协定的任何措施,每一成员给予另一成员的服务或服务提供者的待遇,应立即无条件地给予任何其他成员的服务和服务提供者,提供不低于该成员给予另一成员相同的服务或服务提供者的待遇。"

GATS 2.1: With respect to any measure covered by this Agreement, each Member shall accord immediately and unconditionally to services and service suppliers of any other Member treatment no less favourable than that it accords to like services and service suppliers of any other country.

这里所称的成员不仅包括 WTO 成员,若是非 WTO 成员与 WTO 成员订立享有优惠待遇的协定,亦应立即无条件给予最惠国待遇,而且 GATS 最惠国待遇的义务不仅适用于服务本身,同样适用于服务提供者。可见,最惠国待遇的实质意义在于要求保证各成员的服务和服务提供者处于平等地位和同等竞争条件下,以体现公平竞争原则,达到服务贸易自由化的目的。

2. 透明度

GATS 第 3.1 条规定:"除非在紧急情况下,每一成员应迅速将涉及或影响本协定实施的所有有关适用的措施最迟在其生效之前予以公布。""每一成员在现行法律、法规或行政规定,或有新规定或改变严重影响协定项下有关服务贸易的特定义务时,应立即或至少每年向 WTO 服务贸易理事会提交报告。"总的来说,透明度条款要求各成员迅速公布所有涉及服务贸易的有关法律、法规或行政规定,包括其所参加的国际协定。

GATS 3.1: Each Member shall publish promptly and, except in emergency situations, at the latest by the time of their entry into force, all relevant measures of general application which pertain to or affect the operation of this Agreement. International agreements pertaining to or affecting trade in services to which a Member is a signatory shall also be published.

3. 发展中国家成员的更多参与

GATS 规定,对于发展中国家成员尤其是最不发达国家成员,考虑到它们在经济发展、贸易和财政方面的需要,对于它们在接受协定的特定义务方面存在的严重困难,应给予优先的、特殊的考虑。协定要求在服务贸易自由化谈判中应考虑发达国家成员和发展中国家成员在服务业发展上的不平衡,并要求发达国家成员采取具体措施来帮助发展中国家成员增强国内服务业的效率和竞争力,而发展中国家成员则可在某些服务部门维持较高水平的保护,并在作出市场准入承诺时附加一些条件和限制。

4. 国内法规

任何国家都会根据本国国情颁布并实施管理其境内服务贸易的各种国内法规,以维护本国服务业的秩序。为了确保GATS目标的实现,各成员应在承诺特定义务的部门合理、客观、公正地实施有关服务贸易的法规,其他WTO成员在该协定下所能获得的利益不会因各成员的国内法规而受到损害。

GATS 4.1: In sectors where specific commitments are undertaken, each Member shall ensure that all measures of general application affecting trade in services are administered in a reasonable, objective and impartial manner.

协定为成员的国内规章制定了一系列纪律,具体内容如下:

(1) 对于已作出具体承诺的服务业部门,部分成员应确保各种有关服务贸易的普遍适用措施在合理、客观和公正的条件下实施。

(2) 各成员应尽可能实施客观公正的司法、仲裁或行政手段,以便有关服务提供者就影响其服务贸易的行政决定提出审查请求,并及时予以审查。

(3) 对于服务提供者待批准的有关具体承诺服务项目的申请,如符合国内法规,成员的主管机构应在合理期限内将有关决定通知申请者。

(4) 为了确保成员的有关资格条件和程序、技术标准和许可证要件不至于成为不必要的服务贸易壁垒,WTO服务贸易理事会应制定一些必要的纪律,要求成员制定的有关国内法规(有关提供服务的资格和能力)要有客观和明确的标准,且以保证服务质量所需为限,而且要求许可程序本身不应对提供服务形成一种限制。总之,成员在其作出具体承诺的领域不应使用取消或损害这些纪律的许可证发放和资格审查的各种措施。

(5) 对于涉及已作出具体承诺的服务业领域,各成员应制定证实其他成员提供专业服务能力的适当程序。

5. 承认

在国外从事服务业,往往要求服务提供者取得允许执业的证书、许可、资格或其他授权,但由于各国对学历和工作经历均有不同的要求,外国服务提供者往往难以取得上述资格和其他授权。为此,GATS敦促各成员承认其他成员的受教育程度、经历、符合资格条件以及颁发的许可证和证明。这种承认可通过协调取得,或根据该成员与有关国家达成的协定或安排取得。协定鼓励成员之间就获得提供服务所需资格的相互承认进行双边或多边谈判,而且成员应为其他有关成员提供适当的机会商谈加入这种或类似的协定或安排。如果一成员实施自动承认,则应给予任何其他成员充分机会表明,在后者领土上取得的学历、执照或证书都会得到承认。

此外,GATS还要求,各成员应将现行的各种承认措施通知服务贸易理事会,如采取新的承认措施或对现有措施作出重大修改,应迅速通知服务贸易理事会,并鼓励各成员与有关政府或非政府机构就建立和采用有关承认的共同国际标准、准则以及有关服务贸易和行业实践的共同国际标准进行合作。

GATS 7.5:Wherever appropriate, recognition should be based on multilaterally agreed criteria. In appropriate cases, Members shall work in cooperation with relevant intergovernmental and non-governmental organizations towards the establishment and adoption of common international standards and criteria for recognition and common international standards for the practice of relevant services trades and professions.

6. 支付和转移

服务贸易自由化不仅包括服务提供过程的自由化,还包括服务利润实现的自由化。因此,协定第11条规定除紧急保障措施的条件外,任何成员不得限制服务贸易中货币与资本的国际支付和转移。

GATS 11.1:Except under the circumstances envisaged in Article XII, a Member shall not apply restrictions on international transfers and payments for current transactions relating to its specific commitments.

7. 限制措施与例外

一方面,GATS允许处于严重国际收支困难或受国际收支困难威胁的成员对其具体承诺所涉及的服务贸易采取限制措施,发展中国家成员及转型经济成员可以采取限制措施,以保持一定的国际储备水平,满足其发展经济及经济转型计划的需要。但这些限制措施应是暂时的,一旦情况好转就应逐步取消,且限制措施不得在成员之间构成歧视,不得对其他成员的利益造成不必要的损害,也不得超过必要的限度。在具体实施过程中采取限制措施的成员应与其他成员进行定期磋商,磋商在WTO国际收支委员会中进行,所遵循的规则与货物贸易的规则相同。

另一方面,服务贸易作为一个特殊的贸易领域,许多影响服务贸易的措施涉及政治经济稳定、公共道德等关系国计民生的重大问题。对此,协定给予一定考虑,规定了例外条款,包括一般例外和安全例外,基本内容源于《GATT 1994》。包括:

(1) 为维护国内公共道德或公共秩序所必需的措施。

(2) 为保护人类、动物和植物的生命和健康所必需的措施。

(3) 为履行涉及下述事项的国内法律、法规所必需的措施(这里的法律、法规不能与协定相抵触):①防止欺诈与假冒行为或处理不履行服务合同的后果;②保护个人隐私,防止个人资料的扩散,保护个人记录和账户的秘密;③安全问题。

(4) 为确保公正、有效地对其他成员的服务和服务提供者征收直接税而采取的违背国民待遇原则的差别待遇措施。

（5）为履行避免双重征税的国际协定而实施的违背最惠国待遇原则的差别待遇措施。

8．政府采购

协定第13条规定，原则上GATS关于最惠国待遇、国民待遇和市场准入的各项规则，不适用于成员涉及政府采购的法律、法规或规章。政府采购只能是为政府目的，为政府机构采购服务，是政府支出的安排和使用的行为，用于商业转售或用于商业销售目的的采购服务不属于政府采购。

GATS 13.1：Articles Ⅱ，ⅩⅥ and ⅩⅦ shall not apply to laws, regulations or requirements governing the procurement by governmental agencies of services purchased for governmental purposes and not with a view to commercial resale or with a view to use in the supply of services for commercial sale.

6.2.3 具体承诺义务

具体承诺义务是指成员开放国内特定服务贸易市场承诺的义务，主要涉及服务贸易市场准入和国民待遇两个方面。在GATS中，各成员承诺开放的具体服务部门、这些部门的准入程度与期限以及所维持的条件或限制措施，都需经过双边或多边谈判达成协议，并载入各成员的服务贸易减让表。

1．市场准入

在服务贸易中，市场准入（market access）是指按一定条件允许其他成员的服务或服务提供者进入本成员的市场及其程度，主要表现在对有关服务部门作出准入的具体承诺，并载入成员方的减让表。

GATS 16.1：With respect to market access through the modes of supply identified in Article Ⅰ, each Member shall accord services and service suppliers of any other Member treatment no less favourable than that provided for under the terms, limitations and conditions agreed and specified in its Schedule.

GATS第16.2条列举了6种影响市场准入的限制性措施，具体包括：

（1）采用数量配额、垄断或专营服务的方式或要求测定经济需求的方式，以限制服务提供者的数量；

（2）采用数量配额或要求测定经济需求的方式，以限制服务交易或资产的总金额；

（3）采用配额或要求测定经济需求的方式，以限制服务交易的总数或以数量单位表示的服务提供的总产出量；

(4) 采用数量配额或要求测定经济需求的方式,以限制某一服务部门或服务提供者为提供某一特定服务而需要雇佣的自然人的总数;

(5) 限制成员法律要求服务提供者需要通过特定的法人实体才可提供服务;

(6) 限制成员对外资限定最高股权比例或投资总额。

上述措施中前4项属于数量限制,第5项属于对法律主体形式的限制,第6项属于对外资份额的限制。此外,除GATS市场准入条款所列禁止措施外的其他限制性措施,只要不是歧视性的,并不在协定禁止之列。因此,各成员可以根据自身服务贸易发展状况来确定减让表中所承担的义务和保留的限制性措施。

2. 国民待遇

根据GATS第17条规定,"国民待遇"是指成员在实施影响服务提供的各种措施时,对满足减让表所列条件和要求的其他成员的服务或服务提供者,应给予其不低于本国服务或服务提供者的待遇。

GATS 17.1: Each Member shall accord to services and service suppliers of any other Member, in respect of all measures affecting the supply of services, treatment no less favourable than that it accords to its own like services and service suppliers.

GATS中对国民待遇原则的规定主要表现在以下几个方面:

(1) 与货物贸易不同,国民待遇作为一项具体义务列入各成员的减让表,只适用于成员已作出具体承诺的服务部门;

(2) 国民待遇对于来自其他成员的服务和服务提供者同样适用;

(3) 国民待遇给予的对象是成员实施的所有影响服务贸易提供的措施,因此该原则所调整的措施较为广泛,包括各成员中央政府或地方政府作出的所有可能影响服务提供的政府行为;

(4) 成员可给予来自其他成员的有关服务或服务提供者以与本国的服务和服务提供者在形式上相同或不同的待遇,但若形式上相同或不同的待遇使其他成员的服务或服务提供者处于不利的竞争地位,则构成对国民待遇原则的背离。

3. 附加承诺

GATS规定成员可就市场准入和国民待遇义务之外,影响服务贸易的其他措施进行谈判,谈判结果形成附加承诺,列入其减让表。附加承诺(additional commitments)是指成员将其影响服务贸易,但又未涉及市场准入和国民待遇义务的事项,通过谈判达成承诺,主要包括关于资格要求、标准或许可等方面的要求。

6.2.4 《服务贸易总协定》其他规则

1. 逐步自由化

由于服务贸易涵盖的部门广泛,涉及的政策法规和管理体制较为复杂,且有的服务贸易部门直接关系到国家经济安全与发展,因此,对影响服务贸易的措施不可能立即完全消除。为了确保 GATS 的一般性纪律和义务及具体承诺得到切实履行,实现服务贸易自由化的目标,协定专门规定了逐步自由化(progressive liberalization)的安排。

(1) 具体承诺的谈判。GATS 要求为了使服务贸易自由化逐步达到较高水平,所有成员应在协定生效之日起,不迟于 5 年内开展连续的多轮谈判,并在以后定期举行实质性谈判。GATS 还要求服务贸易自由化进程应考虑各成员的政策目标以及其整体和各个服务部门的发展水平,给予发展中国家成员适当的灵活性。

(2) 减让表的制定与修改。GATS 要求,各成员应根据协定有关市场准入和国民待遇的要求,在各个服务部门制定具体承诺的减让表,并在其中详细列明具体承诺及履行条件。减让表主要包括具体承诺开放的服务部门、承担市场准入的内容限制和条件、国民待遇的条件和要求、各项承诺实施的时间框架及各项承诺生效的时间。凡不符合市场准入和国民待遇的各项措施要求有专门的栏目注明。

2. 争端解决机制

"乌拉圭回合"达成的《关于争端解决的规则与程序的谅解》所确立的统一的争端解决机制,适用于服务贸易领域的争端解决。GATS 还专门规定了针对服务贸易争端解决的条款及 22 条"磋商"和 23 条"争端解决和实施",作为对统一的争端解决机制的补充。

3. 服务贸易理事会

为了确保 GATS 有效实施并实现各项目标,协定决定在 WTO 下设专门的服务贸易理事会(council for trade in services),负责协定的实施与监督。为了有效履行其职责,可在理事会下设附属机构,理事会及其附属机构均对所有成员开放。另外,GATS 规定,服务贸易理事会除负责实施协定外,还应和联合国有关机构及其他国际组织加强联系与合作,以推动全球服务贸易的发展。

4. 利益否定条款

GATS 的最后条款是"利益否定"条款(denial of benefits),该条款允许成员拒绝将有关服务贸易的具体承诺给予某些国家的服务或服务提供者。如果一成员证实某项服务是由非成员或拒绝成员对其适用 WTO 有关协议的成员提供的,或在此类成员境内提供的,该成员可拒绝将有关承诺给予该项服务的提供者。

5. 附件

除了上述主要规则与义务之外,GATS 的法律框架还包括 8 个附件:《关于第 2 条豁免的附件》《关于提供服务的自然人流动的附件》《关于空运服务的附件》《关于金融服务的附件》《关于金融服务的第二附件》《关于海运服务谈判的附件》《关于电信服务的附件》《关于基础电信谈判的附件》。作为 GATS 的组成部分,这些附件对协议规定和后续的服务贸易谈判有着重要影响。

6.2.5 《服务贸易总协定》重要规则的深入理解

1. 最惠国待遇原则的理解

GATS 在结构上的最大特点就是将市场准入和国民待遇作为具体承诺而不是普通义务。但是在最惠国待遇问题上,把它作为一项一般义务,同时又规定了诸多例外,最明显的是第 2 条第 2 款豁免清单的规定。这样的安排虽然有利于分歧小的部门之间早日达成协议,但也使最惠国待遇原则有了诸多不确定因素,在实行时困难重重。

在实际应用过程中,判断案例是否违反 GATS 最惠国待遇条款的步骤如下:①确定该措施是否为 GATS 所涵盖的措施;②看待遇是否实质相同,形式相同未必合乎要求;③提出解决方案。

与此同时,要注意 GATS 最惠国待遇条款的例外规定,主要包括:

(1) 声明免除义务例外。成员可在 GATS 对其生效时提出最惠国待遇义务豁免清单,在清单中列出其所要采取的与最惠国待遇义务不一致的措施所针对的部门、措施内容、适用国家、豁免期限及该豁免所需条件,在清单所列事项范围内,该成员可不承担最惠国待遇义务。

(2) 普遍例外。主要包括边境服务贸易,经济一体化协议缔约方内部的服务贸易①,政府采购,与保护国家安全、公共道德、公共秩序等有关的措施。

(3) 互不适用。依 WTO 协定第 13 条第 1 款及 GATS 第 27 款规定,成员相互间互不适用 GATS 协定的情况下,可免除成员的最惠国待遇义务。

2. 国民待遇原则的理解

因为 GATS 第 17 条第 1 款对国民待遇的界定采用的是一种形式上的标准,即"一成员给予其他成员的服务和服务提供者的待遇不得低于其给予本国同类服务和服务提供者的待遇"。国民待遇的识别标准比较模糊,缺乏确定性,采用该形式标准判断的关键在于国内外服务和服务提供者是否相同。另外,GATS 第 17 条第 2 款、第 3 款规定国民待遇的实质性标准,即竞争标准——"如果形式上相同或不同的待遇改变了竞争条件,与任何其他成员的同类服务或服务提供者相比,有利于该成员的服务或服务提供者,则此类待遇应被视为较为不利的待遇"。由此可能使一些成员为了满足该标准而被迫给予其他成员同类服务和服务提供者超国民待遇。

3. 对成员的承诺表透明度的理解

从理论上讲,最好能了解国与国之间的服务贸易规模,然后分别确定谈判前和谈判后对外国服务的限制和市场准入水平。遗憾的是,尽管各国具体承诺的减让表都是按统一的服务部门分类目录作出减让,但对这些服务部门的经济变量却没有任何数据。各成员承诺表的设计造成其所作承诺整体上缺乏透明度。因为 GATS 中没有列出各成员未作出承诺的服务部门、分部门及服务活动的信息,因而人们无从得知这些服务部门、分部门是否存在或存在什么样的贸易壁垒。所以,人们对目前国际服务贸易的自由化程度以及多边贸易谈判对国际服务贸易发展能起到的推进作用,感觉仍然十分朦胧,关键问题是还没有一个总体概念。

延伸阅读 6.2
TISA 谈判回顾

---

① 允许经济一体化成员之间的安排背离最惠国待遇规定,即允许任何成员与其他国家达成仅在参加方之间适用的区域性服务贸易自由协定。使用条件是其内容必须涵盖众多的服务部门和不同的服务提供方式,取消对协定参加方服务提供者的歧视性措施,并禁止新的或更多的歧视性措施出现。

6.3 《服务贸易总协定》与中国

6.3.1 中国服务贸易发展现状

1. 服务贸易总量高速增长,逆差持续扩大

商务部统计数据显示,2017年中国服务进出口总额为6939.87亿美元,同比增长5.55%,其中进口4664.52亿美元,出口2275.35亿美元;贸易逆差2389.17亿美元,与2016年基本持平。从增长速度来看,2012—2017年服务贸易总额增速一直保持在10%以上。

从2016年数据来看,电信、计算机和信息服务出口202.8亿美元,同比增长18.6%,广告服务、文化和娱乐服务、知识产权使用费出口分别增长20.7%、51.6%、74.9%。从整体贸易结构来看,中国服务贸易总额占对外贸易总额比重不断增大,从2011年的10.32%持续增长至2016年的18.6%。目前,服务贸易由于其快速发展已逐渐成为中国新的经济增长点(见图6-1)。

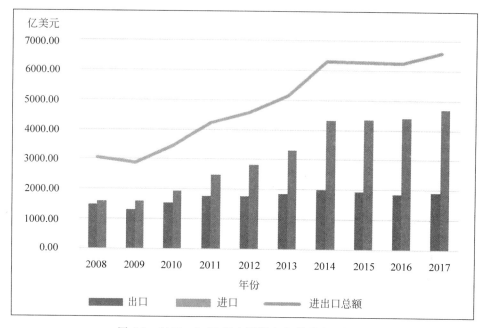

图6-1 2008—2017年中国服务贸易进出口情况

数据来源:联合国贸易数据库,https://comtrade.un.org.

2. 传统服务业占比较大,现代服务业规模有待提升

在中国的服务贸易中,一直以旅游、运输和建筑服务等传统服务贸易为主要内容(见表6-1和表6-2)。2016年,这三项的进出口总额达到4416.17亿美元,占全部服务贸易的66.75%。同时,金融、保险、专利、计算机和信息服务等高附加值服务贸易行业所占比重不断增长,服务贸易进出口结构也在不断优化和升级,但从整体规模看,占比仍相对较小,远低于发达国家水平。

表 6-1 2010—2016 年中国服务贸易出口结构　　　　　　单位：亿美元

行　　业	2010 年	2011 年	2012 年	2013 年	2014 年	2015 年	2016 年
运输服务	342.11	355.70	389.12	376.46	382.38	385.74	338.57
旅游服务	458.14	484.64	500.28	516.64	440.43	450.28	444.46
建筑服务	144.95	147.24	122.46	106.63	153.49	166.72	126.81
保险服务	17.27	30.18	33.29	39.96	45.73	49.90	40.66
金融服务	13.31	8.49	18.86	31.85	45.30	23.39	31.80
专利及特许费	8.30	7.43	10.44	8.87	6.76	10.81	11.72
电信、计算机信息	104.76	139.08	162.47	170.98	201.70	245.91	254.25
其他商业服务	431.65	563.65	510.23	572.35	689.06	584.25	579.64
文娱服务	1.23	1.23	1.26	1.47	1.75	7.31	7.44
政府产品和服务	9.55	7.53	9.90	12.28	10.54	10.67	12.12

数据来源：联合国贸易数据库，https://comtrade.un.org.

表 6-2 2010—2016 年中国服务贸易进口结构　　　　　　单位：亿美元

行　　业	2010 年	2011 年	2012 年	2013 年	2014 年	2015 年	2016 年
运输服务	632.57	804.45	858.62	943.24	961.44	853.74	806.70
旅游服务	548.80	725.85	1019.77	1285.76	2273.11	2498.42	2614.67
建筑服务	50.72	37.28	36.19	38.90	48.69	102.03	84.96
保险服务	157.55	197.38	206.00	220.93	224.51	88.14	129.04
金融服务	13.87	7.47	19.26	36.91	49.40	26.40	20.35
专利及特许费	130.40	147.06	177.49	210.33	226.10	220.33	239.77
电信、计算机信息	41.03	50.35	54.90	76.24	107.46	114.19	127.68
其他商业服务	343.10	492.06	423.54	473.25	407.36	395.80	432.47
文娱服务	3.71	4.00	5.64	7.83	8.73	18.99	21.43
政府产品和服务	11.47	10.65	10.40	11.89	20.27	25.61	31.80

数据来源：联合国贸易数据库，https://comtrade.un.org.

3. 服务业附属机构服务贸易规模增加，"一带一路"倡议推动中国服务业"走出去"

2016 年，中国服务业附属机构服务贸易规模居全球第二，销售额规模达 10.25 万亿元，同比增长 10.5%，是当年服务进出口总额的 2.3 倍；中国内向服务业附属机构销售收入为 5.66 万亿元，同比增长 3.2%；外向服务业附属机构销售收入为 4.59 万亿元，同比增长 21%，内向高于外向 1.1 万亿元。内向服务业附属机构销售高于外向，表明中国服务业开放已经达到一定水平，也表明中国服务业对外提供能力有待进一步提升，发展空间广阔。[①]

"一带一路"倡议对于推动中国服务业"走出去"以及促进服务企业在当地的发展发挥了重要作用。2016 年外向服务业附属机构在"一带一路"沿线国家销售收入合计 8929 亿元，占比为 19.4%，其中，中国在新加坡、沙特阿拉伯、巴基斯坦和哈萨克斯坦 4 国的外向

---

① 商务部服贸司负责人谈 2017 年中国服务贸易情况[EB/OL].中华人民共和国政府网站，http://www.gov.cn/xinwen/2018-02/06/content_5264184.htm.

服务业附属机构销售收入排名居前10位,且同比增速均在30%以上。此外,美国在华服务业附属机构销售收入为2096.2亿元,是同期中国在美销售收入的3.1倍,这表明美国服务业进入中国市场的程度更高、获益更大。

6.3.2 《服务贸易总协定》对中国服务贸易发展的影响

GATS对中国服务业及服务贸易发展的意义和影响是多层次、全方位的,既有积极影响又有消极影响。

1. 积极影响

GATS为中国服务业的发展指明了方向。GATS的"最惠国待遇"有利于预防发达国家在服务贸易领域对中国采取单方面的行动,防止在区域贸易安排中出现对中国不利的歧视性做法,而GATS的"透明度"原则也起到了监督作用。GATS鼓励发展中国家更多参与服务贸易,并在经济技术援助方面给予发展中国家很大优惠,所以中国可以利用这些机会扩大本国具有优势的服务业的出口。此外,该协定也允许发展中国家在特殊情况下对其落后的服务业采取适当的保护措施,可以在半开放的过程中学习到发达国家在服务业的先进技术和管理方式。GATS推动了贸易的自由化,对于中国吸引外资、提高就业率有积极影响。

2. 消极影响

GATS的签订,推动了服务贸易的自由化,且伴随着比较优势和竞争优势的进一步扩大,造成中国部分落后的服务产业对发达国家的依赖,尤其是在资本、知识、技术密集型的服务行业等高新技术服务贸易领域。根据GATS的有关规定,开放中国的服务市场是政府必须认真履行的国际法律义务,但是由于中国服务业整体水平偏低、管理手段落后、国际竞争力不强,大量的服务进口对国内同类产品的市场需求造成冲击。因此,中国服务贸易的出口自GATS生效以来一直处于逆差。如果这种逆差长期得不到改变,就很有可能抵消中国在国际货物贸易方面的部分顺差,并有可能影响中国的国际收支平衡,从而对中国国民经济发展的总体目标产生负面影响。

中国的服务业部门种类繁多,许多部门涉及国防、国民经济、社会公共道德、历史传统、文化教育等至关重要的核心敏感领域,因此,GATS中有关透明度、逐步自由化、最惠国待遇、国民待遇的规定将在一定程度上构成对中国国家主权的"软侵蚀"。

6.4 《服务贸易总协定》规则的运用

6.4.1 最惠国待遇方面

一方面,中国服务业整体发展水平偏低,而某些关键性服务部门关系国家经济安全及社会公共利益,因此可以考虑在WTO规则许可的范围内对外国服务施以必要的限制并对国内服务业提供必要的保护。尤其是,由于服务贸易中的最惠国待遇是一般的义务,而国民待遇和市场准入是具体的承诺,所以我们可以履行一般义务,而在具体的承诺方面,对某些薄弱的服务部门不予开放,并可利用GATS中对发展中国家的优惠政策避免服务部门全部开放,并保持开放的步骤合理。另一方面,可充分利用最惠国待遇原则,享受各成员的平等待遇,免受其他国家的歧视性政策的影响。

在此基础上,中国对于国外服务者或服务商品,也要尽量给予最惠国待遇,以免造成不必要的歧视。中国目前已经修改了大量与WTO要求不协调的法律制度,但还有更多方面的具体规定需要尽快与国际接轨,以便与最惠国待遇的原则保持一致。

6.4.2 国民待遇方面

在服务贸易领域,与最惠国待遇不同,国民待遇不是WTO成员承担的"一般义务",而是成员通过谈判确定的,且对不同服务部门有不同的规定。因此,GATS国民待遇原则的特点表现为:①国民待遇原则适用的对象既有服务,又有服务提供者,包括外商投资企业;②国民待遇原则适用的范围是成员政府(包括中央政府和地方政府)所采取的与提供服务有关的各项措施;③在服务贸易领域,成员给予外国服务或服务提供者的待遇,不应低于本国服务或服务提供者享受的待遇,但以该成员在服务贸易承诺表中所列的条件或限制为准,在成员没有作出开放承诺的服务部门,外国服务或服务提供者不享有这种待遇。具体包括如下运用措施:

(1) 应对WTO下的GATS国民待遇条款的内涵与其在不同领域所表现出来的不同的特点有一个清晰的认识,只有这样才能在WTO框架下对该原则做到充分和正确的利用。

(2) 中国企业在国外应根据WTO规则尽力享受国民待遇,使中国出口服务产品在国外享受与进口国或地区内的服务产品相同的待遇,在同一个市场上进行公平竞争。对于其他国家不给予中国国民待遇的情形应勇于利用WTO争端机制,积极与之进行磋商,启动专家组程序。

(3) 根据服务业发展的具体情况,针对已承诺开放的不同服务行业,制定实施国民待遇的具体标准,明确规定外国服务及服务提供者在哪些部门中的哪个领域享受国民待遇。对于竞争力较强的服务部门可以承担较多的国民待遇义务,如航运业、旅游业等;对于刚刚起步、竞争力较弱、尚需保护的服务行业,可以承诺较少的国民待遇义务,如保险业、零售业等。

(4) GATS国民待遇存在诸多例外,应善于利用这些例外。GATS允许成员在某些特定情况下对服务贸易进行有限度的限制。成员未承诺国民待遇的部门且不必说,即使是对已经承诺承担的国民待遇义务,成员为政策需要而采取的可能产生歧视效果的措施,以及国内行业得到的某些权利和利益是被许可排除在国民待遇之外的。例如,对于影响社会公共秩序、公共道德及国家安全的部门或领域,可利用GATS第14条一般例外和安全例外的有关规定,不实施国民待遇。但对于一般例外与安全例外,以及保障国际收支例外的引用要谨慎。这些例外在GATS框架下的引用并不多见,更多是在WTO体制下对货物贸易等特定领域进行援引。而且,此类例外更多的是与一国的政治经济政策挂钩,有很强的政治敏感性。此外,保障国际收支的援引还受到来自国际货币基金组织的约束,一般而言,GATS成员援引的可能性及成功性并不大。

6.4.3 对发展中国家特殊待遇方面

中国是 WTO 最大的发展中国家成员,和其他发展中国家一样,中国具有比较优势的服务部门和服务提供方式大都属于劳动密集型和资源密集型,前者如工程承包、对外运输服务、建筑业等,后者如自然人流动等。所以,中国应该在这些服务领域对外开拓方面申请优惠待遇,并在其他劣势领域争取一些可以理解的贸易限制措施的出台。

6.4.4 其他方面的应对策略

1. 完善服务贸易的法律、法规

要不断完善与 GATS 接轨的法律、法规,而且各级政府应依据服务贸易的法律、法规履行职责,给服务业创造良好的发展环境。

2. 逐步放宽服务业的市场准入

对市场准入审批手续进行严格审阅并修改,放宽部分垄断行业市场准入的条件,鼓励更多的非国有经济企业参与服务业,改变部分行业垄断经营严重、市场准入限制太严的状况,逐渐形成公开透明、管理规范的市场准入制度,并把握开放步骤。在服务贸易自由化的进程中,应该注意两点:一是开放的基本步骤和顺序;二是每个基本步骤和顺序中涉及哪些服务部门,它们对开放服务市场的影响如何。

3. 优化服务产业结构

在发展传统的优势服务产业的同时,对相对劣势的服务产业给予技术、资金、人力资源、政策等支持,如给予有关企业贴息补助,或者信贷上的条件放宽等。

4. 适当运用限制措施

对国内还不够成熟的服务产业进行保护。例如,利用商业规划措施,此类措施可调性强,通过对外国服务实体在本国的活动权限进行规定,限制其经营范围、经营方式等,以防止外国商务服务者在中国造成过度竞争。

模拟谈判

中美电子支付服务争端案及其启示(WT/DS413/R)

2010年9月,美国贸易办公室向 DSB 提出磋商请求,提出中国将银联列为其国内唯一电子支付服务提供商的行为违反了中国加入 WTO 时在《服务贸易总协定》中的相关承诺。认为:①中国只允许中国银联为在中国境内以人民币计价和支付的支付卡交易提供电子支付服务,其他会员的服务供应商只能为以外币支付的支付卡交易提供这些服务;②要求所有的支付卡处理设备都必须与中国银联的系统兼容,而且支付卡必须带有该公司的标识;③中国银联保证了所有接受支付卡的中国商户都能进入,而其他会员的服务供应商必须通过谈判才能进入商户。认为该行为与《服务贸易总协定》第 16 条市场准入和第 17 条国民待遇规定的义务不符。

2011年2月,中美双方磋商失败,美国贸易代表办公室正式提请WTO启动争端解决机制。2011年3月25日,DSB决定成立专家组。澳大利亚、欧盟、危地马拉、日本、韩国、厄瓜多尔和印度保留了它们的第三方权利。2011年7月4日,专家组正式受理此案。

2012年7月,专家组公布裁决报告,长达210页。专家组最后认定的涉案措施有6项:①要求发行机构确保境内支付卡带有银联标识、符合统一标准并成为银联成员("发行机构要求");②要求境内构成跨行网络的所有自动柜员机、商户处理设备和销售点终端都能受理银联卡("终端设备要求");③要求收单机构加入银联、遵守其商业标准和联网通用技术细则并保证其运营或提供的终端设备都能受理所有银联卡("收单机构要求");④要求银联而非其他服务提供者处理内地发行并在港澳使用或港澳发行并在内地使用的人民币卡清算业务("香港/澳门要求");⑤强制使用银联和(或)将银联确立为以人民币计价和支付的所有境内交易的唯一服务提供者("唯一服务提供者要求");⑥禁止异地或跨行交易使用非银联卡("异地/跨行禁令")。

专家组支持了美方的大部分观点,仅在跨境交付上直接支持中方,在唯一服务提供者要求和异地/跨行要求上间接支持中方。专家组的论证思路清晰,先界定支付服务含义,然后论证电子支付属于中方承诺表中"所有支付和汇划服务"之一,再证明中方以商业存在形式作出了市场准入承诺。最后,专家组证明发行机构要求、终端设备要求和收单机构要求均违反国民待遇,而香港/澳门要求违反市场准入。专家组的逻辑是,外国服务提供者一旦在华设立机构,后者应有权将其服务出口到港澳。只允许银联处理涉港澳人民币电子支付业务构成数量限制,因而违反市场准入。但这也等于在将服务出口到港澳这一点上,外国服务提供者在华机构应享有与银联一样的待遇,即国民待遇。

2012年8月,WTO争端解决机构对此案专家组报告予以采纳,意味着中国将承担银行卡电子支付服务市场逐步对外开放的法定义务。

2012年9月28日,中国决定对WTO的裁决不予上诉。中国表示将以尊重其WTO义务的方式执行DSB的建议和裁决。中国补充称,这将需要一段合理的时间。2012年11月22日,中美双方通知DSB,双方同意中方执行DSB建议和裁决的合理期限为专家组报告通过之日起11个月。因此,合理期限于2013年7月31日届满。

在2013年7月23日的DSB会议上,中方表示已全面落实DSB的建议和裁决。美国说,它不同意中国所说的它已经遵守的说法。美国表示将监督和审查中国的行动。

(资料来源:朱榄叶.WTO争端解决案例新编[M].北京:中国法制出版社,2013.)

前期准备知识:中国银联发展现状,GATS条款及规则。

(1) 根据此案例进行模拟谈判,运用GATS条款及其例外进行阐述。
(2) 美国在此案例中的意图是什么?
(3) 根据此案例,你对GATS中的市场准入问题有什么深刻的理解?
(4) 怎样理解中美电子支付服务争端案中涉及的国民待遇问题?
(5) 中国今后应如何避免此类争端的再次发生?

6.5 习　　题

1. 名词解释

服务贸易　跨境交付　境外消费　自然人流动　商业存在　利益否定

2. 简答题

（1）简述 GATS 列出的影响市场准入的限制。

（2）简述 WTO 对服务贸易的分类。

（3）简述国际服务贸易迅速发展的原因。

（4）简述服务贸易规则的例外情况。

即测即练题

第 7 章

世界贸易组织与贸易有关的知识产权规则解读与运用

近年来,中国在加强自身创新的过程中也在逐步加强知识产权保护力度。在2018年博鳌亚洲论坛开幕式上,国家主席习近平发表主旨演讲时指出:"加强知识产权保护是完善产权保护制度最重要的内容,也是提高中国经济竞争力最大的激励。对此,外资企业有要求,中国企业更有要求。2018年将重新组建国家知识产权局,完善执法力量,加大执法力度,把违法成本显著提上去,把法律威慑作用充分发挥出来。鼓励中外企业开展正常技术交流合作,保护在华外资企业合法知识产权。"

一直以来,中国始终按照国际贸易规则,积极支付有关知识产权使用费,但在中国裁定的涉外知识产权诉讼中,国外企业胜诉率高达80%左右。2017年,中国对外支付的知识产权使用费高达286亿美元,逆差超过200亿美元,其中,支付美国的知识产权使用费同比增长14%。与此同时,中国企业的创新能力不断提升。自2011年起,中国企业发明专利申请量连续7年居世界首位。2017年,中国企业发明专利申请量达138.2万件,其中通过《专利合作条约》(PCT①)途径提交的国际专利申请受理量就达5.1万件,排名跃居全球第二。在世界知识产权组织公布的2017年全球国际专利申请排名中,中国有3家企业成功入围前10名:华为第一,中兴第二,京东第七。②

随着中国对外贸易量的不断增加,中国企业越来越多地面临国外市场知识产权保护问题。由于法律制度、企业意识、保护手段等诸多原因,中国企业在欧美市场遭遇众多知识产权保护问题,侵权诉讼案频发。在这样的背景下,中国企业为了更好地规避和应对知识产权争端,保护知识产权利益,学习《与贸易有关的知识产权协定》(TRIPS),掌握与贸易有关的知识产权规则及运用技巧,显得尤为必要。

本章主要介绍TRIPS的产生背景及基本规则,并通过相应案例总结应用策略和技巧。

---

① PCT:Patent Cooperation Treaty(专利合作条约)的简写,是专利领域的一项国际合作条约。通过PCT,申请人只需提交一份"国际"专利申请(而不是分别提交多个不同国家或地区的专利申请),即可请求多个国家同时对其发明进行专利保护。

② 知识产权保护:中国40年走过欧美100年[EB/OL]. 中国法院网,https://www.chinacourt.org/article/detail/2018/04/id/3288333.shtml.

★ 学习目标和要求

(1) 了解《与贸易有关的知识产权协定》的产生背景；
(2) 掌握 TRIPS 中成员方应遵循的原则；
(3) 掌握 TRIPS 中关于知识产权的效力、范围及使用标准；
(4) 了解目前中国企业在知识产权领域的争端案例，总结应对策略及技巧。

7.1 《与贸易有关的知识产权协定》的产生

《与贸易有关的知识产权协定》(Agreement on Trade-Related Aspects of Intellectual Property Rights, TRIPS)是当今世界范围内知识产权保护领域中涉及面相对较广、保护水平相对较高、保护力度相对较大、制约力相对较强的国际公约。该协定吸收了世界知识产权组织(World Intellectual Property Organization, WIPO)所管理的多项知识产权公约的内容。TRIPS 为 WTO 成员设定了有关知识产权保护的最低标准，并在此基础上形成了一个国际性的知识产权保护体系，履行该协定已成为各国参与国际交往和开展国际贸易的基本条件之一。

7.1.1 《与贸易有关的知识产权协定》的产生背景

1. 国际贸易发展与知识产权国际保护

知识产权(intellectual property rights, IPR)是对人们在科学、技术、文化、艺术等领域的发明、成果和作品所依法享有的各种权利的总称。随着科学技术的不断发展，含知识产权产品的进出口、技术转让、商标和专利的使用权及版权许可等在贸易中的比重日益增大，知识产权与国际贸易的关系也日益密切，并形成了一个专门的名词——与贸易有关的知识产权，主要包括版权、邻接权、商标权、地理标识权、工业品外观设计权、专利权、集成电路布图设计权和未披露信息专有权等，至于科学发现权、与民间有关的权利和创作者的精神权利等则不包括在其中。

"二战"以来，随着国际贸易的迅速发展和科学技术的巨大进步，国际间专有技术、专利和商标使用权及版权的有偿转让越来越频繁，包括各种高科技产品、计算机软件、药品、植物品种、电影、音乐、书籍及知名品牌等在内的含知识产权的产品在国际贸易中所占的比重越来越大。从贸易流程的角度出发，上述含知识产权的产品在生产流通及传播中必然会面临未经合法授权、被人以仿冒或翻版等方式加以利用的问题，从而对权利人构成侵权，对正常合理的国际贸易秩序造成损害，因此需要各国法律对上述知识产权侵权行为及有关的法律救济等问题作出规定。

但是，由于经济技术水平与社会发展环境的差异，各国在对知识产权的立法理念、法律体系和保护水平等诸多方面存在差异，法律规定不相协调，致使假冒商标及盗版计算机软件、音像制品、书籍及电影等侵犯知识产权的现象时有发生，并对国际贸易的发展造成不必要的障碍。因此，在这一背景下加强与贸易有关的知识产权保护，统一知识产权保护的法律是知识和技术交流日趋国际化的客观需要，也是国际贸易进一步发展的迫切需要。

2. 现有知识产权国际公约或条约存在局限

1880年前后，国际社会开始重视并加强对知识产权的保护。知识产权国际保护的两大基础条约是1883年制定的《保护工业产权巴黎公约》（简称《巴黎公约》，是知识产权国际保护的开端）和1886年制定的《保护文学艺术伯尔尼公约》（简称《伯尔尼公约》）。此后又陆续签订了《商标国际注册马德里协定》（简称《马德里协定》）、《专利合作条约》、《保护植物新品种国际公约》、《保护表演者、录音制品制作者与广播组织罗马公约》（简称《罗马公约》）、《集成电路知识产权条约》等。但上述已有知识产权国际公约的实施却完全依赖各缔约国国内法，缺乏有效的国际监督机制，因此其对知识产权的保护并不令人满意。

1967年，"国际保护工业产权联盟"（巴黎联盟）和"国际保护文学艺术作品联盟"（伯尔尼联盟）的51个成员在瑞典首都斯德哥尔摩签订了《建立世界知识产权组织公约》。1970年4月，世界知识产权组织（WIPO）成立，并成为联合国的专门机构，主管工业产权、著作权及商标注册权，在其管理下的知识产权公约或条约至今达20多个。WIPO的成立在知识产权国际保护方面起到了积极作用，但也存在下列局限性：①WIPO的各种公约或条约除了两大基础条约外，成员参差不齐，在法律约束上缺乏普遍性，甚至一些条约一直未能生效；②部分发达国家认为WIPO的许多条约对知识产权的保护标准较低，其规则和条约义务不够严格；③WIPO的条约及其本身都缺乏行之有效的争端解决机制，没有统一的争端解决规则与程序。

由于存在局限性，部分发达国家认为WIPO只是作为有关国际公约或条约的行政管理组织，即条约只是对各国的知识产权立法进行一些协调，并且规定的义务的实施完全依赖国内法，缺乏有效的国际监督。因此，一些发达国家知识产权产品的出口商普遍要求加强对知识产权产品的国际保护，加大对假冒商品的处理力度，同时建立有效的争端解决机制。

7.1.2 谈判过程

1. 议题的提出

《GATT 1947》提及的最惠国待遇、国民待遇、透明度等条款可适用于知识产权保护，但直接涉及知识产权的条款和内容相当有限。该协定仅要求缔约方相互合作，制止对方国在本国领土内滥用原产地标记的行为，但这种规定却对国际贸易构成了变相的限制。

1973年"东京回合"谈判中，美国和欧共体试图将知识产权保护问题纳入议题。它们联合向GATT总理事会提交了一个关于假冒商品贸易的草案，要求GATT缔约方拒绝假冒商品入境，但最终由于发展中国家和一些发达国家的反对未能达成协议。

1982年11月，GATT首次将假冒商品贸易议题列入谈判议程，对将该议题纳入GATT框架采取行动是否合适、应采何种行动等问题进行讨论。1985年，GATT总理事会的专家组得出结论：鉴于假冒商品贸易问题越来越严重，应当对其采取多边行动。但对于是否将其纳入GATT框架来解决，发达国家和发展中国家之间仍存在较大分歧：以美国和瑞士为代表的发达国家主张，应将知识产权列入GATT谈判议题，制定保护所有知识产权的标准，并通过WTO争端解决机制对知识产权进行保护；以印度、巴西、埃及、阿根廷等为代表的发展中国家由于担心强化知识产权保护会助长跨国公司的垄断，特别是形成对药品和食品价格的控制,坚决主张知识产权保护属于 WIPO 的范畴,并且主张把制止假冒商品贸易与广泛的知识产权保护区分开来。

尽管遭到发展中国家的强烈反对,但 1986 年 9 月举行的 GATT 部长级会议还是确认了美国的提议,将知识产权作为三项新议题之一。《乌拉圭回合部长宣言》确立了谈判的目标,同时指出,为了减少对国际贸易的扭曲和障碍,充分有效地保护知识产权,并保护实施知识产权的措施和程序本身不对合法贸易构成障碍。谈判的目标是"澄清 GATT 的有关规定",视情况制定新的规则和纪律,并"拟定制约国际假冒商品贸易的多边原则、规则和纪律框架",同时还要求这些谈判不得有碍于 WIPO 和其他机构在处理这些问题方面可能采取的其他补充行动。

2. 谈判过程及协定达成

1984 年 3 月谈判开始后,发达国家与发展中国家存在较大分歧,主要集中在以下方面:①是否要在 GATT 的框架内谈判建立知识产权保护的国际规则与最低标准;②是否应在各国立法之外建立知识产权实施方面的国际规则;③是否应将知识产权保护纳入新的 GATT 争端解决机制。对于上述问题,发展中国家普遍持反对态度,发达国家则基于自身利益极力支持。由于双方意见对立,1988 年 12 月蒙特利尔中期评审会议未能就知识产权谈判框架达成一致。

在美国等发达国家的积极活动下,1989 年 4 月日内瓦中期评审会议上,经过激烈争论,与会各方就知识产权谈判的框架最终达成谅解,其主要内容包括:①协调 GATT 的基本原则及有关国际知识产权公约与条约的适用性;②确定知识产权保护的最低标准和原则性条款;③确定知识产权保护有效实施的相关措施,同时要求考虑各国法律制度的差异;④确定争端解决程序及有关条款;⑤谈判对发展中国家实施谈判成果所做的过渡安排,并充分考虑其有关知识产权保护的发展目标和技术目标。

1989 年 5 月,与贸易有关的知识产权问题进入实质性谈判。美国、日本、欧共体、瑞士、加拿大、澳大利亚、新西兰等发达国家和地区提出了内容基本相近的具体方案,阿根廷、巴西、智利、埃及、印度等 12 个发展中国家也提交了方案。由于两个方案分歧较大,最终由知识产权谈判组长归纳成组长方案,并于 1990 年 12 月送交布鲁塞尔部长级会议,但并未取得进展。1991 年 12 月,邓克尔协调各方意见,提出"邓克尔案文",其中包括《与贸易有关的知识产权协定》,并最终在没有进行大的修改的情况下,于 1993 年 12 月 15 日获得通过。TRIPS 作为《马拉喀什建立 WTO 协定》的附件 1C,与"乌拉圭回合"谈判的最后文件一起生效。

7.2 《与贸易有关的知识产权协定》的主要内容

TRIPS 共 73 条,由序言和正文组成。序言明确规定了 TRIPS 的目标:减少对国际贸易的扭曲和障碍,对知识产权提供充分有效的保护,确保执行知识产权保护的措施和程序本身不会成为合法贸易的障碍。正文由七个部分组成:第一部分是总则和基本原则(第 1~8 条);第二部分是知识产权效力、范围和使用标准(第 9~40 条);第三部分是知识产权的实施(第 41~61 条);第四部分是知识产权的获得、维持及相关程序(第 62 条);

第五部分是争端的防止和解决(第63、64条);第六部分是关于过渡期的安排(第65~67条);第七部分是机构安排与最后条款(第68~73条)。最后条款对TRIPS的审议和修正、安全、例外等内容做了详尽的规定。

Desiring to reduce distortions and impediments to international trade, and taking into account the need to promote effective and adequate protection of intellectual property rights, and to ensure that measures and procedures to enforce intellectual property rights do not themselves become barriers to legitimate trade.

7.2.1 总则和基本原则

TRIPS的目标是对知识产权的国际保护予以全面规定。协定第2条规定,WTO成员实施本协定的规定不得有损于成员依照《巴黎公约》《伯尔尼公约》《罗马条约》《集成电路知识产权条约》所承担的义务,即TRIPS并不取代以往有关知识产权保护的国际公约或条约,也不要求WTO成员必须加入上述公约或条约,强调实施协议的规定不得背离其有关规定。

WTO成员在知识产权保护领域应遵循下列基本原则。

1. 最低标准原则

TRIPS所规定的知识产权保护水平是"最低标准"(minimum standards),即WTO成员无论社会发展状态及经济技术水平如何,对知识产品的保护至少要达到TRIPS确立的标准。各成员可以通过其国内立法提供高于协定的保护水平,但没有义务一定要高于该水平。

TRIPS 1.1: Members shall give effect to the provisions of this Agreement. Members may, but shall not be obliged to, implement in their law more extensive protection than is required by this Agreement, provided that such protection does not contravene the provisions of this Agreement. Members shall be free to determine the appropriate method of implementing the provisions of this Agreement within their own legal system and practice.

2. 国民待遇原则

有关知识产权的保护,成员向其他成员国民提供的待遇不得低于对其本国国民所提供的待遇,但《巴黎公约》(1967)、《伯尔尼公约》(1971)、《罗马公约》及《集成电路知识产权条约》中各自有关国民待遇例外规定的除外。至于表演者、录音制品制作者及广播组织者权利保护的国民待遇范围,仅限于《与贸易有关的知识产权协定》中已规定的各项权利。

TRIPS 3.1: Each Member shall accord to the nationals of other Members treatment no less favorable than that it accords to its own nationals with regard to the protection of intellectual property, subject to the exceptions already provided in, respectively, the Paris Convention (1967), the Berne Convention (1971), the Rome Convention or the Treaty on Intellectual Property in Respect of Integrated Circuits. In respect of performers, producers of phonograms and broadcasting organizations, this obligation only applies in respect of the rights provided under this Agreement.

国民待遇的适用例外是指在司法和行政程序上，各成员可以对其他成员的国民免除国民待遇义务，只要这种例外不违反《与贸易有关的知识产权协定》的各项规定。例如，在司法中，大多数国家都规定，外国人在本国诉讼，只能请本国律师而不能请外国律师代理；在行政程序方面，对于专利、商标的申请代理要求，外国人与本国人有不同的规定等。

3. 最惠国待遇原则

最惠国待遇是指在知识产权保护方面，任何成员对另一成员国民所给予的优惠、特权及豁免，应立即无条件地给予其他成员国民。

TRIPS 4.1: With regard to the protection of intellectual property, any advantage, favor, privilege or immunity granted by a Member to the nationals of any other country shall be accorded immediately and unconditionally to the nationals of all other Members.

但在下列 4 种情况下，可不实施最惠国待遇：

（1）基于国际司法协助协定而产生的任何优惠、特权及豁免，且这种协定并非专对知识产权保护而签订；

（2）按《伯尔尼公约》或《罗马公约》规定不具有国民待遇性质而只对另一方的优惠、特权或豁免待遇；

（3）TRIPS 未列入的有关表演者、录音制品制作者及广播组织者的权利，即使承认这些权利的成员之间互相给予保护，也可以不延伸到未加保护的其他成员；

（4）TRIPS 对某成员生效前，该成员已经在与其他成员特别签订的协定中给予优惠或特权，但这些协定应通知与贸易有关的知识产权理事会。

4. 保护公共利益原则

TRIPS 第 8 条以"原则"规定，各成员在制定或修改其法律或规章的过程中，可采取必要措施保护公共健康和营养，促进对社会经济和技术发展至关重要的部门的公众利益；成员还可采取措施以防止权利拥有者滥用知识产权或借以对贸易进行不合理限制或实行对国际间的技术转让产生不利影响的做法。成员在采取上述各项措施时不得违反

TRIPS 的有关规定。

5. 权利用尽原则

权利用尽(exhaustion)是指知识产权所有人对其权利一次用尽。例如,关于专利权的用尽,大多数国家规定,专利权人制造或经专利权人授权许可制造的专利产品销售之后,其他人无须经过许可就有权使用或者再销售该专利产品。这是一个争议较大的问题,各国知识产权法律法规对此有不同的规定。TRIPS 对此也未作出统一规定。但是如果一国的法律对本国国民不适用,那么对外国国民也不能适用权利用尽原则。

TRIPS 6: For the purposes of dispute settlement under this Agreement, subject to the provisions of Articles 3 and 4 nothing in this Agreement shall be used to address the issue of the exhaustion of intellectual property rights.

7.2.2 效力、范围及使用标准

1. 版权及其邻接权

(1) 版权的概念。版权(copyright)是指作者对其创作的文字、艺术和科学作品依法享有的专有经济权利,包括:①翻译权;②复制权;③公开表演权;④广播权;⑤朗诵权;⑥改编权;⑦录制权;⑧制片权;⑨出租权。TRIPS 第 9 条第 1 款明确规定,WTO 成员方应遵守《伯尔尼公约》有关版权保护的范围和标准的规定,但第 6 条第 2 款除外。

TRIPS 9.1: Members shall comply with Articles 1 through 21 of the Berne Convention (1971) and the Appendix thereto. However, Members shall not have rights or obligations under this Agreement in respect of the rights conferred under Article 6*bis* of that Convention or of the rights derived therefrom. Copyright refers to the exclusive economic rights that authors enjoy according to law with respect to their written, artistic and scientific works. Including: ①translation rights; ②copy right; ③public performance rights; ④the right to broadcast; ⑤the right to read aloud; ⑥the right to change; ⑦recording rights; ⑧the right to make films; ⑨rental rights.

受版权保护的客体是指在文学、科学、艺术领域具有独创性的思想表达形式。值得注意的是,随着科学技术的发展,TRIPS 对版权保护的客体范围拓展到计算机程序和数据编排及其他资料汇编。TRIPS 规定:计算机程序无论是源代码还是目标代码,应作为《伯尔尼公约》项下的文字作品加以保护;数据汇编或其他资料,只要对其内容的选取和编排而构成智力创作,就应作为智力创作加以保护,但该保护不得延伸至数据或资料本身,且不得损害存在于数据或资料本身的任何版权。

由于成员国内法对于出租权的规定不尽相同,TRIPS 没有作出统一规定,而仅规定成员应给予作者及其合法继承人允许或禁止向公众商业性出租其拥有版权的计算机程序和电影作品的原件或复制品的权利。对于电影作品,除非出现有关出租导致对该作品的广泛复制,并因此减损该成员授予作者及其合法继承人专有复制权的情况,否则,成员可免除承担授予出租权的义务,至于计算机程序,如果该程序本身不是出租的主要标的,则成员可免除授予出租权的义务。

考虑到对版权持有人利益的保护,TRIPS 还规定了版权的最低保护期限。协定第 12 条规定:除摄影作品或应用艺术作品外,作品的保护期限自经授权出版的日历年年底起计算不得少于 50 年;对于在创作后 50 年内未经授权出版的作品,保护期限为自作品完成的日历年年底起计算的 50 年。

TRIPS 12:Whenever the term of protection of a work, other than a photographic work or a work of applied art, is calculated on a basis other than the life of a natural person, such term shall be no less than 50 years from the end of the calendar year of authorized publication, or, failing such authorized publication within 50 years from the making of the work, 50 years from the end of the calendar year of making.

(2)版权的邻接权。版权的邻接权(related rights)又称版权的相关权利,是指与作者创作的文字科学和艺术作品的传播有关的权利,主要涉及表演者权、录音制品制作者权和传媒组织者权。

The related rights of copyright, refers to the rights related to the dissemination of the word science and artistic works created by the author, mainly involving the protection of performers, producers of phonograms (sound recordings) and broadcasting organizations.

TRIPS 第 14 条规定:表演者有权防止未经其授权而对其表演进行录音、复制并以无线广播方式向大众传播的行为,该权利的保护期限至少为自表演完成当年年底起 50 年;在录音制品制作者权方面,录音制品制作者享有准许或禁止直接或间接复制其录音制品的权利,该权利的保护期限至少为自录音制品完成当年年底起 50 年;在传媒组织权方面,传媒组织有权禁止未经其授权的对其传播内容进行录制、翻录及以无线广播方式向公众传播等行为,其权利保护期限至少为自广播播出当年年底起 20 年。

2. 商标

TRIPS 第 15 条将商标(trademarks)定义为:"任何标志或标志的组合,只要能够将一企业的货物和服务区别于其他企业的货物或服务,即构成商标。"这些标志包括人名、字母、数字、图案和颜色的组合。作为注册的资格条件,"这些标志应为视觉上可感知的""各成员可以将使用作为注册条件,但是商标的实际使用不得作为接受申请的一项条件"。

TRIPS 15.1: Any sign, or any combination of signs, capable of distinguishing the goods or services of one undertaking from those of other undertakings, shall be capable of constituting a trademark. Such signs, in particular words including personal names, letters, numerals, figurative elements and combinations of colors as well as any combination of such signs, shall be eligible for registration as trademarks.

商标的保护必须经过行政注册程序,且均应符合商标注册的条件。关于商标权所有人可享有的权利(TRIPS 第 16 条):"注册商标的所有权人享有专有权,以防止任何第三方在贸易活动中未经许可使用与注册商标相同或近似的标志,来标示相同或类似的商品或服务。"另外,TRIPS 对驰名商标进行了特殊保护,不仅保护驰名商标所核定使用的商品或服务,而且把与驰名商标所核定使用的商品或服务非类似的商品和服务也纳入其保护之列,即"即使是不同的商品或服务业,也不得使用他人已注册的驰名商标"。

商标的首期注册及每次续展的期限均不得少于 7 年,商标的续展次数无限制。商标权人无正当理由至少连续 3 年未使用其注册商标的,有关机构可撤销注册。

3. 地理标志

TRIPS 第 22 条将地理标志(geographical indications)定义为:"地理标志是指识别一货物来源于一成员领土或该领土内一地区的标志,该货物的特定质量、声誉或其他特征主要归因于该地理来源。"

TRIPS 22.1: Geographical indications are, for the purposes of this Agreement, indications which identify a good as originating in the territory of a Member, or a region or locality in that territory, where a given quality, reputation or other characteristic of the good is essentially attributable to its geographical origin.

关于对地理标志的保护,TRIPS 要求各成员对以下情形提供法律保护:①在一货物的标志或说明中标明或暗示所涉及货物来源于真实原产地之外的某一地理区域,从而造成公众对该货物的地理来源产生误解;②属于《巴黎公约》第 10 条第 2 款的不公平竞争行为。各成员应对地理标志提供保护,包括对含有虚假地理标志的商标拒绝注册或宣布注册无效,防止公众对商品的真正来源产生误解或出现不公平竞争。

关于地理标志的问题最容易发生在酒类产品,所以 TRIPS 对葡萄酒和烈酒的地理标志提供了更为严格的保护。该协定规定,成员应采取措施,防止将葡萄酒和烈酒的专用地理标志用于来源于其他地方的葡萄酒和烈酒。

4. 工业品外观设计

工业品外观设计是指对产品的形状、图案、色彩或其组合所做的富有美感并适合工业应用的新设计。在具体实施中,受工业品外观设计保护的产品主要集中在纺织品、皮革制品和汽车等产品。

The appearance of industrial products refers to the new designs of the shapes, patterns, colors or combinations of products that are aesthetically pleasing and suitable for industrial applications. In practice, the products protected by industrial designs are mainly textiles, leather products and automobiles.

具体规定如下：①授予外观设计保护的前提条件：它是独立创作的、具有新颖性或原始性的设计,必须与已知的外观设计有重大区别。②因为纺织品设计具有周期短、数量大、易复制的特点,因而受到了特别重视。TRIPS强调了对纺织品设计的保护,允许成员自行选用外观设计或版权法来完成这项义务,并且不得提出不合理的要求来妨碍这种保护的取得。③外观设计所有人有权禁止他人未经许可,以生产经营为目的制造、销售或进口使用该外观设计或体现该外观设计精神的产品。④外观设计的有效保护期至少为10年。

5．专利

专利或专利权(patents)是指革新发明者对其成果在一定时期内所享有的法定专有权或垄断权。对于可授予专利的客体,TRIPS第27条规定："专利可授予所有技术领域的任何发明,无论是产品发明还是方法发明,只要它们具有新颖性、包含发明性步骤,并可供工业应用。"

TRIPS 27.1：Patents shall be available for any inventions, whether products or processes, in all fields of technology, provided that they are new, involve an inventive step and are capable of industrial application.

但在以下情况下不授予专利：①对人或动物的诊断、治疗和外科手术方法。②除微生物外的动植物工艺,除用微生物和非微生物方法生产的、主要是用生物过程生产的动植物品种。但是,TRIPS允许各成员用其他适当的形式对植物品种提供保护。③以保护公共秩序、社会公德为目的,包括保障本国人民、动植物的生命或健康,或避免对环境的严重危害而涉及的有关发明。

专利权人对专利享有独占权。具体表现为：①如果专利标的物是产品,则专利所有人有权禁止第三方未经其许可制造、使用、销售、提供销售或为这些目的而进口专利产品。此外,专利权人还有权制止他人未经其许可进口其享受产品专利或方法生产的产品。②如果该专利是方法专利,则专利权人有权制止他人未经许可使用该专利方法,以及从事使用、提供销售或为这些目的而进口至少是由专利方法直接获得的产品。③专利权人有权转让或通过继承方式转移专利权,有权同他人订立许可合同获得报酬。专利的保护期限为自申请之日起20年。

在特殊情况下,允许未经专利持有人授权即可使用(包括政府使用或授权他人使用)某项专利,即强制许可或非自愿许可。但这种使用须有严格的条件和限制,如授权应一事一议。只有在此前的合理时间内，以合理商业条件要求授权而未成功，才可申请强制许可。但强制授权使用后，应给予专利权人适当的报酬。

6. 集成电路布图设计

集成电路(integrated circuits)是指以半导体材料为基片，将两个以上元件(至少有一个是有源元件)的部分或全部互连集成在基片之中或之上，以执行某种电子功能的中间产品或最终产品。布图设计(layout-designs)是指集成电路中的两个以上元件(至少有一个是有源元件)的部分或全部互连的三维配置，或者为集成电路制造而准备的上述三维配置。

An integrated circuit is an intermediate or final product that USES a semiconductor material as a substrate and interconnects part or all of two or more components (at least one of which is an active component) in or on the substrate to perform an electronic function. A layout-design is a three-dimensional configuration of the interconnection of parts or all of two or more elements in an integrated circuit (at least one of which is an active element), or such three-dimensional configuration as is prepared for the manufacture of an integrated circuit.

成员应禁止未经权利持有人授权许可的下列行为：为商业目的进口、销售或以其他方式发行受保护的布图设计，以及有受保护的布图设计的集成电路或含有上述集成电路的物品。

对集成电路布图设计的保护期为10年，自提交注册申请之日起或在世界上任何地方首次投入商业性使用之日起算。同时，允许各成员规定，该保护期自布图设计创作之日起15年后终止。

7. 未披露信息的保护

未披露信息(undisclosed information)又称商业秘密，是指不为公众所知的、具有商业价值、经权利人采取了保密措施的经济信息。未披露信息的权利持有人有权防止他人未经许可而以违背诚信商业行为的方式，披露、获得或使用该信息。

TRIPS对未披露信息的权利限制未作出具体规定，但第39条暗示：如果出于保护公众的需要，则可以对这种权利实行某些限制。因为未披露信息的专有权主要是靠保密期来维护的，所以TRIPS也就没有规定其保密期限问题。此外，TRIPS还对许可合同中限制竞争行为进行控制。

8. 对限制性竞争行为的控制

一些限制竞争的有关知识产权的许可活动或条件可能对贸易产生不利影响，并会妨碍技术的转让和传播。

TRIPS 40.1: Members agree that some licensing practices or conditions pertaining to intellectual property rights which restrain competition may have adverse effects on trade and may impede the transfer and dissemination of technology.

※※※※※※※※※※※※※※※

这些行为包括：①排他性授回条件，即技术转让方要求受让方将其改进技术的使用权只授予转让方，而不得转让给第三方；②强制性一揽子许可，即技术转让方强迫受让方同时接受几项专利技术或非专利技术；③禁止对有关知识产权的有效性提出质疑。

为了防止知识产权权利人在缔结合同中滥用权力，TRIPS 第 40 条规定：各成员有权在其国内立法中具体规定哪些许可条件可能构成对知识产权的滥用，特别要通过国内相关立法防止或控制上述限制性竞争行为；有关成员应就涉嫌限制性竞争行为的做法及有关的诉讼进行充分的磋商，并在所涉非秘密信息方面进行合作。

7.2.3 法律实施

知识产权的法律实施是 TRIPS 的主要内容之一。TRIPS 规定了各成员应向知识产权权利人提供法律程序和救济措施，并对这些程序和措施在实施中的有效程度提出要求，以使知识产权权利人能有效地行使权利。

1. 知识产权法律实施的一般义务

TRIPS 第 41 条对各成员有关知识产权的法律实施提出了下列原则性要求：

（1）各成员方应保证其国内法中包含 TRIPS 所规定的实施程序，以便对任何侵犯受该协定保护的知识产权的行为采取有效行动，包括采取及时防止侵权及遏制进一步侵权的救济措施。此外，在实施这些程序时，应避免对合法贸易造成障碍，并防止有关程序的滥用。

（2）有关知识产权的实施程序应公平、公正，实施程序不应过于烦琐或费用高昂，也不应限定不合理的时限或导致无理的迟延。

（3）对案件的裁决最好采取书面形式并陈述理由，且只有在听取各方对证据的意见后方可作出。

（4）诉讼当事方应有机会要求司法机构对最终行政裁定进行审议，并在遵守法律有关司法管辖权规定的前提下，要求至少对初步司法决定的法律方面进行审议。

（5）TRIPS 并不要求成员建立一套不同于一般执法体系的知识产权执法体系，也不影响各成员执行其国内法的能力。在知识产权执法与一般执法的资源配置方面，TRIPS 未设定任何义务。

2. 民事程序及相关措施

TRIPS 在一般要求、证据、禁令及救济措施等方面，对民事程序做了较为详细的规定。

（1）一般要求。各成员应建立公平和公正的民事程序协定要求，各成员应向权利人提供有关实施知识产权保护的民事司法程序，以保证有效实施协定所保护的任何知识产权。具体包括：被告有权及时获得详细的书面通知，包括起诉依据；应允许当事方有独立的法律辩护人代表出庭，且关于当事方本人出庭的强制性程序不应过于严格；所有当事方有权陈述其权利要求，并出示所有相关证据；在不违反成员现行法规的前提下，该程序应规定一种识别和保护机密信息的办法。

（2）证据。如果一当事方已出示合理获得的、足以支持其权利要求的证据，并指明对方控制的、与证明权利请求相关的其他证据，司法机构在保证机密信息受到保护的条件下，有权命令对方出示该证据。

如果诉讼一方在合理期限内无正当理由拒绝提供或不提供必要的信息，或严重阻碍与实施有关的程序，则成员可授权司法机构根据自己收到的信息（包括由于未得到必要信息而受到不利影响的当事方提出的申诉或指控）作出初步或终局裁决，但应向当事方提供就指控或证据进行陈述的机会。

（3）禁令。TRIPS 第 44 条规定，司法机构有权责令一当事方停止侵权，特别是有权在清关后立即阻止那些涉及知识产权侵权行为的进口商品进入其管辖内的商业渠道，除非进口商订购这些商品是在其知道或理应知道从事该交易会构成侵权之前。

（4）损害。TRIPS 第 45 条规定了故意和非故意侵权两种情况下的损害赔偿：①对于明知或应知自己从事侵权活动的侵权人，司法机构有权责令其向权利持有人支付足够的损害赔偿；②司法机构有权责令侵权人向权利持有人支付有关费用，包括相应的律师费用。在适当情况下，即使侵权人不是明知或应知自己从事的活动构成侵权，各成员也可授权司法机构责令其退还利润或支付法定赔偿金或二者并举。

（5）其他救济措施。TRIPS 第 46 条规定，为了有效遏制知识产权侵权，成员的司法机构有权在不给予任何补偿的情况下，下令将被发现侵权的货物清除出商业渠道；或在不违背成员法律的情况下，下令将其销毁，以避免对权利持有人造成任何损害。司法机构还有权在不给予任何补偿的情况下，把主要用于制造侵权产品的材料和工具清除出商业渠道，以便将发生进一步侵权的风险减少到最低限度。在考虑权利持有人的请求时，司法机构应当权衡侵权的严重程度、给予的救济及第三方利益的均衡性。对于假冒商标货物，不能简单除去非法商标后就允许其进入商业渠道，但例外情况除外。

（6）获得信息的权利。TRIPS 第 47 条规定，各成员的司法机构有权责令知识产权侵权人将有关参与生产分销侵权产品或服务的第三方的身份及其分销渠道告知权利持有人，除非这些信息与侵权关系不大。

（7）对被告的赔偿。①如应一当事方请求采取相应措施，但该当事方滥用有关法律实施程序，司法机构有权责令该当事方向受到错误禁止或限制的另一当事方，就因这种滥用而遭受的损害提供足够的赔偿。司法机构还有权责令该当事方向被告支付包括相应律师费在内的费用。②对于依据保护或实施知识产权的法律所进行的管理，只有在管理中采取或拟采取的行动是出于善意的情况下，各成员才可免除公共部门及其官员因采取适当救济措施应承担的责任。

7.2.4 行政程序及相关措施

TRIPS 第 49 条规定，如果根据案情实施行政程序的结果是责令进行任何民事救济，则此类程序在实质上与民事程序的有关原则相一致。

1. 临时措施

在知识产权的司法程序中，从司法程序开始到最终裁决这一段时间里，为避免被告继

续实施侵权行为给原告造成不必要的经济损失,司法机关可以实施相应的临时措施。主要包括:

(1) 司法机关有权责令采取迅速和有效的临时措施,以阻止任何侵犯知识产权的行为发生,特别是阻止有关货物进入其管辖下的商业渠道。

(2) 在适当的时候,司法机关有权采取不作预先通知的临时措施,尤其当任何延迟很可能对权利持有人造成难以弥补的损害时,或存在证据正被毁灭的明显风险时。

(3) 司法机关有权要求申请人提供任何可以合理获得的证据,以使司法机关足以肯定该申请人是权利持有人。司法机关有权责令申请人提供足以保护被告及防止滥用程序的保证金或相当的担保。

(4) 如果采取了未作预先通知的临时措施,司法机关应在执行该措施后立即通知受影响的各方。如果被告提出请求,司法机关应对这些措施进行审议,决定这些措施是否应予以修正、撤销或确认。

(5) 执行临时措施的主管机构可要求申请人提供在辨认相关的货物时所需的其他必要信息。

(6) 司法机关在其确定的合理期限内,若仍未能开始审理有关案件,则在被告提出请求的情况下,应撤销或以其他方式终止临时措施。如果司法机关未确定时限,则采取的临时措施不超过 20 个工作日或 31 个日历日,以长者为准。

(7) 如果临时措施被撤销,或由于申诉人的任何作为或不作为而失效,或发现对知识产权的侵权行为或者威胁不存在,则应被告的要求,司法机关应有权责令申请人对被告予以适当补偿。

※※※※※※※※※※※※※※※※※

TRIPS 50:

(1) The judicial authorities shall prevent an infringement of any intellectual property right from occurring, and in particular to prevent the entry into the channels of commerce in their jurisdiction of goods, including imported goods immediately after customs clearance.

(2) The judicial authorities shall have the authority to adopt provisional measures where appropriate, in particular where any delay is likely to cause irreparable harm to the right holder, or where there is a demonstrable risk of evidence being destroyed.

(3) The judicial authorities shall have the authority to require the applicant to provide any reasonably available evidence in order to satisfy themselves with a sufficient degree of certainty that the applicant is the right holder and that the applicant's right is being infringed or that such infringement is imminent, and to order the applicant to provide a security or equivalent assurance sufficient to protect the defendant and to prevent abuse.

(4) Where provisional measures have been adopted, the parties affected shall be

given notice, without delay after the execution of the measures at the latest. A review, including a right to be heard, shall take place upon request of the defendant with a view to deciding, within a reasonable period after the notification of the measures, whether these measures shall be modified, revoked or confirmed.

(5) The applicant may be required to supply other information necessary for the identification of the goods concerned by the authority that will execute the provisional measures.

(6) Without prejudice to paragraph 4, provisional measures taken on the basis of paragraphs 1 and 2 shall, upon request by the defendant, be revoked or otherwise cease to have effect, if proceedings leading to a decision on the merits of the case are not initiated within a reasonable period, to be determined by the judicial authority ordering the measures where a Member's law so permits or, in the absence of such a determination, not to exceed 20 working days or 31 calendar days, whichever is the longer.

(7) Where the provisional measures are revoked or where they lapse due to any act or omission by the applicant, or where it is subsequently found that there has been no infringement or threat of infringement of an intellectual property right, the judicial authorities shall have the authority to order the applicant, upon request of the defendant, to provide the defendant appropriate compensation for any injury caused by these measures.

2. 边境措施

TRIPS 第 51 条规定："各成员应按有关规定制定相关程序,允许权利持有人在有正当理由怀疑假冒商标或盗版货物有可能进口时,向行政司法主管机构提出书面申请,要求海关中止放行这些货物进入自由流通。"

TRIPS 51: A right holder, who has valid grounds for suspecting that the importation of counterfeit trademark or pirated copyright goods may take place, to lodge an application in writing with competent authorities, administrative or judicial, for the suspension by the customs authorities of the release into free circulation of such goods.

在海关放行后,主管当局可以通过临时措施阻止侵权商品进入其管辖范围内的商业渠道;在海关放行前可以通过边境措施中止放行侵权商品进入一国市场,但必须是依当事人的请求采取边境措施,以及主管当局依职权主动采取边境措施。TRIPS 还对保证金或相当的担保、对进口商和货物所有人的补偿、检验和获得信息的权利、救济及微量进口等其他内容作了规定。

3. 刑事程序及相关措施

TRIPS 首次将刑事程序引入知识产权保护，对成员国内知识产权保护的刑事立法提出了最低要求。TRIPS 第 61 条规定，各成员至少应对具有商业规模的假冒商标或盗版侵权案件采取刑事措施，包括监禁或罚金以及剥夺、没收和销毁侵权货物及用于侵权活动的任何材料与工具等。此外，各成员可规定适用于其他知识产权侵权行为的刑事程序和处罚，尤其是针对故意并具有商业规模的侵权案件。

7.2.5 争端的预防与解决

1. 争端的预防

为了预防知识产权争端的发生，TRIPS 规定了争端预防的透明度原则。

（1）成员与本协定内容有关的法律、规则，以及具有普遍适用性的终局司法判决和行政裁决都应以官方语言公开发表。如果无法实现这样的公开发表，也应使之为公众所能获得，使各国政府和权利所有者能够了解其内容。一成员政府或政府机构与另一成员政府或政府机构签订的任何与本协定内容有关的协议也应公开发表。

（2）成员应当将上述（1）款所指的法律、法规向与贸易有关的知识产权理事会作出通知，以便帮助该理事会检查本协定的实施情况。

（3）各成员应准备就另一成员的书面请求提供上述第（1）款所指的法律、法规信息。一成员如有理由认为属于知识产权领域的某项特定司法裁决、行政裁定或双边协定影响其在本协定项下的权利，也可书面请求为其提供或向其告知相关裁定细节。

（4）上述第（1）~（3）款的任何规定不得要求各成员披露会妨碍执法或违背公共利益或损害特定公私企业合法商业利益的机密信息。

延伸阅读 7.1
韩国三星的知识产权战略及启示

2. 争端的解决

除非协定另有具体规定，TRIPS 项下的磋商与争端解决适用 WTO 争端解决机制的规定。

7.2.6 机构安排和最后条款

WTO 成立与贸易有关的知识产权理事会，以监督 TRIPS 的实施，尤其是监督全体成员履行该协定的义务，并为成员协商与贸易有关的知识产权问题提供机会。TRIPS 的最后条款对该协定的审议和修正、保留、安全例外等作出了具体规定。

7.3 《与贸易有关的知识产权协定》与中国

21 世纪是知识经济时代，作为知识产权保护核心制度的 TRIPS 对我国经济发展影响深远。我国政府与企业必须高度重视，使我国知识产权立法在达到 TRIPS 基本标准的前提下不断完善，积极探索 TRIPS 的运用技巧，最大限度地保护国家知识产权利益。

7.3.1 中国知识产权保护发展历程[①]

1. 中华人民共和国成立前著作权法律制度史

中国著作权制度是伴随着帝国主义的经济掠夺和文化侵略,由西方国家引入的。1910年晚清政府为了履行中国签订的《中美续议通商行船条约》的义务,颁布了中国第一部著作权法——《大清著作权律》,开始了著作权保护的历史。1915年,北洋军阀控制下的民国政府颁布了《著作权法》,该法基本上照抄《大清著作权律》。1928年,国民党政府颁布了《著作权法》及《著作权法实施细则》,并于1944年、1949年做了两次修正。现今在我国台湾地区实行的《著作权法》就是在这部法律的基础上经过四次修正后确定的。

2. 中华人民共和国成立后著作权法律制度史

(1) 中华人民共和国成立后的第一部著作权法。中华人民共和国自成立时起到1990年没有正式颁布过《著作权法》,当时对著作权的保护主要依靠文化部、广播电视部颁布的一些规定和条例。1979年中国开始起草版权法,历经11年,修改了25稿,直到1990年第七届全国人大常委会第15次会议才通过了《中华人民共和国著作权法》,并于1991年6月1日正式实施,同年6月3日又颁布了《中华人民共和国著作权法实施条例》,开创了中国著作权保护的新纪元。

(2) 中国著作权法第1次修订。随着中国经济、科学、文化的发展,尤其是中国加入WTO并全面实行TRIPS协定,1990年《中华人民共和国著作权法》已经不能完全适应需要,对其修订迫在眉睫。

1998年11月28日,国务院向全国人大常委会提交了《中华人民共和国著作权法修正案(草案)》,提请审议。2001年10月27日,经全国人大常务委员会第24次会议审议通过了《全国人大常务委员会关于修改〈中华人民共和国著作权法〉的决定》,并于同日公布施行。这次修订涉及面很广,修改、增加、删减的条款共达50多处。

3. 中国著作权法第2次修订

2010年2月26日,第十一届全国人民代表大会常务委员会第十三次会议通过《关于修改〈中华人民共和国著作权法〉的决定》,完成对著作权法的第二次修订,自2010年4月1日起施行,即现行的著作权法。这次修订的内容较少,仅有下面两项:

(1) 鉴于2009年3月20日WTO专家组对中美知识产权争端的最终裁决,依据《伯尔尼公约》第5条和TRIPS第9条的规定,将著作权法第四条由"依法禁止出版、传播的作品,不受本法保护。著作权人行使著作权,不得违反宪法和法律,不得损害公共利益"修改为"著作权人行使著作权,不得违反宪法和法律,不得损害公共利益。国家对作品的出版、传播依法进行监督管理"。

(2) 鉴于《中华人民共和国物权法》和相关司法解释中均有著作权质押及其登记的规定,为此,著作权法增加一条作为第26条:"以著作权出质的,由出质人和质权人向国务院著作权行政管理部门办理出质登记。"

---

① 资料来源:[1]管齐荣.中国知识产权法律制度[M].北京:知识产权出版社,2016:53-67;[2]曲三强.被动立法的百年轮回——谈中国知识产权保护的发展历程[J].中外法学,1999(2):119-122.

7.3.2 《与贸易有关的知识产权协定》对中国知识产权保护的影响

1. 版权保护

由于 TRIPS 将计算机程序和有独创性的数据汇编明确列为版权保护的对象,而中国知识产权在这方面的保护尚未跟进,对于一些外国进口计算机软件不能给予合理的保护,因此屡次遭到软件商的侵权诉讼。而国内市场盗版软件屡禁不止,严重危害了知识产权所有者的利益,从而导致外商不愿意让中国引入先进软件科技技术,也不愿意对中国进行技术软件投资,这对中国软件产业的发展极为不利。此外,TRIPS 延长了某些作品的保护期,这对于进口影片和录音作品的知识产权保护提出了更高的要求。而长期以来,此类知识产权的侵权行为在中国很普遍,很多外国音乐作品被抄袭、改编后并未得到声明或原版权者许可便公开在市场上发行。中国在保护外国录像作品、录音作品问题上面临巨大挑战,这对中国的影视业产生了重要影响。

2. 商标保护

在商标方面,TRIPS 提出了更高的保护要求,要求扩大商标的范围,并对地名商标进行特殊保护。在这方面,中国也遭到发达国家的侵权诉讼,如对阿迪达斯、耐克等外国驰名品牌服装商标侵权。在商标的许可和转让问题上,TRIPS 否定了强制许可制度,中国将不能强制外国驰名商标许可国内相关厂商使用并从中获利,从而将使国内缺乏比较优势的服装业、制鞋业受到沉重打击。

3. 专利的保护

TRIPS 明确规定:一切技术领域中的发明,无论是产品发明还是方法发明,只要有新颖性、创造性,并可付诸工业应用,均可能获得专利权,不能因地点、技术领域、进口或本地制造的差异而被歧视。这一规定将改善中国的专利保护状况,使一些具有中国特色的传统产品(如中药、陶瓷等)的制作技艺和方法得到有效保护,从而可以更好地参与国际竞争。

7.3.3 中美知识产权保护争端

1. 中美知识产权保护争端的历史

中美间的知识产权争端由来已久。早期美方主要根据"301 条款",尤其是与知识产权保护相关的"特殊 301 条款"采取单边制裁措施。1991 年美国首次对中国发起"特殊 301 调查",并就市场准入问题发起"301 调查",中国对此积极应对。1992 年中美正式签署《中美知识产权保护谅解备忘录》,美方同意不再将中国列入"重点观察国家"名单,并要求中国进一步保护美国的专利权、版权及商标权。然而,由于当时中国法律环境不完善,法律执行力度差,1994 年美国宣布再次对中国实施"特殊 301 调查",并再次将中国列入"重点观察国家"名单。此后,双方举行多次谈判与磋商,最终于 1995 年再次签署《中美知识产权保护协议》。然而,美国对于中国知识产权保护的执行仍不满意。1996 年,美国再次宣布对中国产品征收 30 亿美元的惩罚性关税,对此中国也积极反制,在列出报复清单的同时

延伸阅读 7.2
TRIPS 协定下中国知识产权保护水平测度

寻求协商解决,最终与美国签署了新的知识产权保护协议。

加入WTO后,中国积极主动地修改和完善知识产权相关法律,2001—2004年中美知识产权摩擦有所缓和。2005年,美国多个行业报告认为中国企业的侵权行为给美国产业造成了严重的经济损失,美国重新将中国列为"重点观察国家"名单首位,并在"特别301条款①"下对中国展开不定期检查(306条款)。2007年,美国就中国影响知识产权保护和执行的措施诉诸WTO争端解决机制(DS362)。最终裁决报告表面上中美双方各有胜败,中国对《著作权法》《知识产权海关保护条例》进行了修改,但在关键问题如"知识产权形式犯罪门槛"上,专家组驳回了美国的指控。

进入21世纪后,美方更多转向援引针对企业行为调查的"337条款②",以保护美国知识产权人的权益不受涉嫌侵权进口产品的侵害。从该条款的特点看,其实质是美国以国内法的方式实现对外国货物侵犯本国知识产权行为进行干涉的手段。中国商务部的数据显示,2007—2016年美国共发起了392起"337调查",其中有169件涉及中国企业。尤其是针对中国通信公司如华为、中兴等国际化程度较高的高科技企业,美国频繁诉诸"337调查"。

2. 中美贸易知识产权争端的现状③

(1)美国发起"337调查"的行业分析。美国针对中国发起的"337调查"主要集中在机电行业。如表7-1所示,2008—2017年,在美国针对中国发起的131起"337调查"案件中,机电行业的产品最多,占64.89%;其次是轻工行业,占比16.79%;再次是医疗器械行业,占比6.87%。2008年以后,随着中国制造业技术水平的不断提升,"337调查"涉案产品也在不断升级。2010年以前,"337调查"的涉案产品绝对集中在机电行业,2011年之后开始向轻工行业和医疗器械领域扩散,产品的附加值也越来越高。"337调查"涉及的产品由最初的芯片、闪存、电缆接头等,发展到扫地机器人、电动平衡车、睡眠呼吸障碍治疗系统等。轻工行业的产品也由塑料集装桶升级为尿布处理系统、高度可调节桌面等创新性较强的产品。

表7-1 2008—2017年美国对中国发起"337调查"的行业分布

年份	机电	化工	轻工	医药	生化	医疗器械	化妆品	钢铁	总计
2008	8	2	1	0	0	0	0	0	11
2009	3	0	3	0	1	0	0	1	8
2010	15	0	0	0	0	0	0	0	15
2011	13	0	0	2	0	1	0	0	16

---

① "特别301条款":美国"特别301条款"是广义的"301条款"的一种,该条款始见于美国《1974年贸易法》第182条,《1988年综合贸易与竞争法》第1303条对其内容做了增补。"特别301条款"专门针对那些美国认为对知识产权没有提供充分有效保护的国家和地区。美国贸易代表办公室(USTR)每年发布"特别301评估报告",全面评价与美国有贸易关系的国家的知识产权保护情况,并视其存在问题的程度,分别列入"重点国家""重点观察国家""一般观察国家""306条款监督国家"。

② "337条款":1930年美国关税法第337条,此后多次进行修订,在"337调查"中,控方只要能证明进口产品有侵权事实而美国国内确实有相关产业即可定罪。

③ 张守文.中美贸易知识产权争端的现状及对策研究——基于中兴通讯的案例分析[J].新金融,2018(6):36-40.

续表

年份	机电	化工	轻工	医药	生化	医疗器械	化妆品	钢铁	总计
2012	10	2	1	0	0	0	0	0	13
2013	9	1	2	0	0	1	0	0	13
2014	7	1	4	0	0	0	0	0	12
2015	7	0	1	0	0	2	1	0	11
2016	10	2	6	0	1	3	0	1	23
2017	4	0	4	0	0	1	0	0	9
总计	86	8	22	2	2	8	1	2	131

数据来源：根据中国商务部贸易救济局数据整理

（2）美国发起"337调查"的企业。目前，中国已经连续多年成为美国"337调查"涉案最多的国家。如表7-2所示，2008—2017年，美国发起的"337调查"中有1/3以上是针对中国企业。通常而言，"337调查"指控针对专利、商业外观设计、商标和著作权侵权事宜，但也涉及反垄断、商业秘密、违约及类似诉讼。据商务部数据统计，中国企业2017年遭受美国"337调查"的诉由主要为专利侵权、商标侵权及著作权侵权案件，分别占86.14%、7.12%及2.62%（共占96%），近年来，越来越多的企业开始涉及反垄断及商业秘密侵权诉讼。在"337调查"中，美国企业申请的措施多数为"普遍排除令""有限排除令"或"禁止令"，但"337调查"最终作出肯定性裁决的比率远低于反倾销和反补贴调查。

表7-2　2008—2017年美国发起"337调查"的数量和诉由

年份	全球总数	涉及中国企业数	专利侵权	商标、商业外观侵权、虚假来源标识、虚假宣传	著作权侵权	侵犯商业秘密及不正当竞争	反垄断
2008	41	11	11	1		1	
2009	31	8	8		1	1	
2010	56	19	18	1			
2011	69	16	14	3	2	1	
2012	40	13	11		1	2	
2013	42	14	13			3	
2014	39	13	11	3	1		
2015	36	8	7	2			
2016	54	18	16	3		2	1
2017	59	22	21	4	2	1	

数据来源：美国科文顿·柏灵律师事务所

（3）中国企业应诉积极性提高。据世界贸易产权组织数据统计，中国目前是国际专利申请数量增长最快的国家，申请数量仅次于美国及日本。随着越来越多的中国企业开始掌握自主知识产权，在遭遇"337调查"时中国企业选择积极应诉，并且取得胜诉的概率也在逐年增加。2016年，在中国企业遭遇的103起"337调查"中，有30家企业选择应诉，并有22家企业获得最终胜诉，中国企业胜诉率达到73%（见表7-3）。

表 7-3　2011—2017 年中国企业对美国"337 调查"的应诉情况和结果

年份	被诉企业数	应诉企业数	胜诉企业数（包括撤诉）	和解	同意令	败诉（包括缺席）
2011	51	27	6	13	8	24
2012	33	22	6	6	1	20
2013	31	23	3	11	6	11
2014	32	18	3	9	5	15
2015	30	7	1	4	2	23
2016	103	30	22	1	7	55
2017	73	32	6	6	0	16

数据来源：美国科文顿·柏灵律师事务所

7.4 《与贸易有关的知识产权协定》的运用

针对 TRIPS 对于中国的一系列影响，应从政府与企业两方面积极行动起来，谋划策略，掌握运用技巧。

7.4.1 政府层面

政府应不断完善知识产权保护制度，强化相关法律的履行和执行，同时积极参与 WTO 多边谈判，参与规则制定，熟知规则，并争取自身利益。

1. 正确认识 TRIPS，善用国家自主性

根据 WTO 规则，与 TRIPS 所规定的义务相抵触的成员域内的任何规定都应修改，并要求成员必须达到 TRIPS 的知识产权最低保护标准。作为 WTO 的成员，中国政府履行承诺，遵循国内法不得与 TRIPS 相冲突的原则，对知识产权法律制度进行修改，构建了全新的知识产权体系。但是，TRIPS 是一个在发达国家主导下形成的协议，更多地体现发达国家利益，忽视了发展中国家的实际经济技术水平。知识产权争端是一场"长期的没有硝烟的战争"，中国应未雨绸缪，在 TRIPS 框架允许范围内，最大限度地发挥国家自主性，制定符合本国国情的知识产权保护制度，并在日后的 WTO 争端中据理力争。

2. 完善知识产权相关法律保护制度

中国知识产权立法的起步相对较晚，1991 年才开始正式施行由《著作权法》《商标法》和《专利法》三部法律构成的知识产权法。加入 WTO 后，中国积极主动修改和完善知识产权相关法律，对《著作权法》《知识产权海关保护条例》进行了修改。在借鉴发达国家经验的基础上，中国又陆续制定和完善了《反不正当竞争法》《反垄断法》等法律、法规。中国可在以下几方面进行完善：

（1）增强版权保护。修订保护版权及相关权利的现行法律，修改相关的版权制度（包括《著作权法实施细则》和《实施国际著作权条约的规定》）以保证完全符合中国在 TRIPS 项下的义务。

（2）完善商标立法并加强商标的保护力度。

（3）完善地理标识和原产地名称的立法，将原产地名称纳入商标法保护，并且必须是纳入原产地证明商标中给予法律保护等。

（4）加强国内专利立法及保护。TRIPS 在对专利的强制许可方面赋予了成员相当大的灵活性，中国应高度重视这一弹性条款。在 TRIPS 允许的范围内，对于跨国公司技术垄断、重大公共健康危机等突发事件，应该大胆利用专利强制许可措施，最大限度地保护国家利益，并借此促进技术进步，缩小中国与发达国家在经济技术发展水平上的巨大差距。

（5）注重立法技术，确保立法精细化。在 2007 年中美知识产权保护争端解决过程中，WTO 专家组对中国的著作权法律、最高人民法院和最高人民检察院的司法解释甚至是对具体案件的批复、国家知识产权局制定的规章和解释等均进行了全面、详尽的审查，从中找到了诸多不统一、不协调之处，使我们在争议中多次处于被动地位，最终部分败诉。立法部门在起草相关法律、法规时，应当认真研究该立法可能涉及的国际条约、WTO 协定，尽量避免法律、法规的条款与国际条约、协定相冲突。

3. 建立有效的知识产权保护执法体系

以往中国企业在面对"337 调查"时，多数企业选择消极应诉，导致大部分案件以败诉告终，或者在企业愿意支付高额专利费的前提下签署和解协议。"337 调查"高昂的应诉成本是许多中小企业消极应诉的主要原因。因此，联合政府、企业、行业协会和驻外机构等多部门，尽快建立知识产权海外维权援助平台，为遭遇海外知识产权争端的企业，尤其是民营中小企业提供便捷有效的知识产权维权服务，将有助于提升企业的知识产权保护力度。

此外，还应该加大执法力度及对侵权行为的惩处力度。中美知识产权谈判中，中国知识产权保护的执法问题成为核心内容。因此，加大知识产权保护执法力度，对知识产权侵权行为进行严厉惩处，才能从源头上减少中国企业可能遭遇的知识产权争端与纠纷。

4. 加强知识产权保护制度的履行和执行

（1）切实履行 TRIPS 规定。中国作为一个有重要国际影响力的大国，必须信守国际法的基本原则，认真履行包括 TRIPS 在内的 WTO 协议，平等地保护本国、他国国民的知识产权。同时，提高全民的知识产权保护意识，鼓励技术创新和产业升级。

（2）加强对民事诉讼程序、行政程序的履行和救济。目前，中国对大多数知识产权侵权行为都采取行政手段处理。但对于那些涉及屡犯和故意盗版、假冒等情节严重的案件，将移交有关主管机关按照刑法的规定起诉。如果行为触犯刑法，则还应通过刑法程序加以解决。

5. 积极参与谈判，争取发展中国家的权利

中国是 WTO 的正式成员，也是一个发展中的大国，应该团结广大发展中国家成员，积极参加 WTO 多边谈判，在谈判中学会利用各种策略，据理力争，争取制定有利于发展中国家知识产权保护的国际法规则，使发展中国家的利益能够在多边贸易体制内得到维护。例如，在多哈举行的第四次 WTO 部长级会议上，发展中国家通过努力，使会议通过的《TRIPS 与公众健康宣言》在一定程度上维护、体现了发展中国家的利益。该宣言"在保持我们在 TRIPS 中所作的承诺的同时",也重申了发展中国家可以使用 TRIPS 提供的弹性条款,并明确了弹性条款的具体内容,另外还重申了发达国家成员向其本国企业和机构提供优惠措施来促进、鼓励向最不发达国家成员进行技术转让的承诺等。

7.4.2 企业层面

企业是知识产权保护的微观主体,除了不断增强自主创新的能力之外,还应当培养灵活运用 TRIPS 规则的能力,防止侵权行为与被侵权事件的发生。

1. 正确处理自主创新与合法仿制的关系

从长远来看,提高自主创新能力,是保证企业在知识产权问题上取得主动地位的根本途径。因此,企业应当通过增加资金、先进设备和智力资源的投入提高研发强度,通过建立有效的创新激励机制激发员工的创造力,争取实现技术突破,生产拥有自主知识产权的产品。

鉴于中国企业技术水平普遍不高的现状,近期内应当将合法仿制作为促进产业发展的重要途径之一。积极引进国外的先进技术和新产品,并在适当的条件下开展仿制活动,在仿制的过程中可以提高自身的研发能力和技术水平。合法仿制是 WTO 规则允许的行为。因此,作为发展中国家的企业,中国企业应当充分利用合法仿制,把它作为学习、掌握先进技术的一个重要环节,决不能因噎废食,由于担心侵犯知识产权而放弃这种合法、有效的技术发展路径。

2. 在被控侵权时积极应诉

企业在进行知识产权诉讼的收益成本分析时,除考虑近期利益、局部利益外,还应兼顾长远利益和整体利益。知识产权诉讼不仅关系到当前的市场份额,还关系到未来的市场份额和知识产权使用费。就目前来看,也许只涉及少数企业的利益,但从长期来看可能涉及整个行业的利益。如果中国企业不应诉,外国政府有关部门将推定我方默认申诉方的侵权指控属实,仅仅根据申诉方提交的材料进行缺席裁决,结果使中国企业在该国市场陷入被动的境地。因此,在大多数情况下,受到侵权指控的国内企业应当与相关企业结成联盟,共同策划应诉方案,分担诉讼费用。

3. 提高知识产权保护意识,增强科研创新能力

企业之间的知识产权争端本质上既是企业之间的利益之争,也是企业常用的市场竞争手段之一。尤其是对于已有国际市场份额或者将要开拓国际市场的企业来说,在如今科技化的全球背景下,知识产权作为企业重要的无形资产在未来的商业竞争中起着至关重要的作用。因此,对于已有产品、技术和专利,中国企业要及时在国内和国外申请知识产权保护,保护自己的竞争优势。同时,中国企业应当持续加大科研投入,提高知识产权创新能力。当企业在关键领域拥有自己的核心技术及未来研发创新能力时,企业才拥有在行业、在国际市场立足的根本。

4. 推进全球知识产权战略布局

从中兴通讯的案例可以看出,中兴通讯不仅重视国内发明专利的申请和授予,也积极参与全球国际专利申请(PCT)的战略布局。中兴通讯连续多年在"337 调查"中胜诉,并成功提起知识产权无效诉讼,这些均与中兴通讯大量海外专利布局战略密不可分。因此,中国企业在进入国际市场时,需要提前思考并解决相关市场的知识产权风险和法律问题,根据企业自身国际市场开拓程度和未来趋势进行知识产权布局,让企业的产品、技术和专利被国际市场认可。在进行全球知识产权战略布局时,企业需要兼顾技术领域、覆盖地域和专利质量三个层次。从技术领域来看,企业应着重布局新技术领域知识产权;在全球市场覆盖地域上,中国企业不仅要关注欧美等发达国家市场,还需要重视重要的新兴市场;从专利质量布局上,企业在部署基本专利的同时,更需要集中于核心专利的申请,提升未来新一轮竞争中企业的话语权,努力做到"技术专利化、专利标准化、标准国际化",从而降低引发贸易知识产权争端的可能性。①

模拟谈判

2007年4月10日,美国政府就"中国与知识产权保护和实施有关措施"和"中国影响部分出版物视听娱乐产品贸易权和分销服务措施"向中国提出磋商。2007年9月25日,美国在争端解决机构会议上第二次请求成立专家组,依规则,专家组自动成立。

美国提出,中国法律所规定刑事程序和刑事处罚的门槛不符合TRIPS所规定的最低要求,并且因此导致大量具有"商业规模"的假冒商标和盗版行为能够逍遥于刑事程序和刑事处罚的适用范围之外。而中国主张,考虑到中国国内整个法律法规体系及刑法等法律法规和司法解释关于其他相关商业犯罪的规定,中国对于假冒商标与盗版的刑事程序和处罚的门槛是合情合理的。

(资料来源:武子锋,周青松."WTO中美知识产权案"研究[J].法制与社会,2017(29):66-68.)

前期准备知识:中国知识产权保护相关法律法规,TRIPS相关规定。

(1) 根据此案例进行模拟谈判,运用TRIPS规定及其例外进行阐述。

(2) 此案例对中国知识产权保护工作有哪些启示?

7.5 习 题

1. 名词解释

知识产权　知识产权制度　TRIPS

2. 简答题

(1) 简述知识产权的分类。

(2) 简述TRIPS的目标。

(3) 简述TRIPS的适用范围。

(4) 简述TRIPS协定政府方面的应用技巧。

(5) 简述知识产权的民事程序及相关措施的内容。

即测即练题

---

① 观点来源:张守文.中美贸易知识产权争端的现状及对策研究——基于中兴通讯的案例分析[J].新金融,2018(6):36-40.

3. 案例分析

专利的公共政策——以印度首个专利强制许可案为例

德国拜耳公司(Bayer)在印度持有化疗药物复合索拉非尼(Sorafenib Tosylate)的专利，该药物的商品名称为多吉美(Nexavar)，可用于治疗肝癌与肾癌。这项专利技术由拜耳公司与美国加州一家名为 Onyx Pharmaceuticals 的生物科技公司共同研制，可以延长肝、肾癌症晚期患者的寿命约 3 个月。在印度医药市场中，由于药品价格昂贵，很快出现了一家名为 Natco Pharma 的印度公司（以下简称"拿特科公司"）生产的廉价仿制药品。这一做法严重侵权，并影响了拜耳公司潜在的贸易利润。于是，拜耳公司决定对拿特科公司发起专利侵权诉讼。2012 年 3 月 12 日，印度专利管理局颁发了印度历史上首个强制许可给拿特科公司，允许其使用拜耳公司持有的化学药物复合索拉非尼专利技术，生产仿制多吉美的廉价药品，旋即，拜耳公司就此强制许可令向印度知识产权上诉委员会(IPAB)提起上诉。与此同时，拜耳公司在印度改变了价格策略，多吉美在印度市场上 1 个月剂量的价格，从拜耳公司官方原议定的 280 000 卢比（约 5098 美元）降至仿制药的 8800 卢比（约 160 美元）。

就在拜耳公司药品强制许可一案审结后 1 个月，印度另一件令人瞩目的药品专利案即瑞士制药业巨头诺华公司(Novartis)抗癌药格列维克(Glivec)的延长专利申请案，以诺华公司的败诉而告终。印度最高法院驳回诺华公司对改进后的抗癌新药格列维克予以专利保护的要求，认为印度本土"仿制"的癌症特效药可以继续售卖。

专利强制许可(compulsory license)，是一种"非自愿许可"(involuntary license)，是指在未经专利权人同意的情况下，政府依法授权他人使用其专利的制度。这一制度的设立旨在防止和救济专利权人滥用其权利，在专利权人与公共利益之间进行利益平衡。1998 年世界卫生组织发布了对各成员的指南，要求在提高药品专利保护水平的同时减少其负面影响，而充分利用弹性条款是减少负面影响的手段之一。2001 年 11 月，发展中国家和发达国家最终达成协议并发表了在公共健康与药品专利问题上具有里程碑意义的《TRIPS 与公共健康多哈宣言》，承认了国家采取措施维护公共健康是不可减损的权利；明确了 TRIPS 中可以用于保护公共健康，对抗知识产权独占性的弹性条款。

印度作为发展中国家的典型代表，其知识产权制度的实践颇具特色。尤其在近 40 年知识产权制度的完善中，印度始终在履行国际承诺的同时，坚定地实施维护国家利益的立法政策。印度制药业正是有了从 1970 年至 2005 年实时修订的《专利法》的支持才得以迅速崛起，其对涉及药品专利保护对象的界定及相关规则的做法值得关注。

(1) 在药物发明的产品专利规则中，印度专利法严格限定其范围，以尽可能排除跨国制药企业的垄断。印度专利法第 3(d) 条从可申请专利的项目中排除了某些发明，包括："不会引发已知物质功效增强的已知物质新构造的简单发现，或对已知物质新用途、新特性的简单发现不具有可专利性"。在这个限定下，已知物质的新形式不能被授予专利，除非它们在功效方面具有相当意义的不同特性；新的专利体系中的可专利性标准可以避免制药公司就现有药物的微小改造而获得专利，而且通过对 TRIPS 及其弹性的研究，可以肯定印度的规定与 TRIPS 不相冲突。

(2) 在涉及药品的数据保护、平行进口、审查程序等方面，印度专利法确保印度制药产业在竞争中占据有利地位。药品数据独占权可能会从实质上延长专利的保护期限。新专利法对此条款的修改充分利用了TRIPS有关平行进口的弹性,将"有专利权人合法授权",改为"符合法律规定的授权",这样,从批发商、零售商、药房等转售商处进口专利药物也属于合法行为,拓宽了平行进口的范围。

即使在TRIPS严格的标准下,新的印度专利法仍然在很大程度上保持了其一贯的政策立场。印度在利用TRIPS弹性、设定本国法律标准及保护性条款从而确保贫困人群获取治疗的权利方面,为其他发展中国家树立了一个样板。

(资料来源:[1]易继明.专利的公共政策——以印度首个专利强制许可案为例[J].华中科技大学学报(社会科学版),2014,28(2):76-82.[2]刘华,周莹.TRIPS协议弹性下发展中国家的知识产权政策选择[J].知识产权,2009,19(2):57-65.)

问题:

(1) 印度的案例对我国运用TRIPS规则有什么启示?

(2) 根据此案例,你对TRIPS规则及其例外规则有什么新理解?

第 8 章

世界贸易组织与贸易有关的投资措施解读与运用

2019年3月15日,十三届全国人大二次会议表决通过《中华人民共和国外商投资法》(以下简称《外商投资法》),自2020年1月1日起施行;现行《中外合资经营企业法》《中外合作经营企业法》《外资企业法》(以下合称"外资三法")同时废止。这意味着我国统一的外商投资基本法终于问世,也标志着我国对外开放事业开启了新的篇章。[①] 相较外资三法,《外商投资法》的特色与创新主要体现在四个方面:从企业组织法转型为投资行为法;更加强调对外商投资的促进和保护;全面落实内外资一视同仁的国民待遇原则;更加周延地覆盖外商投资实践。

国际贸易与国际投资是当今世界经济发展的两大支柱。贸易领域有WTO的规范,而投资领域形成统一的国际规范一直是个难题。"乌拉圭回合"谈判中达成的《与贸易有关的投资措施协议》(以下简称TRIMs协议),把与贸易有关的投资措施纳入同一管辖范围,无论对国际贸易还是国际投资均是一个重大贡献。为深入理解国际投资全球化发展动力,把握国际投资发展趋势,必须对国际投资规则进行深入研究和分析,掌握跨国投资的国际运行规则和法规。

本章通过详细解读TRIMs协议的主要条款,帮助读者了解其积极作用并找出其存在的不足,理解并把握WTO与贸易有关的投资措施,了解投资领域中的矛盾,学会运用TRIMs协议解决摩擦,掌握TRIMs协议的具体条件及发展趋势,对中国参与国际投资提出具体建议。

★学习目标和要求
(1) 了解TRIMs协议产生的过程,理解其积极作用和不足;
(2) 掌握TRIMs协议的适用范围、主要条款,并了解其法律框架;
(3) 熟悉国际投资发展现状及中国外商直接投资发展现状;
(4) 学习目前与贸易有关的投资领域摩擦案例,总结应用技巧。

8.1 《与贸易有关的投资措施协议》的产生

对于与贸易有关的投资措施(Trade Related Investment Measurements,TRIMs)一词,国际上尚无普遍接受的定义,有些国家认为TRIMs有广义和狭义之分。从广义上

---
① 《外商投资法》的四个特色和创新[EB/OL]. 中国经济网文化频道, http://dy.163.com/v2/article/detail/EAMQEFOE0534697H.html.

看,TRIMs可分为四大类:投资鼓励、履行要求、公司行为和母国措施。从狭义上看,是指东道国政府要求或鼓励私人投资者进行特定行为的措施,而这些措施对国际贸易的流向会产生重要影响,包括投资鼓励与履行要求两类措施。

8.1.1 产生背景

1. 20世纪80年代以来国际投资形式发生重大变化

20世纪80年代以来,以发达国家跨国公司为主的跨国直接投资的规模和领域迅速扩大,发展中国家成为跨国公司全球发展战略的重要区域。面对跨国公司以直接投资方式的进入,绝大部分发展中国家担心本国工业、企业、市场受到过大的冲击。根据发达国家的以往做法以及本国的情况,发展中国家纷纷研究并制定了有关投资的政策和法规;同时,部分发达国家出于增强本国企业竞争力的考虑,也有选择地保持和制定了保护本国企业与投资的措施。虽然发达国家、发展中国家制定的投资措施各不相同,但共性是与投资相关的进出口限制,主要是进口方面的限制措施。

2.《与贸易有关的投资措施协议》相关的规则和协议

"二战"以后,以跨国公司为主体的国际直接投资活动日趋频繁,国际直接投资的地位和影响在世界范围内与日俱增。与此同时,投资国和东道国以及投资者和东道国之间在直接投资方面的矛盾和纠纷不断增多。为此,国际社会曾作出多方面的努力,起草和制定了一些规则与协议,对于《与贸易有关的投资措施协议》产生了一定的影响。

自20世纪70年代起,联合国经社理事会所属的原跨国公司委员会开始起草《联合国跨国公司行为守则》,并于80年代初提出草案,但由于发达国家和发展中国家(地区)在跨国公司是否应受东道国法律管辖、征收与国有化的赔偿标准、投资者与东道国政府争议的解决及外汇汇出的限制等问题上存在严重分歧,致使有关谈判久拖未果。

延伸阅读8.1
1970—2015年全球FDI发展

为了协调国际直接投资关系,其他一些国际组织与机构也作出了积极的努力。1965年8月31日,世界银行在华盛顿制定了《关于解决东道国与其他国家国民之间投资争议公约》(Convention on the Settlement of Investment Dispute between States and Nationals of other States,又称《华盛顿公约》),并于1966年设立"解决投资争端国际中心",使国际投资争议除通过政府间的外交途径解决外,有了新的调解和仲裁途径,但未涉及如何消除争议产生的根本原因及国际投资方面的其他问题。1985年10月11日,世界银行在韩国汉城(现首尔)召开理事会,通过《多边投资担保机构公约》(又称汉城公约),并于1988年4月12日生效。根据该公约,世界银行的多边投资担保机构成立,为其成员投资者提供非商业性投资风险的保险,但只涉及投资风险的保险问题,且主要是政治风险。1992年9月12日,世界银行同国际货币基金组织在征询有关国家政府和国际组织的意见后公布了《关于外国直接投资的待遇标准》(Guidelines on the Treatment of Foreign Direct Investment),并要求各会员国把该准则作为在各国领土内对外国私人直接投资的进入和待遇的参照尺度,但这一准则是非强制性的,属于自愿执行。

8.1.2 谈判过程

国际协调的目的是减少矛盾和纠纷，制定和执行一些各国都能遵守的国际规范和规则，以推动国际直接投资和跨国公司的发展。由于以往的协调工作不是特别有效，再加上在GATT的执行过程中出现了日益增多的与贸易有关的投资方面的争议，所以在"乌拉圭回合"谈判中，将与贸易有关的投资措施列入议题。

1. 谈判的主要分歧

在"乌拉圭回合"谈判开始之前，在GATT的框架之内，贸易与投资的关系没有受到多少关注。1955年GATT缔约方通过了一项关于国际投资与经济发展的决议，这项决议要求各国通过缔结双边协议为外国投资提供安全和保护。

"乌拉圭回合"谈判开始后，美国于1986年6月首先提出建议将其纳入谈判，包括13项内容：当地含量要求、贸易平衡要求、外汇平衡要求、外汇管制、国内销售要求、生产要求、出口实绩要求、产品授权要求、生产限制、技术转让要求、许可要求、汇款限制、当地股份要求。

根据各方协商起草妥协的方案来看，与贸易有关的投资措施被列入新一轮谈判议题之中。但由于这些投资措施涉及的问题范围广泛且敏感性高，因此在谈判中各方意见分歧严重，主要集中在相关规定的范围和性质上。

美国、日本等少数发达国家态度积极，要求与贸易有关的投资措施协议包括尽可能多的关于外资流动的内容，特别是为发展中国家成员的境内流动创造便利条件。而大部分发展中国家并不积极，认为谈判会削弱发展中国家的经济主权，因此坚持谈判的措施只能是与贸易有关，并应严格按照《埃斯特角部长宣言》中所规定的谈判目的和内容范围进行，而一些发展中国家也提出应将跨国公司非正当竞争的行为列入谈判。

2. 谈判结果

经过艰苦谈判，"乌拉圭回合"最终形成了一个妥协方案，这一方案实际上是对《GATT 1994》第3条（国民待遇）和第11条（关于进出口货物的一般数量限制）在与贸易有关的投资措施方面的解释和说明。在规定的范围上，基本采纳了发达国家的观点，以概括式与列举式相结合的方法，将所有与贸易有关的投资措施都包括在内，对其列举的投资措施予以明确禁止，但其范围相比发达国家所要求的大大缩小，并规定了广泛的例外，比较充分地考虑了发展中国家的利益。

1991年1月20日达成的《与贸易有关的投资措施协议》作为"乌拉圭回合"一揽子协定的一部分于1994年的马拉喀什会议上由各成员签署，1993年3月底正式获得通过，并于1995年1月1日生效。TRIMs协议是谈判各方妥协的结果，美国最早提出13种措施，只有5种被作为附件内容列入协议，而发展中国家提出的限制跨国公司非正当竞争行为的要求未被列入协议。

8.2 《与贸易有关的投资措施协议》的主要内容

《与贸易有关的投资措施协议》是货物贸易多边项下的12个具体协议之一，其所涉及的范围是有限的，仅对各国制定的投资措施中涉及货物贸易的进出口部分作了界定和限制。该协议共有正文9个条款,1个附件,内容包括适用范围、国民待遇与禁止数量限制、例外、发展中国家成员、过渡安排、透明度、投资措施委员会、争端解决等。

8.2.1 正文部分

TRIMs协议序言部分宣告了其订立的法律依据——《埃斯特角部长宣言》。宣言阐明了该协议的宗旨:①避免和取消那些可能引起贸易限制和扭曲作用的投资措施;②促进世界贸易的扩大和逐步自由化,并便利国际投资,以确保自由竞争,实现所有国家,特别是发展中国家的经济增长;③考虑发展中国家尤其是最不发达国家在贸易、发展和财政方面的特殊需要。

TRIMs:(1)Considering that Ministers agreed in the Punta del Este Declaration that "Following an examination of the operation of GATT Articles related to the trade-restrictive and distorting effects of investment measures, negotiations should elaborate, as appropriate, further provisions that may be necessary to avoid such adverse effects on trade";(2) Desiring to promote the expansion and progressive liberalization of world trade and to facilitate investment across international frontiers so as to increase the economic growth of all trading partners, particularly developing country Members, while ensuring free competition;(3)Taking into account the particular trade, development and financial needs of developing country Members, particularly those of the least-developed country Members.

1. 适用范围

TRIMs协议第1条规定,"本协议仅适用于与贸易有关的投资措施。"协议并未规定何为与贸易有关的投资措施。它仅适用于与货物贸易有关的投资措施,不适用于与服务贸易和技术贸易有关的投资措施。该协议区分了与外国企业所采取的措施和那些影响国内企业的措施,还是对两者都适用,该协议还区分了影响现有投资的措施和适用于新投资的措施。

TRIMs 1:This Agreement applies to investment measures related to trade in goods only.

2. 国民待遇和数量限制

第2条是TRIMs协议的核心规则,采取概括与列举相结合的立法方法。该条第1款为概括性规定,即"在不损害《GATT 1994》项下其他成员权利和义务的情况下,各成员不得实施与《GATT 1994》第3条或者第11条规定不一致的TRIMs"。

TRIMs 2.1: Without prejudice to other rights and obligations under GATT 1994, no Member shall apply any TRIM that is inconsistent with the provisions of Article III or Article XI of GATT 1994①.

该条第 2 款为列举性规定,即"本协议附件列出一份与《GATT 1994》第 3 条第 4 款和第 11 条第 1 款规定不一致的 TRIMs 清单"。从该规定的结构看,列举规定优先适用,如果出现清单未列举的情况则适用概括性规定。

3. 例外条款

《GATT 1994》规定的所有例外均适用于 TRIMs 协议。这些例外包括幼稚工业的建立与发展,国家政治稳定与安全,为保护公共道德、人类及动植物生命和健康等所采取的措施,边境贸易优惠及为保障国际收支而实施的数量限制等。

4. 发展中国家成员

发展中国家在出现国际收支困难的情况下,可暂时偏离国民待遇和普遍取消数量限制的规定。

5. 通知和过渡性安排

各成员在《WTO 协定》生效之日起 90 天内,将其正在实施的与 TRIMs 协议不一致的所有相关措施通知货物贸易理事会。在通知这些普遍义务时,应同时说明其主要特征;分别对发达国家、发展中国家及最不发达国家规定了 2 年、5 年及 7 年的过渡期;货物贸易委员会应发展中国家成员的要求,在证明执行该协议时的特殊的发展、财政和贸易需要后,可延长其过渡期;《WTO 协定》生效前 180 天内采用的与贸易有关的投资措施不得享受过渡期的优惠等。

6. 透明度

《GATT 1994》有关透明度和通知的规定适用于 TRIMs 协议,每一成员须通知 WTO 秘书处刊载与贸易有关的投资措施的出版物,包括其领土内成员和地方政府对主管机关实施的 TRIMs;每一成员应对另一成员就与 TRIMs 协议有关的任何事项提供信息的请求给予积极考虑,并提供充分的磋商机会(但可不公开有碍法律实施且会对公共利益及特定企业的合法商业利益造成损害的信息。)

TRIMs 6.1: Members reaffirm, with respect to TRIMs, their commitment to obligations on transparency and notification in Article X of GATT 1994; Each Member shall notify the Secretariat of the publications in which TRIMs may be found, including those applied by regional and local governments and authorities within their

---

① 《关税与贸易总协定》第 3 条是有关国民待遇的规定,它禁止成员在产品的制造、销售、运输、分配或使用等方面实施背离国民待遇原则的国内税收费用、法律条例及要求;《关税与贸易总协定》第 11 条是有关禁止数量限制的规定,它禁止成员为了限制和禁止进出口的目的而设立或维持配额进出口许可证或其他措施,但成员为了处理紧急情况,平衡国际收支或特定情形下管理农渔产品的需求而进行数量限制除外。

territories; Each Member shall accord sympathetic consideration to requests for information, and afford adequate opportunity for consultation, on any matter arising from this Agreement raised by another Member.

7. 与贸易有关的投资措施委员会

委员会的职责包括：执行货物贸易理事会分配的任务，并向成员提供咨询机会与服务，以磋商与 TRIMs 协议运行和执行相关的任何事宜；负责监督 TRIMs 协议的执行和运行，每年向货物贸易理事会汇报相关情况。

8. 磋商和争端解决

《GATT 1994》第 22 条和第 23 条的规定适用于根据 TRIMs 协议进行的协商和解决争端。

9. 货物贸易理事会的审议

在《WTO 协定》生效后 5 年内，货物贸易理事会应审查 TRIMs 协议运行情况，并酌情建议部长级会议修正文本，在审议过程中，货物贸易理事会应考虑本协议是否应补充有关投资政策和竞争政策的规定。

8.2.2 附录部分

TRIMs 协议附录为解释性清单(illustrative list)，采用概括性与列举性相结合的方法，列举了与《GATT 1994》第 3 条第 4 款和第 11 条第 1 款不符的 5 项与贸易有关的投资措施。协议明确禁止成员实行该措施，不考虑采取这些措施是否造成损害后果，也不考虑外国投资者是否接受。

(1) 要求企业购买或使用本国产品或任何国内来源的产品，无论按照特定产品、产品数量或价值规定，还是按照其当地生产在数量或价值上所占比例规定。

Require the purchase or use by an enterprise of products of domestic origin or from any domestic source, whether specified in terms of particular products, in terms of volume or value of products, or in terms of a proportion of volume or value of its local production.

(2) 要求企业购买或使用的进口产品限制在一个与其出口的当地产品的数量或价值相关的水平。

Require that an enterprise's purchases or use of imported products be limited to an amount related to the volume or value of local products that it exports.

(3) 普遍限制企业进口其产品所使用的或与其生产有关的产品，或将进口量限于企业出口其产品的数量或价值的水平。

Restrict the importation by an enterprise of products used in or related to its local production, generally or to an amount related to the volume or value of local production that it exports.

（4）通过对使用外汇的控制，限制企业进口其生产所使用的或与其生产有关的产品，即将企业用汇额度限定在其出口净得的外汇数额范围之内。

Restrict the importation by an enterprise of products used in or related to its local production by restricting its access to foreign exchange to an amount related to the foreign exchange inflows attributable to the enterprise.

（5）限制企业出口产品或为出口而销售产品，既规定了具体产品、产品的特定数量或价值，又规定了其在当地生产的数量或价值的比重。

Restrict the exportation or sale for export by an enterprise of products, whether specified in terms of particular products, in terms of volume or value of products, or in terms of a proportion of volume or value of its local production.

8.3 《与贸易有关的投资措施协议》的影响

8.3.1 积极作用

由于是第一次将投资问题纳入关税与贸易总协定谈判内容，TRIMs协议并没有涉及太多的投资规则，只是明确规定了禁止采取的一部分投资措施。但作为一个开始，也明确规定了要在今后进行内容更广泛的进一步谈判。

1. 促进了世界多边贸易法律体系的完善

TRIMs协议成功弥补了多边贸易体制局限于货物贸易的缺陷，第一次将投资问题纳入世界多边贸易法律体制之中，打破了国际贸易法律体系与国际投资法律体系之间的隔阂，从而揭示了国际贸易与国际投资之间的密切联系，在很大程度上拓宽了该法律体制的管辖范围，并扩大了《WTO协定》本身的影响和作用，同时也使多边贸易组织第一次具有了规范国际投资的职能。

2. 实现了在投资领域国际立法的重大突破

与货物贸易领域中国际法所取得的辉煌成就相比，国际投资领域的国际立法长期以来举步维艰,世界性的投资法典虽然长期酝酿却未有实质性突破。一些国家或经济集团虽然制定了若干协议、行动守则,但其适用内容相对特定化,适用范围比较狭窄,而且不具有法律的强制性,其影响和效力都显不足。TRIMs 协议的诞生在国际投资法的发展史上具有里程碑的意义,是第一部世界范围内具有约束力的实体性投资协议,使投资领域的国际立法焕发勃勃生机。其作为《WTO 协定》附件中所列的重要文件,成为该协议不可分割的一部分,使该协议具有与《WTO 协定》同等的世界性和广泛的法律约束力,成为前所未有的具有真正国际影响的国际投资协议。

3. 促进了各国外资立法的统一性、公开性

TRIMs 协议为 WTO 各成员管制与贸易有关的投资措施提供了一套统一的国际准则,并以此约束各成员的外资立法,要求限期取消与协议相冲突的投资措施。这使以各种鼓励、限制措施为外资法主要内容的国家(尤其是发展中国家)的外资立法面临严峻的挑战。与此同时,各成员按照协议的有关要求,不断提高外资立法的透明度。

4. 加强了贸易与投资自由化的进程

TRIMs 协议在消除影响跨国投资及与贸易有关的投资障碍方面取得了重大进展,从而有效地遏制了以投资措施取代关税措施的新贸易保护主义的蔓延,使国际投资与贸易自由化的范围不断扩大,程度不断加深。

5. 完善了解决国际投资争端的法律机制

TRIMs 协议为解决各成员之间的争议提供了法律途径,弥补了"解决投资争议中心"(ICSID)只解决投资者与东道国之间的投资争议,而无法解决主权国家之间投资争议的缺陷,并借助 WTO 法律制度所具有的强制性,使其法律强制性大大增强,为解决国际投资争议开辟了崭新的途径。

8.3.2 不足之处

TRIMs 协议所规范的投资措施属于国内法范畴,而由于各国经济发展水平不同、法律制度各异,TRIMs 协议成为"乌拉圭回合"谈判中分歧最大、争论最激烈的议题之一。作为各缔约方讨价还价、折中妥协的产物,协议不可避免地存在以下缺陷:

1. 确定的范围过于狭窄

协议仅将范围限于"与贸易有关的"投资措施,不是一个多边国际投资规则,也未涉及对贸易产生重大扭曲作用的"限制性商业惯例"①。此外,协议仅限制东道国的 TRIMs 措施,却没有约束外国投资者特别是跨国公司投资行为的规范。例如,没有关于跨国公司的销售和市场配置战略、差别定价和转移定价、限制性商业做法等方面的规定,而这些是影响东道国社会、经济和技术发展及其优先目标的重要方面。

2. 部分条文含义模糊,缺少必要的确定性和可操作性

作为一个缔约方相互妥协的产物,协议对一些矛盾尖锐、难以协调的敏感问题采取了

---

① 限制性商业惯例又称"限制性商业行为",是指在国际许可合同中,由技术供方对技术受方施加的、法律禁止的、造成不合理限制的合同条款或做法。这些条款或做法或者直接影响市场或竞争,或者通过其他限制对国际技术贸易,尤其是对发展中国家引进技术及其经济发展造成不利影响。定义来源:360 百科[EB/OL]. https://baike.so.com/doc/10009885-10357740.html.

回避的做法,使一些重要条款含义模糊、过于抽象,其条文中有诸多模糊之处尚未厘清。例如,协议未对何为"与贸易有关的投资措施"进行界定,只是列举了几种措施;对于"为获得一项利益而必须遵守的措施"中的"利益"一词也未明确给出解释;对于怎样才算对贸易造成"限制""扭曲""具有损害作用"等敏感问题未作必要的解释等。上述问题使 TRIMs 协议缺乏应有的可操作性,在实践中难以执行并留下了不少隐患。

3. 协议存在诸多的"例外规定",有损整体功效

为缓和各缔约方的矛盾,TRIMs 协议在规定国民待遇、取消数量限制及透明度要求等原则的同时,又制定了较多的"例外规定",使协议在实践上存在很多模糊地带。这将为一些缔约方滥用这些例外规定,宽容自己,限制别国,逃避履行协议义务提供可乘之机。

8.3.3 应用与最新进展

1995—2015 年,WTO 争端解决机构受理的成员提交的争议案件的数量已达 498 件。其中,涉及 TRIMs 协议的争议案件包括:"欧共体——香蕉的进口、销售和分销体制案"("欧共体香蕉案",案号:DS27),"印度尼西亚——影响汽车工业的某些措施案"(案号:DS54、DS55、DS59、DS64),"加拿大——影响汽车工业的某些措施案"(案号:DS139、DS142),"印度——影响汽车部门的某些措施案"(案号:DS146、DS175),"加拿大——关于小麦出口和进口谷物处理的措施案"(案号:DS276),以及"中国——影响汽车零部件进口的措施案"(案号:DS339、DS340、DS342)。相较其他类型的 WTO 争端,涉及 TRIMs 协议的争议案件仅在少数。

TRIMs 协议在 WTO 争端解决中的实际应用遵循以下实践规则:①若一项 TRIMs 已经被认定与《GATT 1994》第 3 条第 4 款和(或)第 11 条第 1 款的规定不相符合,那么由于该项措施在 WTO 法律框架下的合法性已经被否定,便无须再就其是否违反 TRIMs 协议第 2 条的规定进行审查。②若一项 TRIMs 在 WTO 法律框架下的合法性尚待认定,而上述《GATT 1994》中的条款规定和 TRIMs 协议中的规定均适用于对其合法性的认定,则应当采用与该 TRIMs 具有更加特定联系的标准,决定应当首先在上述两者中的何者项下对其进行审查。①

与贸易有关的投资措施委员会(Committee on Trade-Related Investment Measures)至少每年举行一次会议,每次会议都会对相关议题进行讨论。例如,2019 年 6 月,一些 WTO 成员对其他成员施加的本地内容要求表示担忧。一些成员认为,有关渔业、移动和医疗设备以及零售、汽车和医药产品的某些国内立法可能违反 WTO 规则。2018 年,俄罗斯在会议上表示,将于 2018 年 7 月 1 日起终止与 WTO 不一致的汽车投资计划,这是俄罗斯加入 WTO 议定书规定的最后期限。2016 年有成员提出阿根廷新法律的问题,该法律为优先使用当地零部件的汽车制造商提供税收优惠,他们认为这样的"本地内容要求"可能违反 TRIMs 协议的承诺。②

---

① 蒋圣力.《TRIMs 协议》相关理论问题及其实际应用研究[J]. 海关与经贸研究,2016,37(2):112-122.
② 根据 WTO 官方网站相关议题整理,https://www.wto.org/english/news_e/archive_e/trim_arc_e.htm.

8.4 中国吸引外资和对外投资发展概况

8.4.1 中国吸引外商直接投资概况

改革开放40多年来,外资已经成为中国经济的重要组成部分。2017年中国吸引外商直接投资达1310亿美元,居世界第二。进出口方面,外资企业接近总额的50%;工业产值方面,接近全国的25%;税收方面,提供20%左右的税收;就业方面,提供10%以上的就业岗位。中国的快速发展为外商投资企业提供了良好环境,实现了互利共赢。[①] 具体表现在以下几个方面:

1. 外商投资持续稳定增长

改革开放40多年来,我国实际利用外资水平不断提升,尤其是2001年年底加入WTO后,实际利用外资一直稳步提升,从1999年的403.19亿美元飞升至2017年的1310.35亿美元(见图8-1)。2017年,中国新设立外商投资企业35 652家,同比大幅增长27.8%,增幅较2016年提高22.8个百分点。2013—2017年,中国新增非金融类外商投资企业数量逐年上升,新增企业数量分别为22 773个、23 778个、26 575个、27 900个和35 652个。

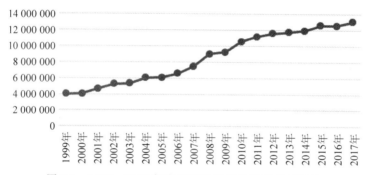

图8-1 1999—2017年中国实际利用外资额(万美元)

数据来源:中国国家统计局,http://data.stats.gov.cn

2017年,中国以并购方式设立外商投资企业2066家,同比增长39.2%,实际使用外资145.7亿美元。截至2017年12月末,全国累计设立外商投资企业约90万家,实际使用外资累计金额约1.9万亿美元。图8-2对比了2013—2017年中国与全球外商投资流量的变化情况。

2. 外商投资产业结构持续优化

如表8-1所示,外商直接投资主要集中在制造业、房地产业、租赁和商务服务业、批发和零售业,但中国利用外商直接投资的产业结构持续优化,外资从制造业向其他产业转移。2017年,高技术产业利用外资规模扩大,质量提高,成为促进外资增长、优化外资结构的亮点。在实际使用外资金额中,农、林、牧、渔业占0.6%,制造业占25.8%,服务业占72.7%。

---

① 中国商务部. 中国外商投资报告(2018)[EB/OL]. http://wzs.mofcom.gov.cn/article/ztxx/201810/20181002793208.shtml.

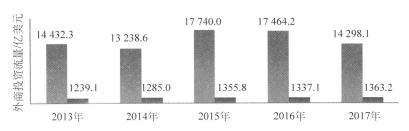

图 8-2　2013—2017 年中国与全球外商投资流量变化比较

数据来源：联合国贸发会议 2014—2018 年《世界投资报告》。

表 8-1　2017 年外商直接投资分行业结构

行　业	新设企业数			实际使用外资金额		
	个数	同比/%	比重/%	金额/亿美元	同比/%	比重/%
农、林、牧、渔业	579	29.0	1.6	7.9	−52.1	0.6
采矿业	26	—	0.1	13.0	1251.4	1.0
制造业	4986	24.3	14.0	335.1	−5.6	25.8
服务业	30 061	28.4	84.3	954.4	7.5	72.7
总计	35 652	27.8	100	1310.4	4	100

数据来源：商务部外资统计

3. 外商投资区域布局更趋优化

2017 年，中国积极鼓励外资向中西部和东北老工业基地转移，提高西部和东北老工业基地国家级开发区开放水平和引资能力，拓展企业的融资渠道，降低物流成本。特别是在中西部地区（河南、湖北、重庆、四川、陕西）新设 5 个自由贸易试验区，外资区域布局不断优化。

2017 年，中部地区新设外商投资企业 1672 家，实际利用外资 83.1 亿美元，同比增长 17.1%，增速高于全国 4.0% 的平均水平，领跑全国，中部地区实际利用外资整体占比 6.3%。西部地区新设立外商投资企业 1761 个，同比增加 43.2%，新增企业数量增幅最高，企业数量整体占比 4.9%，市场主体活力进一步激发。

4. 亚洲、北美洲等对华投资增长较快

根据中国商务部统计，2017 年，北美洲、大洋洲和亚洲的外商投资增长较快，其中来自亚洲、北美洲、大洋洲的外商投资分别为 1091.9 亿美元、42.9 亿美元和 16.1 亿美元，同比分别增长 10.4%、38.1% 和 26.9%。而非洲、欧洲和南美洲外商投资未能延续 2016 年的迅猛增长态势，外商投资分别为 6.6 亿美元、88.4 亿美元和 63.6 亿美元，同比分别下降 41.7%、5.7% 和 47.9%。

2017 年实际投入中国的外资金额排名前 10 位的国家（地区）依次为：中国香港（989.2 亿美元）、新加坡（48.3 亿美元）、中国台湾（47.3 亿美元）、韩国（36.9 亿美元）、日本（32.7 亿美元）、美国（31.3 亿美元）、荷兰（21.7 亿美元）、德国（15.4 亿美元）、英国（15.0 亿美元）、丹麦（8.2 亿美元）。前十位国家（地区）实际投入外资金额合计 1246.1 亿美元，占全国实际使用外资总额的 95.1%，其中，丹麦、荷兰对华投资增长较快。上述国家（地区）对中国的投资数据包括这些国家(地区)通过英属维尔京、开曼群岛、萨摩亚、毛里求斯和巴巴多斯等自由港的对华投资。

延伸阅读 8.2
中国外商投资环境持续优化

5. 外资企业成为利用外资的主要形式

外资企业和中外合资企业是中国利用外资最主要的两种企业形式。2017 年这两类企业数量和利用外资规模合计分别占整体的 99.2% 和 92.4%,占比与 2016 年基本持平。外资企业表现亮眼,新增企业数量、增速均高于整体水平,利用外资金额止跌企稳,并呈现增长态势。新增企业数方面,2017 年中国新增外商投资企业 35 652 个,其中外资企业 27 007 个,同比增长 28.5%,整体占比 75.8%;中外合资企业 8364 个,同比增长 25.6%,整体占比 23.5%。

8.4.2 中国对外直接投资发展概况

中国对外直接投资经历了从缓慢发展到快速扩张的过程,主要特点如下:

1. 投资规模稳步提升,位居全球第三

1982—2016 年,中国对外直接投资从 0.44 亿美元飞升至 1831 亿美元。2017 年中国对外直接投资 1582.9 亿美元,同比下降 19.3%,自 2003 年中国发布年度对外直接投资统计数据以来,首次出现负增长,但仍为历史第二高位(仅次于 2016 年),占全球比重连续两年超过一成。中国对外投资在全球外国直接投资中的影响力不断扩大,投资流量规模仅次于美国(3422.7 亿美元)和日本(1604.5 亿美元),位居全球第三。从双向投资情况看,中国对外直接投资流量已连续 3 年高于吸引外资。[①]

2. 存量规模升至全球第二,但与美国差距仍然较大

2002—2017 年,中国对外直接投资存量逐年上涨并呈现加速增长态势,从 371.72 亿美元大幅提高到 18 090.4 亿美元,占全球外国直接投资流出存量份额的 5.9%,分布在全球 189 个国家(地区);存量规模较 2016 年年末增加 4516.5 亿美元,在全球存量排名跃升至第二位。但中国与排名第一的美国(7.8 万亿美元)存量规模差距仍然较大,仅相当于美国的 23.2%,与位列第三位至第六位的中国香港、德国、荷兰、英国比较接近。

3. 并购领域广泛,境外融资规模创历史之最

2017 年,中国企业对外投资并购依旧活跃,共实施完成并购 431 起,涉及 56 个国家(地区),实际交易总额 1196.2 亿美元,其中直接投资 334.7 亿美元,占并购总额的 28%,占当年中国对外直接投资总额的 21.1%;境外融资 861.5 亿美元,规模较上年高出七成,占并购总额的 72%,是企业境外融资规模最大的年份。中国化工集团 421 亿美元收购瑞士先正达公司 98.06% 股权是 2017 年中国企业"走出去"实施的最大海外并购项目,同时也是当年全球跨境并购第二大项目。

2017 年,中国企业对外投资并购涉及制造业、采矿业、电力热力燃气及水的生产和供应业等 18 个行业大类。从并购金额上看,制造业 607.2 亿美元,是 2016 年的 2 倍,居首

[①] 中国商务部. 2017 年度中国对外直接投资统计公报[EB/OL]. http://www.fdi.gov.cn/1800000121_33_11652_0_7.html.

位,涉及163个项目。采矿业114.1亿美元,同比增长52.1%,居次席。中石油集团与华信集团收购阿布扎比国家石油公司12%股权是该领域年度最大金额并购项目。电力热力燃气及水的生产和供应业126.5亿美元,同比增长12.8%,居第三位。国家电网公司收购巴西CPFL项目是该领域年度最大金额的并购项目。

4. 对欧洲、非洲的投资快速增长,流向"一带一路"沿线国家投资增长

如图8-3所示,2017年,流向欧洲的投资达184.6亿美元,创历史最高值,同比增长72.7%;流向非洲的投资达41亿美元,同比增长70.8%。对"一带一路"沿线国家的直接投资流量为201.7亿美元,同比增长31.5%,占同期中国对外直接投资流量的12.7%。

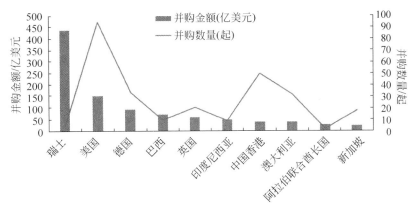

图8-3　2017年中国企业对外投资并购十大目的地(按并购金额)

数据来源:2017年度中国对外直接投资统计公报。

5. 人民币对外投资活跃,收益再投资占比超四成

2017年,中国对外直接投资流量的两成是以人民币方式出资,涉及中国境内企业数量超过800家,主要形成对境外企业股权和债务工具投资。从流量构成看,2017年新增股权投资679.9亿美元,占流量总额的42.9%;债务工具投资(仅涉及对外非金融类企业)为206.6亿美元,占13.1%;2017年中国境外企业收益再投资696.4亿美元,同比增长127%,占同期中国对外直接投资流量的44%。

6. 境外企业对东道国税收和就业贡献明显,对外投资双赢效果显著

2017年,境外企业向投资所在国缴纳的各种税金总额达376亿美元,雇用外方员工171万人,较2016年年末增加36.7万人,对东道国税收和就业贡献明显。

8.5 《与贸易有关的投资措施协议》的运用

中国作为世界外资进入最多的发展中国家,应充分重视TRIMs协议对外资的干预和调控作用,引导外国投资,促进本国产业结构升级和经济发展。同时,应为中国海外直接投资提供更大的发展空间和更多的成长机会。

8.5.1 政府层面

1. 把握和运用好透明度原则

政府要公布关于外商投资的内部文件,一方面指导外商投资,另一方面加强对外资企业的监督和管理。该原则规定,成员可以不公开有碍法律实施或对公共利益及特定企业的合法商业利益造成损害的信息。这一条清楚表明了透明度原则所要求公布的 TRIMs 范围,中国可以灵活运用,把握好透明度原则的度。

2. 把握和运用好国民待遇原则

给外资国民待遇,并不意味着内资与外资的绝对平等。在当今国际社会,没有任何一个国家给予外资与内资完全相同的国民待遇。发达国家、发展中国家均对外资进行了若干限制,只是限制的范围与程度不同。中国应遵循 TRIMs 协议与相关国际投资规范、惯例确立的原则和规则及例外规定,在涉及国家安全、社会公共利益、传统民族工业、特殊自然资源、幼稚产业和支柱产业等方面,对外资予以适当的限制或禁止并不违背国民待遇原则。

3. 把握和运用好取消数量限制原则

取消中国外资立法中有关数量限制的一些规定是建立正常的市场运行机制,实现贸易与投资自由化的一种基本措施。此外,由于 WTO 协定中"保障和例外条款"的使用有严格限制条件,中国的配额许可证管理商品应逐步减少,且应在具体做法上灵活一些,如对进行配额许可证管理的商品做具体的规定。

4. 把握和运用好发展中国家特殊待遇及例外原则

东道国为实现本国经济发展目标,可对外国投资继续采取 TRIMs 协议未予禁止的措施加以引导。例如,美国在诉加拿大外国投资审查法案中认为,"要求投资者出口一定数量或比例的产品的出口义务"与规定不符,但 GATT 专家小组持否定态度,认为 TRIMs 协议并无明确禁止。同时,对于 TRIMs 协议所禁止的措施,在某些情况下可援引例外而继续适用。此外,还可以通过其他措施,达到相同的目的。例如,当地成分要求是被 TRIMs 协议所禁止的,但我们可以利用普惠制及原产地规则,达到当地成分的目的;运用反垄断立法,对某些产品制定以关键技术为标准的原产地规则,促使采用先进技术并且扩散先进技术,真正达到"以市场换技术"的目的。

8.5.2 企业层面

发展中国家多采用 TRIMs 来管理跨国投资。因此,中国对海外直接投资应尽量选择属于 WTO 成员的发展中国家,因为这些国家受 TRIMs 协议的约束和管制,投资的法律环境相对较好。

模拟谈判

欧美与中国汽车零部件关税纠纷

由于中国进口整车的关税税率是 25%,而零部件的关税税率是 10%,为了逃避较高的整车关税,国内不少汽车厂商大量从国外进口零部件,然后再组装成整车,在国内销售。为了制止这一避税行为的频繁发生,海关总署、国家发展和改革委员会、财政部、商务部根据《汽车产业发展政策》及有关规定制定了《构成整车特征的汽车零部件进口管理办法》,于2005年4月1日起执行。根据这些文件的规定,进口全散件或半散件组装的汽车,进口车身、发动机两大总成装车,进口车身和发动机两大总成之一及其他三个总成以上装车,进口除车身和发动机两大总成以外其他五个总成以上的装车,进口零部件的价格总和达到该车型整车总价格的60%以上,均被认定构成整车特征,须按整车税率缴纳关税。

美国、加拿大、欧盟等认为中国的做法违反了WTO的相关原则:国民待遇原则、最惠国待遇原则、TRIMs协议有关规定等。有关各方与中国就汽车零部件的进口关税问题纠纷不断。申诉方欧盟、美国、加拿大认为:①中国违反了WTO法律文件规定的国民待遇原则;②违反了《GATT 1994》第2条"每一缔约方对其他缔约方的贸易所给予的待遇不得低于本协议所附有关减让表中有关部分规定的待遇";③违反了《与贸易有关的投资措施协议》第2条不得强制规定"当地成分"的规定。被诉方中国认为:对进口汽车零部件实施的有关管理规定,是为了防止利用整车和零部件的关税差别规避海关监督、偷逃关税的行为,也是保护消费者利益的需要,相关规定符合中国加入WTO时的承诺,也符合WTO有关规则。

2006年3月30日,欧盟、美国分别致函中国常驻WTO代表团,提出在WTO争端解决机制下的磋商请求。

2006年8月初,海关总署、商务部、财政部和国家发改委发出公告,宣布《管理办法》中构成整车特征的三个标准中的第三个标准,推迟2年实施。

2006年9月16日,欧盟、美国和加拿大联合向WTO提出申诉,要求WTO专门成立专家组,这是欧美加首次联合要求WTO对中国单一政策开展调查。

2008年2月13日,WTO专家组形成中期报告,初步裁定中国对进口汽车零部件所征收的关税与进口整车关税达到相等额度,违反了承诺。

2008年7月18日,WTO争端解决机构专家组公布了上述相关争端的裁决报告。9月15日中国提出上诉。

2008年12月15日,WTO上诉机构公布了最终裁决报告,维持了专家组的裁决。

(资料来源:黄卫平,陈秋云.欧美与中国汽车零部件关税纠纷案例分析[J].涉外税务,2009(1):68-71.)

前期准备知识:中国汽车行业发展现状,进出口关税情况。

(1) 根据此案例进行模拟谈判,运用TRIMs条款及其例外阐述。

(2) 欧美在此案例中的意图是什么?

(3) 根据此案例你对TRIMs中的本地成分要求有什么深刻的理解?

(4) 中国今后应如何避免此类争端的再次发生?

8.6 习 题

1. 名词解释

TRIMs 协议　解释性清单　限制性商业管理

2. 简答题

（1）简述 TRIMs 协议的宗旨。

（2）简述 TRIMs 协议的积极作用。

（3）简述 TRIMs 协议的不足之处。

（4）简述 TRIMs 协议附录部分的内容。

即测即练题

第 9 章

《贸易便利化协定》解读与运用

《贸易便利化协定》(Trade Facilitation Agreement，TFA)是 WTO 成立后达成的第一个多边贸易协定。当前，全球工业社会再架构呈现三个突出特点：经济行为的数字化；国际直接投资总量和区位变化；高生产率的服务业。数字化时代，鉴于其促进包容性增长和可持续发展的潜在作用，电子商务、投资和服务等议题已经成为经济政策制定的重中之重。《贸易便利化协定》反映了与未来倡议对接的坚实基础，该协定包含一系列有约束力的多边规则，并将透明度和非歧视性作为两大基础。据估计，全面实施《贸易便利化协定》将使贸易成本平均降低 14.3%，并使全球贸易每年最多增加 1 万亿美元，其中最贫困国家的贸易增幅最大。在 WTO 历史上，执行该协定的要求首次与该国执行该协定的能力直接挂钩。2014 年 7 月，WTO 宣布启动《贸易便利化协定基金》，帮助发展中国家和最不发达国家落实《贸易便利化协定》。该基金自 2014 年 11 月 27 日通过《贸易便利化议定书》后开始运作。

本章主要介绍《贸易便利化协定》的产生背景、宗旨、有关货物便利化的规定、生效和实施的意义及中国实施情况等。

★学习目标和要求

(1) 了解贸易便利化的含义；

(2) 熟悉《贸易便利化协定》的构成框架及主要内容；

(3) 认识《贸易便利化协定》对 WTO、WTO 成员及中国新型开放经济体系的重要意义。

9.1 《贸易便利化协定》的产生背景

WTO 和联合国贸易与发展会议(UNCTAD)认为，贸易便利化是指国际贸易程序[①]的简化与协调。随着国际贸易规模的扩大和世界贸易联系的加强，"贸易的非效率"作为一种"隐形"的市场准入壁垒日益受到国际社会的关注，世界各国强烈要求国际贸易便利化。

9.1.1 《贸易便利化协定》的谈判过程

1996 年新加坡 WTO 部长级会议上，贸易便利化议题被纳入工作日程，并与贸易与

---

① 国际货物贸易流动所需要的收集、提供、沟通及处理数据的活动、做法和手续。

投资、贸易与竞争政策及政府采购透明度统称为"新加坡议题"。

2001年WTO第四届部长级会议上,各方同意将在就"新加坡议题"谈判模式达成一致的基础上启动谈判。2004年7月,各方就"多哈回合"谈判模式达成一致,并在总理事会上通过了多哈工作计划,其中"新加坡议题"只有贸易便利化纳入工作计划,其他三个议题则从中剔除。在此基础上,贸易便利化谈判工作组于2004年10月成立并正式启动谈判。谈判启动后,由于受到"多哈回合"谈判总体僵持形势的影响,贸易便利化谈判进展并不顺利。

2011年,由于主要发达国家成员与发展中国家成员在农业特殊保障机制、非农工业品部门减让等议题上难以达成共识,"多哈回合"谈判进程遂被叫停,致使2011年全面实现"多哈回合"谈判基本无望。在此情况下,总干事拉米和部分WTO成员转而争取在年底第八届部长级会议上达成部分成果,实现早期收获,但最终未能如愿。

2012年,主要谈判方开始探索就部分议题实现早期收获的可能性。美国、欧盟等发达国家成员率先提出贸易便利化议题,并力推使其成为早期收获的唯一成果,但遭到发展中国家成员的强烈抵制。经过激烈交锋,多数成员谈判立场渐趋务实,支持就此议题开始谈判。2012年10月的总理事会上,除印度外,各方对推动早期收获显示出一定的灵活性。美国也同意增加其他议题进行平衡。

2013年印度尼西亚巴厘岛第九届部长级会议上,经过美印之间的激烈交锋,在中国积极"促谈、促和、促成"谈判立场推动下,各方通过了包括贸易便利化、粮食安全和发展与最不发达成员问题等议题的早期收获,达成"巴厘一揽子协议"。根据巴厘岛部长级会议"《贸易便利化协定》部长决定",总理事会应不迟于2014年7月31日将《贸易便利化协定》纳入《建立WTO协定》的议定书,以便WTO成员启动国(区)内审批程序。但由于印度再次将通过议定书与粮食安全议题挂钩,致使该议定书未能按期通过。经过美印再次博弈,《贸易便利化协定》的相关议定书最终于2014年年底通过。

2017年2月22日在日内瓦WTO总部,WTO总干事阿泽维多宣布,核准《贸易便利化协定》成员已达112个,超过WTO 164个成员的2/3,该协定正式生效。

9.1.2 协议纳入世界贸易组织议定书

WTO总理事会于2014年11月27日在关于《修正〈马拉喀什建立世界贸易组织协定〉议定书》中指出:虑及《贸易便利化协定》,注意到WT/L/940号文件所载总理事会决定已根据《马拉喀什建立世界贸易组织协定》(《建立WTO协定》)第10条第1款获得通过,特此协议如下:

(1) 自本协定书根据第4条生效时起,《WTO协定》附件1A应予以修正,其中纳入本议定书附件所列《贸易便利化协定》,位列《保障措施协议》之后;

(2) 未经其他成员同意,不得对本议定书任何条款提出保留;

(3) 本议定书特此开放供各成员接受;

(4) 本议定书应依照《WTO协定》第10条第3款生效;

(5) 本议定书应交存WTO总干事,总干事应及时向每一成员提

延伸阅读9.1
便利化2.0:在数字时代助力贸易发展

供一份经核证无误的副本,并按照第 3 款规定通知各成员接受本议定书;

(6) 本议定书依照《联合国宪章》第 102 条予以登记。

2014 年 11 月 27 日订于日内瓦,正本一份用英文、法文和西班牙文写成,三种文本具有同等效力。

9.2 《贸易便利化协定》主要规则解读

《贸易便利化协定》(TFA)涉及电子商务、服务、投资与商品。该协定包含了一系列有约束力的多边规则,并将透明度和非歧视性作为两大基础。

TFA 由序言和三大部分共 24 条构成。第一部分(1~12 条),规定各成员在贸易便利化方面的实质性义务;第二部分(13~22 条),规定发展中国家成员在实施 TFA 第一部分条款方面可享受的特殊和差别待遇,主要体现在实施期和能力建设两个方面;第三部分(23~24 条),规定机构安排等内容,包括各成员应成立国家贸易便利化委员会或指定一现有机制,以促进 TFA 的国内协调和实施。

9.2.1 《贸易便利化协定》的宗旨

《贸易便利化协定》的宗旨是期望澄清和改善《GATT 1994》第 5、8 和 10 条的相关方面,以期进一步加快货物(包括过境货物)的流动、放行和结关;认识到发展中国家成员特别是最不发达国家成员的特殊需要及期望增强在此领域能力建设方面的援助和支持;认识到成员间需要在贸易便利和海关守法问题上的有效合作。

TFA 的实施为发展中国家和最不发达国家开辟了新的道路。TFA 是第一个 WTO 成员可以确定自己的执行时间表,并将执行进展明确与技术和财政能力挂钩的协定。贸易便利化协议安排(TFAF)是应发展中国家和最不发达国家的要求,来帮助确保它们获得所需的援助组织和支持的全部好处,并支持所有 WTO 成员全面实施新协议的终极目标。

9.2.2 《贸易便利化协定》的规则

1. 信息的公布与获得

(1) WTO 成员应以非歧视和易获取的方式迅速公布:进出口程序及表格和单证;关税和国内适用税率;进出口或过境征收的规费和费用;海关货物归类或估价规定;与原产地规则有关的法律法规及行政裁决;进出口或过境的限制或禁止;针对违反进出口或过境程序行为的处罚规定;申诉程序;与任何一国或多国缔结的与进出口或过境有关的协定或协定部分内容;与关税配额有关的程序。

TFA 1.1.1: Each Member shall promptly publish the following information in a non-discriminatory and easily accessible manner in order to enable governments, traders, and other interested parties to become acquainted with them:

(a) Procedures for importation, exportation, and transit (including port, airport, and other entry-point procedures), and required forms and documents;

(b) Applied rates of duties and taxes of any kind imposed on or in connection with importation or exportation;

(c) Fees and charges imposed by or for governmental agencies on or in connection with importation, exportation or transit;

(d) Rules for the classification or valuation of products for customs purposes;

(e) Laws, regulations, and administrative rulings of general application relating to rules of origin;

(f) Import, export or transit restrictions or prohibitions;

(g) Penalty provisions for breaches of import, export, or transit formalities;

(h) Procedures for appeal or review;

(i) Agreements or parts thereof with any country or countries relating to importation, exportation, ortransit;

(j) Procedures relating to the administration of tariff quotas.

(2) 每一成员均应通过互联网公布的进出口和过境程序的说明、进出口及经该成员过境所需要的表格和单证、查询地点的联络资料。鼓励各成员通过互联网提供更多与贸易有关的信息。

TFA 1.2.1：Each Member shall make available, and update to the extent possible and as appropriate, the following through the Internet:

(a) A description1 of its procedures for importation, exportation, and transit, including procedures for appeal or review, that informs governments, traders, and other interested parties of the practical steps needed for importation, exportation, and transit;

(b) The forms and documents required for importation into, exportation from, or transit through the territory of that Member;

(c) Contact information on its enquiry point(s).

Members are encouraged to make available further trade-related information through the Internet.

(3) 每一成员均应在其可获资源内,建立或设立一个或多个咨询点,以回答政府、贸易商和其他利益相关方提出的咨询;关税同盟的成员或参与区域一体化的成员可在区域一级建立或设立共同咨询点;鼓励各成员不对答复咨询及提供所需表格和单证收取费用,如收费,应将其规费和费用限制在所提供服务的近似成本以内;咨询点应在每一成员设定的合理时间范围内答复咨询、提供表格和单证,该时间可因请求的性质或复杂程度而不同。

TFA 1.3.1: Each Member shall, within its available resources, establish or maintain one or more enquiry points to answer reasonable enquiries of governments, traders, and other interested parties on matters;

TFA 1.3.2: Members of a customs union or involved in regional integration may establish or maintain common enquiry points at the regional level;

TFA 1.3.3: Members are encouraged not to require the payment of a fee for answering enquiries and providing required forms and documents. If any, Members shall limit the amount of their fees and charges to the approximate cost of services rendered;

TFA 1.3.4: The enquiry points shall answer enquiries and provide the forms and documents within a reasonable time period set by each Member, which may vary depending on the nature or complexity of the request.

2. 贸易法规信息的提前公布、评论与磋商

WTO 成员在法律法规生效前应尽早公布如下信息：向贸易商及其他利益方提供机会和适当时限，就与货物（包括过境货物）的流动、放行和结关的拟议或普遍适用的法律法规进行评论；保证与货物（包括过境货物）的流动、放行和结关相关的新立或修正的普遍适用的法律法规在生效前尽早公布或使相关信息可公开获得，以便贸易商和其他利益方能够知晓。在遵守上述规定下，关税税率的变更与具有效力的措施所适用的措施或国内法律和法律体系的微小变更除外。边境机构应与其领土内的贸易商或其他利害关系方进行定期磋商。

TFA 2.1.1: Each Member shall, to the extent practicable and in a manner consistent with its domestic law and legal system, provide opportunities and an appropriate time period to traders and other interested parties to comment on the proposed introduction or amendment of laws and regulations of general application related to the movement, release, and clearance of goods, including goods in transit;

TFA 2.1.2: Each Member shall, to the extent practicable and in a manner consistent with its domestic law and legal system, ensure that new or amended laws and regulations of general application related to the movement, release, and clearance of goods, including goods in transit, are published or information on them made otherwise publicly available, as early as possible before their entry into force, in order to enable traders and other interested parties to become acquainted with them;

TFA 2.1.3: Changes to duty rates or tariff rates, measures that have a relieving effect, measures the effectiveness of which would be undermined or minor changes to domestic law and legal system are each excluded;

TFA 2.2: Each Member shall, as appropriate, provide for regular consultations between its border agencies and traders or other stakeholders located within its territory.

3. 预裁定

预裁定是指一成员在申请所涵盖的货物进口之前向申请人提供的书面决定,其中规定该成员在进口货物时有关下列事项的待遇:货物的税则归类及货物的原产地。

TFA 3.9.1: An advance ruling is a written decision provided by a Member to the applicant prior to the importation of a good covered by the application that sets forth the treatment that the Member shall provide to the good at the time of importation with regard to: the good's tariff classification and the origin of the good.

鼓励各成员提供关于下列事项的预裁定:根据特定事实用于确定完税价格的适当方法或标准及其适用情况;成员对申请海关关税减免要求的适用性;成员关于配额要求的适用情况,包括关税配额;成员认为适合作出预裁定的任何其他事项等。申请人指出口商、进口商或任何具有合理理由的人员或其代表。一成员可要求申请人在其领土内拥有法人代表或进行注册。在可行的限度内,此类要求不得限制有权申请预裁定的人员类别,并应特别考虑中小企业的具体需要。这些要求应明确、透明且不构成任意的或不合理的歧视。

预裁定制度实质上是将通关审核关口"前推"。在货物进口前,海关就可以通过经贸企业预先提交的材料,对货物的归类和原产地等事项作出初步评估。在货物实际到达后,海关只需进行简单核对即可放行,极大地缩短了经贸企业通关时间,提高了通关效率。

4. 申诉或审查程序

WTO 成员应允许贸易商就海关行政决定提出行政申诉或司法审查。若成员未在其法律或法规规定的期限内作出申诉或审查决定,或出现不适当的拖延,贸易厂商有权向更高一级的行政机关或司法机关进一步提出上诉或审查的要求,以维护贸易厂商自身的合法权益。

目前中国企业较少使用进口国的申诉或司法审查机制,而更多地采取"找关系"的传统做法来解决问题。在 TFA 实施后,当中国出口货物在国外遭遇不合理对待时,中国企业可以运用法律手段维护自身的合法权益。

5. 增强公正性、非歧视性及透明度的其他措施规定

各成员针对进口食品、农产品普遍采取严格而烦琐的检验检疫程序,且检验项目多,检验频率高,大大延长了通关时间,增加了检验、仓储等通关成本,削弱了进口农产品及食品的竞争力。为改善上述状况,TFA 为此作出许多规定,加强了有关进口食品方面的约束纪律,主要包括坚持非歧视原则、透明度原则,加强对成员发布更加严格的进口食品安全检查通知的纪律。进口成员增加新的检验要求需要以风险评估为依据,采取产生贸易

限制较小的方式,仅适用于特定入境地点,且在情况变化或不复存在后迅速终止等;海关或其他主管机关扣留货物时应立即通知承运商或进口商;在首次检验不合格的情况下,经申请,贸易厂商可获得二次检验的机会,以减少由此带来的损失或避免运营成本的提高。

6. 对进出口货物收费或者与进出口货物有关的费用和处罚的纪律

(1) 进出口收费的一般纪律。除了关税和国内税外,成员对进出口征收费用的信息应予以公布,并在公布时间与生效时间之间留出过渡期;对收费要求要进行定期审议,以期减少收费的数量和种类;相关海关费用不得超过所提供服务的成本。这些规定有助于贸易厂商及时或提前了解进出口收费的数量、种类、支付时间和方式等,以便对贸易运营行为进行更好的规划。TFA 对海关业务所收取费用不得超过所提供服务的成本的规定,有利于减少和约束乱收费现象,帮助贸易厂商进一步降低贸易成本。

TFA 6.1: In addition to duties and internal taxes, members shall publish information which shall include the fees and charges that will be applied, the reason for such fees and charges, the responsible authority and when and how payment is to be made. An adequate time period shall be accorded between the publication of new or amended fees and charges and their entry into force, except in urgent circumstances. Each Member shall periodically review its fees and charges with a view to reducing their number and diversity, where practicable. Fees and charges for customs processing shall be limited in amount to the approximate cost of the services rendered on or in connection with the specific import or export operation in question etc.

(2) 处罚纪律。成员海关作出的处罚决定应与有关贸易行为违反程度和严重性相一致;处罚的认定和罚金收取应避免产生利益冲突或形成一种对海关官员的激励;海关在作出处罚时,应向被处罚人提供书面说明,列明违法性质及所使用的法律、法规或程序;如果被处罚人在海关发现前主动披露违法情节,则鼓励海关减轻处罚。

TFA 6.3: The penalty imposed shall depend on the facts and circumstances of the case and shall be commensurate with the degree and severity of the breach. Each Member shall ensure that it maintains measures to avoid: (a) conflicts of interest in the assessment and collection of penalties and duties; and (b) creating an incentive for the assessment or collection of a penalty that is inconsistent with paragraph above.

这些规定有助于提高海关处罚行为的规范化和透明度,维护贸易厂商的合法权益;对于贸易厂商主动披露违规的做法,鼓励海关减轻处罚的规定,也有助于推动贸易厂商诚信守法。

7. 货物的放行与清关

（1）抵达前的程序。成员应允许进口商在货物抵达前办理舱单等进口单证提交业务，以便货物在抵达后能够被快速放行。各成员应酌情预先提交电子格式的文件，以便在文件到达前进行处理。

TFA 7.1：Each Member shall adopt or maintain procedures allowing for the submission of import documentation and other required information, including manifests, in order to begin processing prior to the arrival of goods with a view to expediting the release of goods upon arrival. Each Member shall, as appropriate, provide for advance lodging of documents in electronic format for pre-arrival processing of such documents.

（2）电子支付。各成员应在切实可行的范围内采用或维持程序，允许选择以电子方式支付进出口时海关征收的关税、税款和费用。

Each Member shall, to the extent practicable, adopt or maintain procedures allowing the option of electronic payment for duties, taxes, fees, and charges collected by customs incurred upon importation and exportation.

（3）税费与放行分离。当货物的关税、费用等暂时无法确定时，在贸易商提供担保的前提下，海关可对货物先行放行。

（4）风险管理。各成员应设计和实施风险管理，以避免任意或无理歧视，或变相限制国际贸易；各成员应将海关管制及在可能的情况下将其他相关边境管制集中于高风险货物，并加速放行低风险货物；各成员应通过适当的选择标准，将风险管理建立在风险评估的基础上。这种选择标准除其他外，可包括协调制度代码、货物的性质和说明、原产国、货物装运国、货物的价值、贸易商的遵守记录和运输工具的种类。

（5）清关后的审计。每个成员应以基于风险的方式选择人员或货物进行清关后审计，其中可能包括适当的选择标准。各成员应以透明的方式进行审核。如果该人员参与了审核过程并取得了结论性结果，则该成员应立即将审核结果、该人员的权利和义务及审核结果的理由通知被审核的人员。

（6）建立并公布平均放行时间。鼓励各成员使用世界海关组织（WCO）的时间放行研究等工具，定期并一致地测量和公布其货物的平均放行时间。

（7）对经认证的经营者的贸易便利化措施。对经认证的经营者[①]给予通关便利，如降低单证和数据要求、降低查验比例、加快放行等。

---

① 经认证的经营者（authorized operators）是指满足特定标准的贸易商，可包括具有良好守法记录、拥有良好的内部控制记录管理系统和财务偿付能力等。

(8) 其他规定。对通过航空运输入境的快运货物,在运营商满足一定条件时,如货物抵达前已提交放行所需信息、快运企业通过使用内部安保和追踪技术对货物保持高度控制、拥有良好守法记录等,给予通关便利,包括减少进口单证要求、尽快放行及对于微量货值的货物免征关税和国内税等。

对于易腐货物,如鲜活农产品等,WTO 成员应适当考虑予以优先查验,并在最短时间内放行。关于每一成员安排或允许一进口商安排在易腐货物放行前予以正确储藏,该成员可要求进口商安排的任何储存设施均已经相关主管机关批准或指定。货物运至该储藏设施,包括经认证的经营者运输该货物,可能需获得相关主管机关的批准。应进口商请求,在可行并符合国内法律的情况下,该成员应规定在此类储藏设施中予以放行的任何必要程序。

从贸易商的角度看,货物抵达前申报和将货物放行,与关税、收费及费用作出决定及费用支付等环节分离,有助于加速货物抵达后的清关和放行,降低贸易成本,缩短交货时间。对海关等口岸管理部门而言,实施上述措施,可实现将监管环节"前推后移",有助于提高实际监管效率;为经认证的经营者提供更加便利的措施,有利于口岸管理部门与经贸企业通过合作大幅提高通关效率。

8. 边境机构合作

各成员应确保其负责处理货物进出口与过境的边境管制和程序的当局及机构相互合作,协调其活动,以促进贸易。各成员应在可能和切实可行的情况下,与同一边界的其他成员在相互商定的条件下进行合作,以便协调边境口岸的程序,促进跨境贸易。这种合作与协调可包括:①调整工作天数和时间;②调整程序和手续;③建设和共享共用设施;④设立一站边境哨所管制。

9. 海关监管进口货物的运输

各成员应在切实可行的范围内,并在满足所有监管要求的情况下,允许拟进口的货物在其海关控制的领土内从一个进口海关办公室移至另一个海关办公室,货物将从该海关办公室放行或清关。

10. 办理进出口、过境手续

相关内容包括:减少和简化进出口手续及单证要求、接受进出口证明单证副本、鼓励成员在制定进出口手续和单证时以国际标准为依据、努力设立单一窗口①(一点提交和一点反馈)、取消与税则归类和估价有关的装运前检验、货物临时入境及进出口加工规定、不得强制要求使用海关代理等。上述措施将有助于缩短货物的滞留时间,降低交易成本,增加商业机会。单一窗口的建立将有效提高口岸监管部门之间的协作程度,也将加大经贸企业通关的便利和缩短通关时间。

11. 过境自由

各成员不得寻求、采取或设立对过境运输的任何自愿限制或任何其他类似措施。此

---

① 单一窗口(single windows):各成员应努力建立或设立单一窗口,使贸易商能够通过一单一接入点向参与的主管机关或机构提交货物进口、出口或过境的单证和(或)数据要求。待主管机关或机构审查单证和(或)数据后,审查结果应通过该单一窗口及时通知申请人。

规定不妨碍与管理过境相关的且与WTO规则相一致的现行或未来国内法规、双边或多边安排。例如：

（1）每一成员应给予自任何其他成员领土过境的产品不低于给予此类产品在不经其他成员领土而自原产地运输至目的地所应享受的待遇。鼓励各成员在可行的情况下为过境运输提供实际分开的基础设施（如通道、泊位及类似设施）。一旦货物进入过境程序并获准自一成员领土内始发地启运，则不必支付任何海关费用或受到不必要的延迟或限制，直至其在该成员领土内的目的地结束过境过程。

（2）各成员不得对过境货物适用《技术性贸易壁垒协议》范围内的技术法规和合格评定程序。

（3）各成员应允许并规定在货物抵达前提交及处理过境单证和数据。一旦过境运输抵达该成员领土内的出境地点海关，如符合过境要求，则该海关应立即结束过境操作。如一成员对过境运输要求以保证金、押金或其他适当货币或非货币手段提供担保，则此种担保应仅以保证过境运输所产生的要求得以满足为限。一旦该成员确定其过境要求已得到满足，应立即解除担保。

（4）每一成员应以符合其法律法规的形式允许为同一经营者的多笔交易提供总担保或将担保展期转为对后续货物的担保而不予解除。

TFA规定，成员过境运输法规或程序不得构成变相限制，也不得寻求任何自愿限制；过境费用应与所提供服务的成本相当，手续和单证要求不得超过必要限度，不得对过境货物适用技术法规和合格评定程序提出过高的要求。这些规定对处于内陆的WTO成员实现货物铁路和公路联运非常有利。

12. 海关合作

（1）合作的意义。为促进WTO成员的贸易商知晓守法义务、鼓励自愿守法，以允许进口商在适当情况下自我纠错而免予处罚，以及对违法贸易商适用守法措施以实施更为严厉的措施；鼓励各成员通过委员会等方式分享保证海关规定得到遵守方面最佳做法的信息；鼓励各成员在能力建设的技术指导或援助和支持方面开展合作，以管理守法措施并提高此类措施的有效性。合作内容包括信息的提供、保护等。

（2）信息交换与保护。在符合本条规定的前提下，各成员应交换相关信息，以便在有合理理由怀疑进出口申报的真实性或准确性时，对该项申报进行核实。信息内容包括：所涉进口申报相对应的出口申报的序列号；提出请求成员寻求信息或单证的目的，并附上该请求相关人员的姓名和联系方式。

（3）信息的提供与拒绝提供。被请求成员应迅速做好以下有关信息的提供工作：通过纸质或电子形式予以书面答复；提供进口或出口申报中所列具体信息，或在可获得的情况下提供申报本身，并附要求提出请求成员给予的保护和保密性等级的描述；如提出请求，提供下列用于证明进口或出口申报的单证中所列具体信息，或在可获得的情况下提供单证本身；商业发票、装箱单、原产地证书及提单，以单证提交的形式提供，无论纸质或电子形式，并附要求提出请求成员给予的保护和保密性等级的描述；确认所提供单证为真实副本；在可能的情况下，在提出请求之日起90天内提供信息或对请求作出答复。

被请求成员可根据其国内法律和法律制度,在提供信息之前要求得到以下保证:未经被请求成员明确书面许可,特定信息不被用作刑事调查或司法诉讼及非海关诉讼的证据。若提出请求成员无法满足这一要求,则应向被请求成员予以说明。

在下列情况下,被请求成员可对提供信息的请求予以迟复或者全部或部分拒绝,并应通知提出请求成员迟复或拒绝的原因:与被请求成员国内法律和法律制度所体现的公共利益相抵触;其国内法律和法律制度禁止发布该信息;提供信息将妨碍执法或者干扰正在进行的行政或司法调查、起诉或诉讼;管辖保密信息或个人数据的收集、保护、使用、披露、保留和处理的国内法律和法律制度要求必须获得进口商或出口商同意,而未获同意;提供信息请求在被请求成员关于保留单证的法律规定失效后收到。

(4) 关注信息的行政负担和程序安排。提出请求成员应考虑答复信息请求对被请求成员资源和成本的影响,寻求请求获得答复的财政利益与被请求成员为提供信息所付出努力之间的均衡性。若一被请求成员自一个或多个提出请求成员处收到数量庞大的提供信息请求,或信息请求范围过大,无法在合理时间内满足此类请求,则该成员可要求一个或多个提出请求成员列出优先顺序,以期在其资源限度内议定一个可行的限额。若未能达成双方同意的方式,则此类请求的执行应由被请求成员根据其自身优先排序结果自行决定。

(5) 未经授权的使用或披露。若违反了本条使用或披露条件下交换的信息,接收信息的请求成员应立即将这种未经授权使用或披露的细节告知提供信息的被请求成员,同时可采取必要措施弥补违反行为,防止未来的任何违反行为;采取措施通知被请求成员;被请求成员可暂停履行本条项下对提出请求成员的义务。

(6) 有关双边和区域协定的规定。本条任何规定不得阻止任一成员达成或维持关于海关信息和数据共享或交换,包括自动或在货物抵达前以安全快速为基础的共享或交换的双边、诸边或区域协定。本条任何规定不得解释为改变或影响各成员在此类双边、诸边或区域协定项下的权利或义务,也不管辖根据其他此类协定项下的海关信息和数据交换。

9.2.3 对发展中国家成员和最不发达国家成员的特殊安排

实施协定条款的程度和时限应与发展中国家成员和最不发达国家成员的实施能力相关联。若一发展中国家成员或最不发达国家成员仍然缺乏必要能力,则在获得实施能力前,不要求实施相关条款。最不发达国家成员作出与其各自发展、财政和贸易需求或其管理和机构能力相一致的承诺,有下列三个类别的规定,具体要求见 TFA 第 13～22 条内容。

A 类,包含一发展中国家或最不发达国家成员指定的自协定生效时起立即实施的条款,或对于最不发达国家成员在生效后 1 年内实施的条款,如第 15 条所规定。

B 类,包含一发展中国家成员或最不发达国家成员指定的在协定生效后的一过渡期结束后的日期起实施的条款,如第 16 条所规定。

C 类,包含一发展中国家成员或最不发达国家成员指定的在协定生效后的一过渡期结束后的日期起实施的、同时要求通过提供能力建设援助和支持以获得实施能力的条款,如 TFA 第 16 条所规定。

9.2.4 制度安排和最后规定

1. 设立贸易便利化委员会

WTO成员依协定设立贸易便利化委员会。委员会应向所有成员开放,并选举自己的主席。委员会应根据协定有关条款的需要或设想举行会议,但每年不能少于一次,以给予成员机会就有关协定的运用或促进其目标实现的任何事项进行磋商。委员会应承担由协定或成员赋予其的各项职责。委员会应制定自己的议事规则,其内容包括:按要求设立附属机构;制定供成员酌情分享相关信息和最佳做法的程序;与贸易便利化领域中的其他国际组织(如WCO)保持密切联系,旨在获得关于实施和管理本协定的最佳建议,并保证避免不必要的重复工作。为此,委员会可邀请此类组织或其附属机构的代表出席委员会会议,并讨论与本协定实施相关的具体事项。

为此,委员会应自协定生效起4年内并在此后定期审议协定的运用和实施情况;鼓励各成员向委员会提出与协定实施和适用相关的问题;委员会应鼓励和协助成员之间就协定项下的特定问题进行专门讨论,以期尽快达成双方满意的解决方案。

2. 设立国家贸易便利化委员会

每一成员应建立并(或)设立国家贸易便利化委员会,或指定一个现有机制,以促进国内协调和协定条款的实施。

3. TFA约束力与实施协定

任何条款不得解释为减损各成员在《GATT 1994》项下的义务。协定任何条款不得解释为减损各成员在《技术性贸易壁垒协议》和《实施卫生与植物卫生措施协议》项下的权利和义务。《GATT 1994》项下所有例外和免除应适用于本协定。

经《关于争端解决规则与程序的谅解》详述和适用的《GATT 1994》第22条和第23条的规定应适用于协定项下的磋商和争端解决,除非协定另有具体规定。

未经其他成员同意不可对协定的任何条款提出保留。

9.3 《贸易便利化协定》实施的意义

协定生效以来,作为唯一打破"多哈回合"僵局的多边协议,给贸易政策改革议程提供了动力,给沉闷的谈判环境注入了新的活力。经4/5的成员批准通过,《贸易便利化协定》是贸易推进规则谈判的切实案例。

9.3.1 拓宽了世界贸易组织多边贸易规则

《贸易便利化协定》是WTO建立后达成的第一个多边贸易协定,是"多哈回合"谈判启动以来的重要突破,并且赢得了国际社会的众多赞誉。WTO总干事罗伯托·阿泽维多认为,《贸易便利化协定》是21世纪全球贸易领域发生的最大变革。

联合国贸易和发展会议副总干事约阿基姆·赖特雷尔认为,这一协定在实现"更便宜、更方便和更快捷"的全球贸易之路上向前迈进了一大步。欧盟委员会主管贸易的委员塞西莉亚·马尔姆斯特表示,更好更快的边境手续、更顺畅的贸易流动将令全球贸易焕发新活力,而中小企业将成为最大赢家。联合国国际贸易中心执行主任阿兰查·冈萨雷斯认为,协定将使更多的中小企业走出本地、本国市场限制,更好地融入地区及国际价值链。

9.3.2 为全球经贸带来可观的收益

据 OECD 测算,《贸易便利化协定》实施将使各类经济体贸易成本实现实质性下降,其中低收入经济体贸易成本下降 14.5%,中低收入经济体贸易成本下降 15.5%,中高收入经济体贸易成本下降 13.2%。据彼得森经济研究所测算,《贸易便利化协定》将使全球贸易增加 1 万亿美元,其中发展中国家和发达国家分别增加 5690 亿美元和 4750 亿美元;将使全球 GDP 增长 9600 亿美元,其中发展中国家增长 5200 亿美元,发达国家增长 4400 亿美元;将给全球带来 2100 万个新的就业岗位,其中发展中国家 1800 万个,发达国家 300 万个。

据 WTO 估算,《贸易便利化协定》实施后,将使全球贸易成本减少约 14.3%,到 2030 年将使全球出口额外增加 2.7%,推动全球经济额外增长 0.5%。总干事阿泽维多强调说,TFA 实施后的贡献比取消全世界所有关税的意义还大。具体来看,相对于发达经济体,发展中经济体和最不发达经济体由于目前承担更高的贸易成本,所以未来将从《贸易便利化协定》中获益更多。WTO 预计《贸易便利化协定》实施后,发展中经济体和最不发达经济体的出口商品数量将分别增加 20% 和 35%;同时,两者的海外市场规模将分别扩大 30%~60%,这有助于减少它们在面对外部经济动荡时的脆弱性。

9.4 《贸易便利化协定》与中国

9.4.1 中国贸易便利化发展现状

中国积极支持《贸易便利化协定》的达成,早在 2014 年 6 月 30 日就向 WTO 通报了 TFA 的实施计划,除对单一窗口、公布平均放行时间、货物暂准出境加工及海关合作要求一定的过渡期外,对于 TFA 其余条款,均作出在 TFA 生效后立即实施的承诺。中国 2015 年 9 月 4 日向 WTO 提交批准书。

作为全球第二大经济体、制造业大国、货物贸易大国,自 2017 年 2 月 22 日 WTO《贸易便利化协定》正式生效以来,中国积极促进贸易便利化发展,推动单一窗口建设,简化企业在通关过程中的手续,缩短通关时间,以及加强国际合作,特别是监管部门进行监管的相互认证,使企业在通关过程中避免重复认证。2018 年以来,中国又陆续推出了一系列有利于贸易便利化的措施,如《优化口岸营商环境促进跨境贸易便利化工作方案》《关于加快提升通关便利化水平的通知》《进一步推进中国(上海)自由贸易试验区外汇管理改革试点实施细则(4.0 版)》等先后印发。2019 年 8 月 26 日,国务院印发《中国(山东)、(江苏)、

(广西)、(河北)、(云南)、(黑龙江)自由贸易试验区总体方案》。自由贸易试验区扩围,进一步提升了贸易便利化水平。据海关总署统计,2018年中国进口、出口整体通关时间分别压缩约56%和61%。与此同时,2019年1月1日起,国际航行船舶通过"单一窗口"申报全面实现了"一单多报",海关总署指导上海、天津等主要港口制定口岸经营服务企业场内转运、吊箱移位等操作时限标准,通过"单一窗口"等信息平台向进出口企业、口岸作业场站推送查验通知,增强通关时效的可预期性。"单一窗口"的建设进一步优化了口岸营商环境,有效降低了通关成本、缩短了通关时间、减轻了企业负担。2018年年初启动的上海口岸跨境贸易管理大数据平台也使通关更加便利。

9.4.2 《贸易便利化协定》对中国的积极影响

对于国家来说,加入《贸易便利化协定》是深化口岸改革、降低贸易成本、提高企业竞争力、促进跨境电子商务新型贸易业态的重要契机和举措。中国自2001年加入WTO后,对外总体关税水平从15.3%降至9.8%;推进贸易便利化措施和削减非关税贸易壁垒成为中国促进货物贸易领域自由化的主要措施。加入《贸易便利化协定》有助于中国以开放促改革,加速口岸现代化进程,提高多部门管理监管的水平,建立高效率的货物贸易体系。中国的贸易便利化改革是指通过简化程序、增强透明、统一标准、完善规范、减少限制等一系列措施,降低国际贸易活动中的交易成本,从而促进货物、服务的自由流动,实现对国际贸易制度和手续的简化与协调。自由贸易试验区的壮大进一步推动了贸易便利化的发展。截至目前,中国自由贸易试验区数量已经扩大到18个,覆盖从南到北、从沿海到内陆,包括2013年首个设立的上海自由贸易试验区,2015年设立的广东、天津、福建自由贸易试验区,2017年设立的辽宁、浙江、河南、湖北、重庆、四川、陕西自由贸易试验区,2018年设立的海南全岛自由贸易试验区,以及2019年设立的山东、江苏、河北、云南、广西、黑龙江自由贸易试验区。中国自由贸易试验区版图的逐渐扩容,不仅有利于中国通过改革创新助推沿边开放,辐射带动沿边发展,为中国进一步密切同周边国家的经贸合作、提升沿边地区开放开发水平提供可复制、可借鉴的改革经验,在贸易投资自由化、便利化等方面也将作出巨大贡献。

延伸阅读 9.2
在"一带一路"建设中,推动 WTO《贸易便利化协定》的全球实施

对于企业来说,贸易便利化使企业通关成本大幅下降,为企业开拓国际市场提供了更有力的支持。贸易便利化节省了企业进出口贸易的时间成本,特别是对于时间成本较高的产业来说能够大幅节省企业成本,促进企业的快速发展,进而拓宽企业的贸易领域,让企业原本不予考虑的高成本、高风险产品进入市场。对于需求弹性较大的产品来说,通关时间的缩短也会让产品的供应更加自如,减少货物的囤积,进而节约大量的生产成本。而一旦进出口通关时间缩短,商品的进出口效率将大大提升,从而节约企业的交易和流通成本,有助于中国国际贸易企业积极进行对外贸易与合作,促进中国经济增长。

实施 TFA 将有助于中国口岸综合治理体系现代化,提高中国产品竞争力和改善吸引外资环境。中国经贸企业较少使用进口成员的申诉或司法审查机制,而更多地采取"找关系"的习俗做法解决问题。在 TFA 实施后,当中国出口货物在进口成员遭遇不合理对

待时,中国经贸企业若能主动运用申诉或审查法律手段,将有利于维护企业自身的合法权益。

实施 TFA 将普遍提高中国主要贸易伙伴特别是发展中国家成员的贸易便利化水平,减少中国产品出口障碍并营造便捷的通关环境,有利于"一带一路"倡议的落实。TFA 实施将推动中国相关部门的深化改革,在货物通关、检验等方面提供更好的服务,减少中国口岸进口货物的程序,减少费用和缩短通关时间,既满足了中国深入参与全球价值链和互联网时代新商业业态发展的需要,也符合中国进一步深化改革、构建新型开放体系的目标。

9.5 习 题

1．名词解释

贸易便利化　过境自由　海关合作

2．简答题

(1) 简述《贸易便利化协定》的宗旨。

(2) 简述《贸易便利化协定》的主要内容。

(3) 简述《贸易便利化协定》实施的意义。

3．论述题

2019 年 1—6 月,海关总署围绕推动口岸营商环境的改善,重点做了进一步简化监管证件和随附单证、持续减少进出口环节的费用、多措并举压缩货物整体通关时间、提升口岸通关信息化水平、开展促进跨境贸易便利化专项行动五方面的工作。

监管证件和随附单证简化方面,进出口环节验核的监管证件数量从 86 种减到 46 种,除 4 种因安全保密需要不能联网外,其余 42 种全部实现联网核查自动比对,37 种实现了网上申报、网上办理。海关总署与商务部联合公告取消了 118 项商品自动进口许可证,全面推广电子报关委托,实现《海关专用缴款书》企业自行打印和出口原产地证网上申报及自助打印。

进出口环节的费用也在持续降低。海关牵头研究制定进出口环节收费公示模板,推动各地按时完成公示任务,推动降低经营服务性收费。

海关多措并举压缩货物整体通关时间,优化进出口"提前申报",加快开通农副产品快速通关"绿色通道",优化中欧班列监管,加快推进 AEO 国际互认合作,实施进口铁矿石等大宗资源性商品"先验放后检测",开展关税保证保险改革等。

提升口岸通关信息化水平方面,国际贸易"单一窗口"提供企业网上服务事项 495 项,每日申报业务量 500 万票以上,货物申报应用率达到 100%,舱单和运输工具申报应用率达到 90%以上。实现国际航行船舶进出境申报"一单多报",推广新一代税费电子支付系统,推动海运换提货单无纸化,推动实现绝大部分低风险货物无干预快速通关。

在北京、天津、上海三地部署开展为期 3 个月的促进跨境贸易便利化专项行动,推出了 27 项"先行先试"的措施。

(资料来源:五方面工作推动口岸营商环境改善[EB/OL].国务院新闻办公室,http://www.scio.gov.cn/xwfbh/xwbfbh/wqfbh/39595/40975/zy40979/Document/1659321/1659321.htm.)

问题:

(1)中国海关积极推动口岸营商环境改善与 TFA 有什么关系?

(2)口岸营商环境改善对企业开展对外贸易有哪些积极影响?

第 10 章

世界贸易组织的其他议题

WTO 不仅在货物、服务及知识产权领域达成了很多协议,也对全球经济发展予以全方位关注,在贸易与环境、电子商务、妇女与贸易等领域进行了深入的探讨。可持续发展和环境保护是 WTO 的基本目标。电子商务的快速发展正在为贸易创造更多新的机会。国际航空事业的飞速发展带来了机遇与挑战。贸易可以在促进妇女经济赋权方面发挥重要作用。

本章介绍了 WTO 的其他议题,重点介绍贸易与环境的相关规则及电子商务议题的最新进展。

★ 学习目标和要求
(1) 了解 WTO 贸易与环境的相关规则及最新进展;
(2) 了解 WTO 中电子商务议题的最新进展;
(3) 了解 WTO 的其他议题,如妇女与贸易等。

10.1 世界贸易组织贸易与环境规则

随着世界经济和国际贸易的发展,环境问题日渐凸显并成为全人类面临的最紧迫的议题之一。自 20 世纪 70 年代起,环境问题开始为国际社会所重视。1995 年,WTO 设立了贸易与环境委员会,旨在明确环境贸易措施与多边贸易体制之间的关系。

10.1.1 贸易与环境

1. 贸易与环境的冲突

随着世界经济一体化进程的加快,贸易与环境之间的关系越来越密切,二者之间既相辅相成又相互矛盾,但二者之间的冲突是当前贸易环境问题的焦点。

从环境的角度来看,主要有以下方面的问题:①贸易活动的开展扩大了生产和消费活动的规模,增加了自然资源的消耗和废物的排放,加剧了环境退化;②在将货物从一国运至另一国的过程中,运输工具的废气排放会导致环境污染;③某些濒危物种的贸易加速了物种的消亡,不利于生物多样性的保护;④某些有毒废物的跨境转移造成了他国的环境污染;⑤传统的贸易和投资理论仅仅考虑狭义的经济利益,而没有考虑广义的社会效益,特别是生态环境效益,如果一味追求经济效益,结果很可能付出惨重的生态环境代价,导致环境的污染。

从贸易角度来看,为了保护环境而采取的某些措施限制甚至禁止了某些产品的贸易,即"绿色贸易壁垒"[①],影响了贸易的发展。在各国指定的协议、法规和政策措施中,限制甚至禁止某些产品的贸易成为实现环境保护目的的重要手段,这对贸易来说就形成了市场准入的壁垒。以环境保护为目的的绿色壁垒从总体上说是合理的,符合国际环境保护潮流,但它仅仅从环境保护的角度出发,没有或很少考虑对贸易的影响,没有很好地协调贸易与环境的关系。而且在具体实施过程中,绿色贸易壁垒很容易被贸易保护主义所利用。

从政策制定的角度来看,政策的制定者往往没有兼顾环境与贸易两个方面,没有很好地协调二者的关系。一方面,环境保护主义者批评 WTO 没有在其内容中包含足够多的环境保护内容;另一方面,自由贸易主义者也担心出于环境保护目的而使用贸易限制措施会阻碍国际贸易的正常发展,成为变相的贸易壁垒和新的贸易保护形式。例如,许多多边环境协议使用贸易限制措施来实现环境保护的目的,仅考虑了环境保护,而没有考虑环境限制措施的实施对贸易的影响。

2. 环境问题在 GATT/WTO 的进展

自 1972 年联合国在斯德哥尔摩召开"如何解决人类环境问题"的国际会议开始,GATT/WTO 框架内有关环境问题的讨论从未停止。

1971 年,应联合国的要求,GATT 秘书处为斯德哥尔摩会议准备了一份研究报告,题目是"工业污染控制和国际贸易",集中阐述了环境保护政策对国际贸易的影响。时任 GATT 总干事奥利维尔·朗(Oliver Long)将这份报告提交给各缔约方讨论,要求他们对环境政策给国际贸易带来的潜在影响进行深入研究,由此引发了对贸易和环境问题的讨论。

1971 年 11 月,"环境措施与国际贸易小组"(EMIT)正式成立,小组成员向所有 GATT 缔约方开放,并规定只有在缔约方的提议下,小组才召开会议。但遗憾的是,在近 20 年的时间里,没有一个缔约方提议召开小组会议。但在此期间,GATT 框架内达成了一系列有关环境问题的协定。在"东京回合"和"乌拉圭回合"谈判达成的协定中,有很多涉及与贸易有关的环境问题。1991 年美国和墨西哥爆发了著名的"金枪鱼—海豚"争端,引发了对环境保护政策与贸易之间关系的高度关注。

1991 年,欧洲自由贸易协会(EFTA)的成员国向 GATT 总干事提议尽快召开 EMIT 小组会议,就与贸易有关的环境问题进行磋商,以迎接 1992 年联合国环境发展大会。但由于贸易与环境问题的复杂性,以及各方利益分歧,"乌拉圭回合"谈判的新议题中未达成专门的环境协议。

1994 年,《建立世界贸易组织的马拉喀什协议》正式签署。在协议的序言中,环境保护、稀缺资源的保护和可持续发展被列入 WTO 的明确目标,并成立了贸易与环境委员会,取代了原环境措施与国际贸易小组。贸易与环境问题被纳入了 WTO 工作的正轨。

贸易与环境委员会自成立以来,每年定期发布"贸易与环境"报告。在经历了西雅图

[①] 绿色贸易壁垒:以保护人类与动植物的生命健康和安全,保护生态和环境为由而采取的直接或间接限制,甚至禁止贸易的法律、法规、政策措施。绿色贸易壁垒的产生和发展主要是出于保护生态环境的要求。

会议的挫折后,合作逐渐成为主流。2001年"多哈回合"谈判中,贸易与环境问题正式成为一个新议题,但由于谈判久拖未决,故未形成相关协议。

2014年,部分WTO成员启动了建立《环境产品协议》(Environmental Goods Agreement,EGA)的多边谈判,争取取消对若干重要的与环境有关的产品的关税,其中包括有助于实现环境和气候保护目标的产品,如生产清洁和可再生能源、提高能源和资源效率、控制空气污染、管理废物、处理废水、监测环境质量和打击噪声污染。目前共有包括中国、美国、澳大利亚、加拿大在内的46个成员参与谈判。

10.1.2 世界贸易组织中与环境有关的协议和条款

1.《建立世界贸易组织协议》中的有关内容

规定了WTO的宗旨。该宗旨明确指明可持续发展和环境保护的目标与原则,将可持续发展和环境保护确立为新的多边贸易体制的基本宗旨之一。

2.《GATT 1994》中的有关规定

(1)《GATT 1994》第2条关于对进口产品征收税费的规定指出,缔约方可以在不违反国民待遇的前提下,按照计划自行决定对进口产品征收以保护环境为目的的环境税费。

(2)《GATT 1994》第11条关于取消进出口产品数量限制的规定的三种例外也与环境保护有关。

(3)《GATT 1994》第20条"一般例外"中(b)款和(g)款在实践中通常被作为采取环境保护措施的基本条款。"本协定的规定不得解释为禁止缔约方采用或加强以下措施,但对情况相同的各国,实施的措施不得构成武断的或不合理的差别待遇,或构成对国际贸易的变相限制:(b)为保护人类、动植物的生命或健康所必需的措施;(g)与国内限制生产与消费的措施相配合,为有效保护可能用竭的天然资源的有关措施。"第20条(b)款中对于保护人类生命和健康这一点不难理解,但对于保护动植物的生命和健康,人们往往存在争议。

3.《技术性贸易壁垒协议》中的相关规定

在"东京回合"谈判中,"环境"一词第一次被写入GATT的有关条款中,具体体现在《技术性贸易壁垒协议》中。

在该协议的前言中,与环境有关的具体内容为:"承认不应阻止任何国家在认为适当的程度内采取必要的措施,来确保其出口货物的质量,或保护人类、动物或植物的生命或健康以及保护环境,或阻止欺诈行为,只要这些措施不致成为在具有同等条件的国家之间构成任意或不合理的歧视的一种手段,或构成对国际贸易的一种隐蔽限制。"

第2条第2款规定:"各成员应确保技术规章的制定、采用或实施不得对国际贸易造成不必要的障碍。为此目的,技术规章对贸易的限制不应超过为实现一合法目标所必需的程度,并考虑不实现这些合法目标所带来的风险。这些合法目标尤其指:国家安全要求;防止欺诈行为;保护人类健康或安全,保护动物或植物的生命或健康,或保护环境。"

第2条第10款中规定:"环境保护问题可能构成紧急问题,成为成员采取较为简便的程序以公开或通知其技术规章和标准的理由。"

第5条第4款中规定,环境保护可能构成成员认为有关国际标准指南或建议不适用于有关成员的理由。其内容为:"在要求以肯定方式保证产品符合技术规章或标准,且由国际标准化机构颁布的有关指南或建议已经存在或其指定工作即将完成时,各成员应确保中央政府机构使用它们,或其有关部分作为制定合格评定程序的基础,除非在接到有关请求时已经充分说明,出于国家安全要求、防止欺诈行为、保护人类健康或安全、保护动物或植物的生命或健康、保护环境,基本气候条件或其他地理因素,基本技术或基础设施问题等原因,此类指南或建议或其有关部分并不适用于有关成员。"

4.《实施卫生与植物卫生措施协议》中的相关规定

该协议的大部分内容与生态环境保护密切相关。序言中"重申不应阻止各成员采纳或实施为保护人类、动植物的生命或健康所必需的措施"。但这些措施的实施不应该违反非歧视原则,也不能构成变相的限制。第2条第2款规定,各成员采取的措施应"以科学原理为依据,如无充分的科学依据则不再实施",但可以实施预防措施,即在有关科学依据不足时,根据现有的相关信息,"临时采取某些动植物卫生检疫措施"。该协议同时规定:对动植物携带疾病的传播或者输入,对添加剂、污染物、毒素、食物、饮料、饲料中导致疾病的有害物的含量,成员有权选择它认为是合适的程度来保护其管辖范围内的人类、动植物的生命或健康。

5.《农业协议》中的相关规定

该协议中有关环保的直接规定主要包括在其附件2中,该附件规定了"绿箱政策",其中涉及与环境规划项目有关的国内支持措施不在削减之列,包括:保护生态环境计划及农场主的直接绿色补贴等国内扶持措施,不在协定规定的削减之列;政府对与环境项目有关的研究和基础工程建设所给予的服务与支持,以及按照环境规划给予农业生产者的直接支付等与国内环境规划有关的国内支持措施,可免除国内补贴削减义务。

该协议第4条规定:"各减让表中所含的市场准入减让是指关税约束和减让及其他具体规定的市场准入承诺。"第4条(b)规定:"除第5条和附件5另有规定外,各成员不得维持、诉诸或重新使用已被要求转换为一般关税的任何措施。"该协议附件5为免除适用协议第4条(b)作了专门规定,就任何初级农产品及其制成品而言,其免除适用协议第4条(b)的条件之一便是:属于非贸易因素的产品,如食品安全和环境保护。

6.《补贴与反补贴措施协议》中的相关规定

该协议第8条第2款(c)项规定,在某些特定条件下,所有成员对为促进现有的生产设施适应由法律和(或)条例所施加的给企业带来更大限制和经济负担的新的环境要求可以给予补贴,但这类不可申诉补贴是"一次性的临时措施"且不得超过"适应所需费用的20%"。如果有助于取消环境的压力,成员可以采取符合不可申诉补贴标准的、合适的环境补贴。这样的环境补贴不受争端解决行动的约束。

7.《服务贸易总协定》中的相关规定

该协定第6、7条均与环境保护有关。CATS第14条一般例外基本上沿用了GATT一般例外的规定,(b)款规定成员对国际服务贸易不得实行限制或歧视,但为了保护人类、动物和植物生命或健康,《服务贸易总协定》不妨碍成员在一定的情况下在服务贸易领域采取或强制执行各种措施。

1993年12月15日,GATT贸易谈判委员会通过了"关于服务贸易与环境的决定",

规定为确定是否需要为考虑此类措施而对该协定第 14 条进行任何修改,要求贸易与环境委员会就服务贸易与环境之间的关系,包括可持续发展问题进行审查并提出报告,同时提出建议(若有的话)。委员会还应审查关于环境问题的政府间协定的相关性及其与该协定的关系。

8.《与贸易有关的知识产权协定》中的相关规定

该协定第 27 条第 2 款、第 3 款规定,在下列情况下,可不授予专利权,并可阻止某项发明的商业性应用:①对人类或动物医学诊断、治疗和外科方法;②有关生产植物和动物(不包括微生物)的生物学方法,但对植物品种则必须给予专利保护;③为保护国家的公共秩序或维护公共道德,包括保护人类、动植物的生命或健康,或防止对环境造成严重污染。与此同时,该协定还鼓励各国更多地进行环境保护技术的研究、创新、转让和使用。

9.《政府采购协议》中的有关规定

该协议第 8 条第 2 款规定:"在不对条件相同的国家构成武断或不合理的歧视,或作为对国际贸易的变相限制的情况下,本协议任何规定不得解释为禁止任何一方采取或实施为保护公共道德、秩序或安全、人类、动植物生命与健康以及知识产权所需的措施,或采取或实施保护残疾人、慈善机构或劳改产品或服务的必要措施。"

10.1.3 世界贸易组织环境规则与中国

中国的环境治理大致经历了以"全面规划、合理布局、综合利用、化害为利"为主要方针的创建期,以实现"经济效益、社会效益、环境效益相统一"为指导方针的开拓期,以探索实现"代价小、效益好、排放低、可持续"为总体目标的环境与经济协调融合的环境保护战略转型期三个阶段。

1. 中国环境经济政策的演进过程

中国环境经济政策的演进是一个自上而下的过程,这是由"问题导向性"的政策制定方式决定的。随着中国在环境保护税、生态补偿、排污权有偿使用与交易、绿色金融等政策上的突破,价格、财税、金融等关键性的政策机制不断健全,目前中国已初步建立了自上而下与自下而上相结合的环境经济政策体系。[1]

(1) 环境经济政策萌芽阶段。截至 20 世纪 80 年代,中国的环境问题主要表现为农业经济为主体状态下对自然资源的无序利用造成的森林植被破坏和水土流失。20 世纪 50 年代末"以粮为纲"政策、全民大炼钢铁、大兴水利工程,使毁林开荒成为普遍现象,生态环境遭到严重破坏。十一届三中全会以后,生产力空前解放,农业商品化、市场化进程迅速发展,森林锐减、水土流失、土地沙漠化加剧。总体来讲,这一时期是国民经济的恢复阶段,解决温饱问题、脱贫致富是整个社会的主流意识。由于发展初期的经济规模相对较小,环境与发展之间的矛盾还未凸显,环境保护工作尚未引起重视,基本是环境经济政策的空白期。

(2) 环境经济政策形成阶段。"八五""九五"期间中国环境问题凸显,主要表现为工

---

[1] 张立,尤瑜.中国环境经济政策的演进过程与治理逻辑[J].华东经济管理,2019,33(7):34-43.

业化和城镇化步伐加快引起的工业污染。20世纪90年代高耗能、高污染的"十五小"企业①的迅猛发展,"三废"排放量迅速增加,资源浪费、植被破坏、河道淤塞、水土流失、水源污染等问题凸显。1992年,党的十四大将"环境保护"上升为中国的一项基本国策。这一时期,中国先后制定并颁布了以税费和补贴手段为主的6项环境经济政策,开征资源税和排污费,并提出要增加环保投入。

(3) 环境经济政策发展阶段。"十五""十一五"期间,中国的环境问题主要表现为城镇化、工业化和现代化全面推进过程中,经济规模迅速扩大引起工业污染持续严重,生活垃圾污染增速明显。为解决环境问题,中国政府先后颁布了多项以税费、补贴和价格手段为主的环境经济政策,主要针对供水供电、城市生活垃圾、排污企业与个人调整价格和收费标准,补贴农村环境保护,并通过政策引导节约资源、发展循环经济和清洁生产。

这一时期的环保工作由单纯强调保护,转到把环保纳入经济建设和社会发展之中;由注重末端治理,转到注重从源头控制,实施全过程控制;由环保部门孤军奋战,转到全社会合力助推的环保新格局。

(4) 环境经济政策深化阶段。"十二五"时期和"十三五"以来,中国的环境问题主要表现为大型能源化工项目区域聚集,叠加效应明显,大气颗粒物污染大幅度增加,环境负荷增大,结构性污染严重;产业发展规模低、小、散与高排放、高消耗、低效率并存;"资源消耗—产品工业—污染排放"的物质单向流动的线性发展模式难以改变。这一时期中国经济发展进入新常态,依靠供给侧改革提高发展质量和效益成为中心。党的十八大将生态文明建设纳入"五位一体"总体布局中,并在"十三五"规划中将"绿色"列为"五大发展理念"之首,十九大将"美丽"增加到社会主义现代化的奋斗目标中,实现了与"五位一体"总体布局的更好衔接。为促进环保战略转型,这一阶段中国采用税收、补贴、价格和交易手段共同治理环境问题,重点防治大气污染,出台建立控制污染物排放许可制,建设和运行全国碳排放权交易市场,停征排污费和海洋工程污水排污费改征环境保护税等重大经济政策,实现了多种手段的组合使用。

这一时期,中国的生态环境保护上升为一种国家理念,强调绿色发展;规范污染排放交易市场,进一步引导排污市场化;依靠科技进步,分行业逐步发展循环经济和清洁生产。②

2. WTO环境规则对中国出口的影响

(1) 积极影响。利用贸易手段解决环境问题,实现资源优化配置和污染的有效控制;促使中国企业走向市场,加快进行企业改革和制度创新,为出口贸易的发展创造条件等。

(2) 消极影响。中国出口贸易的主要对象是发达国家和部分新兴工业化国家,而这

---

① "十五小""新五小"企业是指1996年《国务院关于加强环境保护若干问题的决定》中明令取缔关停的十五种重污染小企业,以及原国家经贸委、国家发改委限期淘汰和关闭的破坏资源、污染环境、产品质量低劣、技术装备落后、不符合安全生产条件的企业。

② 张立,尤瑜.中国环境经济政策的演进过程与治理逻辑[J].华东经济管理,2019,33(7):34-43.

些国家的环保技术、环保意识比较强,利用WTO的环境规则阻挠中国相关商品出口。对中国造成严重影响的技术标准主要包括:食品中的农药残留量;陶瓷产品的含铅量;皮革的PCP残留量;烟草中的有机氯含量;机电产品、玩具的安全性指标;汽油的含铅量指标;汽车的排放标准;包装的可回收性指标;纺织品染料指标;保护臭氧层的受控物质等。

延伸阅读 10.1
绿水青山就是金山银山

此外,外国污染物通过对中国出口及直接投资,经大规模转移污染密集型产业等渠道向中国转移,进一步恶化了中国的生态环境,使中国部分产品尤其是农副产品的出口更加困难,亦使中国行业污染密集程度较高的三资企业的产品出口受到影响。

10.1.4 世界贸易组织环境规则的应用

中国政府有关机构应熟知WTO贸易与环境规则,并运用此类规则,保护国家利益。企业应学会运用此类规则,在日趋激烈的国内外市场竞争中,掌握主动,维护自身利益,并提升发展能力和竞争力。

1. 熟悉国际规则,完善本国法规

中国应加强对WTO及环境问题协议(Multilateral Environmental Agreement, MEAs)的环境规则的研究。WTO现有的环保规定不够具体,主要以原则性和例外性规范为主,但总的趋势是允许一国为环保而采取贸易措施。因此,中国应加强对其中一些细节问题和规则的研究,努力在国际贸易实践中趋利避害。

中国在环境与贸易发展中存在有关环保法规不健全、经济贸易中难以实施环境管理和环保执法,以及相关法规不能与国际规则接轨等方面的问题。为此,中国必须根据WTO的相关规则,结合中国的实际情况,尽快完善各类商品生产和销售的有关环境保护的法律法规,使中国的经济贸易环境管理与国际惯例接轨,由此不仅可以积极应对发达国家的绿色贸易壁垒泛滥问题,还可以有效防止外国污染产业转移、污染产品进口以保护本国环境,促进环境和贸易协调发展。

2. 积极参与谈判,争取更多发展中国家援助

WTO一方面制定很高的环境标准,另一方面却未对发展中国家为达到这种标准而最需要的生产技术与资金等方面的援助作出实质性规定。中国作为发展中的大国,有义务为制定一个符合发展中国家利益的新规则作出贡献,为此中国应加强与其他发展中国家的协调合作,力争在新一轮的谈判协议中更多地维护发展中国家利益。

3. 跨越绿色壁垒,争取出口主动

(1) 掌握国际标准发展动态。中国应密切注意国外制定标准的动向,不失时机地全程追踪,不断调整中国相关产品质量指标,促进出口。

(2) 开展国际环境管理认证工作。中国应积极推行ISO 14000①国际标准认证,建立产品生产的"环境质量保证体系",并对出口产品生产的技术、工艺、设计、包装按照国际标

---

① ISO 1400是环境管理系列标准的简称,其核心是环境管理,是国际标准化组织(ISO)从1993年开始制订的"环境管理为核心、其他技术文件为配套"的编号为1400的环境管理系列标准。

准进行改造,通过国际认证的企业和产品,相当于获得了进入别国市场的"钥匙",成为国际市场免检产品。

4. 培育环保产业,推行绿色贸易

一要降低资源性初级产品在出口商品结构中的比重,提高其加工程度(技术含量),以避免某些国家的"绿色贸易壁垒"的限制;二要用技术先进的产业替代技术相对落后的产业在外贸构成中的地位,鼓励高技术、高附加值和资源替代产品的出口;三要大力培育环保产业,扩大"绿色"产品出口。此外,还必须积极利用TBT协议有关环境技术标准、技术规范等规定,严格管理外资引进和利用,即提高环境标准(包括产品的环境标准、环境管理标准和环境质量标准等),尽快实现与国际标准接轨,在引进和日常管理中,按污染程度而非简单的投资额建立投资审批制度,对污染程度较大的项目应严格控制,对不符合中国法规要求的要严格整治,并应积极鼓励外商投资于环保产业,加快环保产品的更新换代。

5. 运用环境规则保护本国产业

(1) 利用"绿箱政策"保护农业发展。虽然"绿箱政策"会对自由贸易产生微小扭曲,但是这些政策对于保护环境及促进人类健康、动植物安全有重要意义。中国是一个农业大国,与国际市场相比,中国主要农产品价格较高,有效利用农产品协议中的"绿箱政策"对于保护中国农业健康发展是非常有意义的。中国利用"绿箱政策"的重点应该是支持退耕还林、退耕还草、退耕还湖,改善农业生产条件,鼓励农民休耕,鼓励发展生态农业,给予改善农业生态环境基础设施的投资补贴,以增加农业收入并保证农业的可持续发展。

(2) 利用"环境补贴"促进产业提升。一要加强对企业设备改造方面的补助。例如,SCM协定关于环境补贴的规定:如果一个国家通过了环境保护的新法规,为了实现新法规提出的要求,某个企业必须对现有设备进行改造,这些改造对企业构成很大负担,则政府可以对此提供环境保护资助。二要对开发和引进控制工业污染的技术进行补贴。三要利用政府绿色采购制度对企业进行支持。为此,可以合法地对环境保护产业、生态产业进行政府采购,以达到对企业进行环境补贴的目的。

10.2 电子商务

10.2.1 世界贸易组织中电子商务的定义与讨论

电子商务是信息技术与商务活动融合的产物,以在线化、数字化、智能化为主要特征,具有开放、低成本和高效率等优势,代表着新的生产力和发展方向,为世界贸易注入了新动能。

1. 电子商务的定义

目前对于电子商务(electronic commerce,E-Commerce)没有广为接受的权威定义。WTO中的相关定义为"以电子方式进行货物和服务的生产、分销、营销、买卖或流通"。WTO电子商务专题报告中,电子商务是指通过电信网络进行的生产、营销、销售和流通活动,它不仅指基于互联网的交易,而且指所有利用电子信息技术来解决问题、降低成本、增加价值和创造商机的商务活动,包括通过网络实现从原材料查询、采购、产品展示、订购到出品、储运及电子支付等一系列的贸易活动。

"electronic commerce" is understood to mean the production, distribution, marketing, sale or delivery of goods and services by electronic means. Four WTO bodies were charged with the responsibility of carrying out the work programme: the Council for Trade in Services; the Council for Trade in Goods; the Council for TRIPS; and the Committee on Trade and Development. The General Council plays a central role and keeps the work programme under continuous review.

2. 议题进展

与电子商务相关的议题最早出现在1996年WTO第一届新加坡部长级会议上。这次会议通过了"信息技术贸易的部长宣言"(又称"信息技术协议",ITA),旨在为一系列对于电子商务至关重要的信息技术产品在2000年前贸易自由化提供一个框架。

1998年在日内瓦举行的WTO第二次部长级会议上通过了"全球电子商务宣言"(Declaration on Global Electronic Commerce)。宣言授权总理事会建立一个全面的工作计划,审查全球电子商务中贸易相关议题,探索现存WTO协定与电子商务的关系。1998年9月,WTO总理事会采纳了"电子商务工作计划",总理事会授权4个相关WTO分支机构就电子商务所涉问题进行研究。1999年7月,这项工作基本完成,并向总理事会提交了报告。

在2001年的多哈发展议程中,电子商务作为讨论议题之一,虽然未最终形成一个单独的电子商务协议,但是"乌拉圭回合"的最后文件及之后的其他协议中达成了包含大量调整和促进电子商务的规则,而且这种规则还在发展之中。

2019年1月25日,中国、美国、欧盟、日本等76个WTO成员在瑞士达沃斯举行的电子商务非正式部长级会议上签署《关于电子商务的联合声明》,确认有意在WTO现有协定和框架基础上,启动与贸易有关的电子商务议题谈判。5月,各成员提交议案。虽然各成员的提案都建立在《关于电子商务的联合声明》基础之上,但各方的诉求和着眼点却有微妙不同。例如,欧盟提及该谈判需要解决数据本地化要求和个人信息保护、源代码等问题;美国重点关注数字内容产品进入他国市场不能遭到歧视、跨境数据自由流动等;中方的提案则强调发展中国家的权益。①

延伸阅读 10.2
中国建议 WTO:推进电子商务议题谈判开放、包容开展

---

① WTO电商谈判即将开启 各方规则交锋不断[EB/OL]. 中国国际贸易促进委员会,http://www.ccpit.org/Contents/Channel_4130/2019/0514/1164696/content_1164696.htm.

10.2.2 电子商务与中国

1. 中国电子商务持续快速发展

近年来,世界经济正向数字化转型,大力发展数字经济成为全球共识。党的十九大报告明确提出要建设"数字中国""网络强国",中国数字经济发展进入新阶段,市场规模位居全球第二,数字经济与实体经济深度融合,有力促进了供给侧结构性改革。电子商务是数字经济的重要组成部分,是数字经济最活跃、最集中的表现形式之一。2017 年,在政府和市场的共同推动下,中国电子商务发展更加注重效率、质量和创新,取得了一系列进展,在壮大数字经济、共建"一带一路"、助力乡村振兴、带动创新创业、促进经济转型升级等方面发挥了重要作用,成为中国经济增长的新动力。[①]

在此背景下,2017 年中国电子商务延续快速发展态势,交易规模持续扩大,交易总额达到 29.16 万亿元,较 2016 年的 26.1 万亿元同步增长 11.7%。2011 年中国电子商务交易总额仅为 6.09 亿元,7 年间增长近 5 倍,年均复合增长率达 29.8%(见图 10-1)。

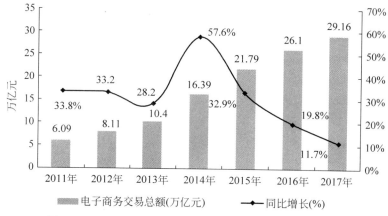

图 10-1 2011—2017 年中国电子商务交易总额及增长率
资料来源:前瞻产业研究院。

电子商务的快速增长毫无疑问创造了大量新岗位,如"网红""自媒体""网络主播"等,大力促进了社会就业。如图 10-2 所示,2014—2017 年中国电子商务从业人员数量逐年增长,增速保持在 13% 以上。2017 年中国电子商务直接从业人员和间接带动就业达 4250 万人,同比增长率为 13%。时至如今,电子商务正在激发人才新需求。传统零售百货、商超企业加速拥抱互联网,纷纷涉足电子商务、新零售业务,随着产业结构的调整,相应带来就业结构、工作岗位、人才技能的改变。

从营收规模来看,2017 年,中国电子商务服务业保持稳步增长态势,市场规模再上新台阶,全年电子商务服务业营收规模达到 2.92 万亿元。如图 10-3 所示,从营收规模增长速度来看,2011—2014 年是中国电子商务服务业的起步阶段,增速为 194.1%~276.3%;

---

① 电子商务持续快速发展,2017 年交易额达 29.16 万亿元[EB/OL]. 前瞻产业研究院,https://www.qianzhan.com/analyst/detail/220/180702-29e77665.html.

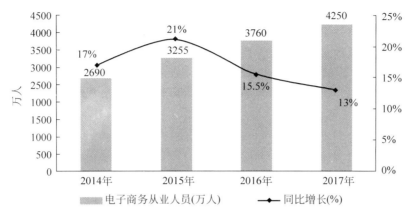

图 10-2　2014—2017 年中国电子商务就业人员及增长率
资料来源：前瞻产业研究院。

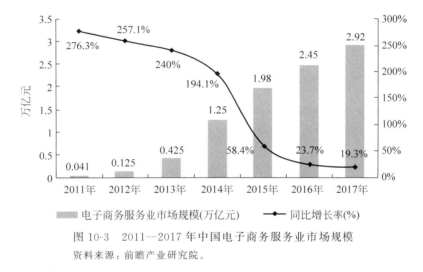

图 10-3　2011—2017 年中国电子商务服务业市场规模
资料来源：前瞻产业研究院。

进入 2015 年后，中国电子商务服务业依然处于快速增长阶段，但增速稳步趋缓，2017 年增速为 19.3%。

2. 中国积极参与电子商务规则制定

中国在 WTO 有关电子商务多边谈判中坚持恰当立场，维护切身利益。

（1）积极参与 WTO 有关电子商务的多边谈判。在 WTO 已进行的涉及电子商务会议和议题以及近几年国际层面其他涉及电子商务的会议中，许多国家和国际组织就建立一个全球性的电子商务法律框架提出许多设想，且有一些已经实现。但由于已有建议的提出方大多是发达国家，绝大部分发展中国家缺乏参与的积极性，以致关注电子商务对发展中国家影响方面的议题并没有受到重视。中国需要积极参与有关电子商务的多边会议与谈判，应选择尽早阶段的参与，切实保证新建议或议题能对自身较为重要的问题给予考虑。[①]

---

① 韦大宇.中国引领跨境电子商务国际规则构建探析[J].对外经贸实务，2017(7)：44-47.

(2) 建立 eWTP(世界电子贸易平台),孵化跨境电子商务新规则。近年来,为了顺应当前世界数字经济快速发展的需要,阿里巴巴集团提出通过建立 eWTP 构建互联网时代的全球化贸易新规则的想法。2016 年 9 月,eWTP 倡议被写进二十国集团(G20)杭州峰会公报,得到了世界各国政要及工商界人士的高度认同。按照阿里巴巴集团的设想,eWTP 是一个私营部门引领、市场驱动、开放透明、多利益攸关方参与的公私合作平台,由规则层、商业层和技术层构成一个完整的生态系统。其中,规则层主要是由政府机构、企业、国际组织、民间组织及学者等相关利益方就跨境电子商务直接相关的数字化海关、税收政策、信用体系、数据流动、消费者保护等共同探讨和孵化新规则、新标准。目前,全球首个 eWTP 实验区正在杭州跨境电子商务试验区加速推进。2017 年 3 月,阿里巴巴集团与马来西亚政府达成协议,在马来西亚成立第一个海外 eWTP 试验区,这些都为探索国际网络贸易规则提供了实验平台。阿里巴巴集团作为行业领军企业,通过建立 eWTP 方式孵化跨境电子商务新规则,也是中国引领跨境电子商务国际规则构建的一种有效途径。

(3) 推进"一带一路"倡议,主导沿线国家跨境电子商务规则制定。随着"一带一路"倡议的加快实施,中国正积极利用双多边合作机制推进双多边跨境贸易谈判,促进区域合作蓬勃发展。"一带一路"沿线国家覆盖总人口约 46 亿,超过世界人口的 60%,GDP 总量达 20 万亿美元,约占世界的 1/3,具有广阔的合作空间和发展潜力。在跨境电子商务领域,中国与"一带一路"沿线国家都拥有庞大的潜在需求,可以通过谈判的方式,推进跨境电子商务监管制度与监管模式的变革,探索适应跨境电子商务的制度规则。特别是中国与"一带一路"沿线国家已建立了上海合作组织(SCO)、中国—东盟"10+1"、亚欧会议(ASEM)、亚太经合组织(APEC)、中阿合作论坛、大湄公河次区域(GMS)经济合作等成熟的多边合作机制,为与这些国家和地区进行跨境电子商务规则谈判和制定规则提供了良好的基础。因此,中国应该利用大力推进"一带一路"倡议实施的良好契机,主导沿线国家跨境电子商务规则制定,并在合适的时机将区域性跨境电子商务规则作为国际性跨境电子商务规则谈判的蓝本。

(4) 通过"先行先试",建立跨境电子商务国际标准。近年来,中国跨境电子商务发展迅猛,已成为全球跨境电子商务发展最快、市场最大的国家。美国在线支付公司 PayPal 和调研公司 Ipsos 发布的《第三届全球跨境贸易报告(2016)》显示,2016 年以来,中国已超越美国和英国成为全球网络购物者最受欢迎的跨境网络购物目的地。在大力推进跨境电子商务发展的背景下,中国采取先试点、后推广的策略,通过设立跨境电子商务服务试点和跨境电子商务综合试验区等"先行先试"方式,逐步在跨境电子商务领域形成了一系列"可传播、可复制"的经验。在这些经验基础上,中国要尽快推进跨境电子商务领域内跨国电子认证、在线交易、监管体系、物流体系和支付体系等国际标准的建立。随着中国跨境电子商务在世界上的作用越来越显著,不管是在自由贸易试验区协定谈判还是在 WTO 多边贸易谈判中,中国都可以将这些标准规范作为谈判的范本,并逐渐推广到国际社会。

10.3 其他规则

贸易可以在推动妇女经济赋权方面发挥重要作用。因此,WTO寻求建立一个更具包容性的贸易体系,使更多的妇女参与贸易,并从全球贸易中获得经济利益。2001年以来,WTO的每一个公共论坛都举行了有关性别问题的会议。此外,WTO还定期纪念国际妇女节。

2017年6月,WTO首次提名贸易和性别问题协调中心(Trade-gender@wto.org),负责协调各部门之间的工作,评估WTO正在做的工作,并考虑进一步开展工作的机会和新的倡议。2017年12月12日,在WTO历史上,WTO成员和观察员第一次批准了一项提高妇女参与贸易的集体倡议。为了帮助妇女在世界经济中充分发挥其潜力,121名WTO成员和观察员同意支持《布宜诺斯艾利斯贸易和妇女经济赋权宣言》,该宣言寻求消除促进妇女经济赋权的障碍。总干事罗伯托·阿泽维多表示,《宣言》"为成员向WTO指明了前进方向,WTO将充分发挥作用"。这将是WTO工作的一个重要组成部分,使贸易更具包容性。

WTO的行动框架和结构将基于4个目标:
(1) 提高对贸易与性别关系的认识;
(2) 促进WTO成员在贸易和性别问题上的行动;
(3) 产生关于贸易对妇女影响的新数据;
(4) 为政府官员和女企业家提供培训。

WTO《2018—2019年技术援助计划》包括一个关于性别的章节,授权WTO开发一个关于贸易和性别的培训模块。该模块的目标是"着重于贸易政策,目的是提高决策者的认识,提高其在分析和贸易政策制定或谈判中纳入性别考虑的能力"。

WTO还有其他一些议题,包括对竞争政策、劳工标准、贸易融资等方面进行的有益的探索。

贸易中有关环境造成的纠纷

案例1:美国与墨西哥"金枪鱼—海豚"争端案。1972年美国制定了《海洋哺乳动物保护法》,其目的是保护包括海豚在内的海洋哺乳动物。1990年8月,美国制定了针对未履行美国标准的国家的金枪鱼禁运令,墨西哥由于未承诺遵守要求,成为美国的禁运对象。1990年11月,墨西哥对该项措施提出异议并要求同美国协商。在未达成任何结果后双方于1991年2月要求GATT成立仲裁小组。1991年9月,专家组向GATT提交了报告,认为:美国的措施违背了《GATT 1947》第3条和第11条规定。

案例2:欧盟—巴西关于翻新轮胎争端案。自1991年以来,巴西就禁止进口使用的货物,包括禁止国内制造商进口旧轮胎用于翻新。2000年,巴西以公众健康和保护环境为由取缔翻新轮胎,但将南美共同市场国家及国内翻新轮胎厂商作为例外。欧盟作为翻新轮胎的重要出口地区,认为巴西这一禁令的目的是保护巴西国内轮胎翻新行业,向WTO提起诉讼。2007年6月,WTO上诉机构否决了巴西的提案,认为巴西的贸易禁令违反了《GATT 1994》第20条规定,但也认为:巴西基于《GATT 1994》第20条第2款的规定,"为保障人民、动植物的生命或健康所必需的措施"可以限制此类产品的进口,但前提是这种限制是非歧视的。

案例3:茶叶贸易中的绿色壁垒。2008年1月28日,欧盟颁布了新的食品中农药残留标准(EC149-2008),再加上欧盟茶叶进口国家经济实力的增强,消费群体对茶叶的要求变得更高。受此影响,中国在2009年对欧盟的茶叶出口量为1.8万吨,同比下降12.39%,出口金额为5990万美元,同比下降10.75%。且自从EC149-2008颁布以来,世界其他国家也相继提出了更为严苛的茶叶农药残余控制标准,并加大了对微生物、重金属及放射性物质等的检测力度,从而降低了中国茶叶的出口量。

(资料来源:根据网上各权威评论汇总整理。)

前期准备知识:WTO中与环境有关的协议与条款。

(1) 根据此案例进行模拟谈判,运用相关条款及其例外进行阐述。

(2) 你了解目前中国所面临的几种主要的环境问题吗?

(3) 为什么环境问题日渐成为国际贸易纠纷的诱因?

10.4 习 题

1. 名词解释

电子商务　绿色贸易壁垒　ISO 14000国际标准认证　eWTP

2. 简答题

(1) 简述WTO环境规则对中国出口的影响。

(2) 简述中国积极参与电子商务规则制定的表现。

(3) 简述中国电子商务发展的特点。

(4) 简述WTO框架中关于女性与贸易的4个目标。

即测即练题

第 11 章

世界贸易组织争端解决机制规则解读与运用

《马拉喀什建立世界贸易组织协议》的附件2《关于争端解决规则与程序的谅解》(Understanding on Rules and Procedures Governing the Settlement of Disputes,DSU)是WTO关于贸易争端解决的最基本的法律文件。WTO争端解决机制是WTO不可缺少的部分,是WTO独特的贡献。WTO的争端解决机制是以明确的规则为基础,同时在解决争端的过程中规定了结案的时间表;争端解决机构的第一次裁决由专家组作出,并由WTO全体成员通过或否决;WTO是目前世界上唯一设有上诉机制以解决国家间争端的国际组织,为保证WTO协议理解和解释的一致性起到了重要作用。1995—2017年,WTO共受理争端案件500多件,发出300份裁决报告。在2019年3月27日举行的博鳌亚洲论坛2019年年会的"WTO改革"分论坛中,多位与会嘉宾指出,WTO改革目前最紧急的问题是建立公平公正、稳健的争端解决机制。①

本章主要介绍WTO争端解决机制的形成历程,分析DSU基本原则、程序及其存在的问题,帮助学生了解目前贸易争端的案例并总结DSU运用技巧。

★学习目标和要求

(1) 了解DSU形成历程、在全球治理中的作用及成员利用DSU的情况;
(2) 掌握DSU的基本原则、程序及其存在的问题;
(3) 熟悉成员利用DSU的方式方法;
(4) 学习目前DSU摩擦的案例,总结其运用技巧。

11.1 争端解决机制概述

11.1.1 争端解决机制的形成

1. 形成背景

争端解决机制来自GATT争端解决的实践。1948年至1995年3月,GATT受理的争端共计195起(不包括根据"东京回合"各守则争端解决程序所受理的22起争议),其中提交专家组调查98起,有81起通过了专家组报告。

GATT争端解决机制存在严重缺陷:在时间上,由于没有明确的时限规定,争端解决

---

① 专家政要谈WTO改革:最紧急问题是要重振争端解决机制[EB/OL].南方都市报,http://www.sohu.com/a/304128335_161795.

往往久拖不决;在程序上,由于奉行"协商一致"的原则,被专家组裁定的败诉方可借此规则阻止专家组报告的通过。上述问题的存在降低了缔约方对 GATT 争端解决机制的信心,也影响了以 GATT 为基础的多边贸易体制的稳定性。

2. WTO 争端解决机制的形成

针对上述问题,争端解决机制作为重要议题被列入"乌拉圭回合"谈判。该议题的谈判大致可以分成以下两个阶段:

(1) 第一阶段(1986—1989 年)谈判涉及的主要问题包括:①争端解决机制的性质;②专家组自动成立问题;③专家组报告提出的时间及报告自动通过和生效问题;④专家组报告执行时限问题;⑤败诉方能否上诉问题;⑥报告不执行情况下报复的权限问题。该阶段最终形成了《关于 GATT 争端解决机制规则和程序的完善建议》,对专家组成立和提出报告的时间限制进行了更为细致的规定,但仍采用"协商一致"原则成立专家组和通过其报告。

(2) 第二阶段(1989—1993 年)在争端解决谈判过程中,由于当事方为提高谈判地位,拒绝履行裁决和建议,加之美国根据"301 条款"频繁实施单方贸易措施,建立一个更严格、更具有司法性的争端解决机制成为此次谈判的重心。1994 年,"乌拉圭回合"谈判达成 DSU,WTO 争端解决机制正式形成。DSU 对第一阶段未解决的问题得出定论,明确了按照"反向一致"原则应成立专家组和通过专家组报告,决定设立上诉机构,并规定了贸易报复的条件。凝结了 GATT 争端解决 47 年实践经验的 DSU 成为 WTO 争端解决机制最基本的程序法律依据[①],包括 27 个条款、4 个附件。WTO 总理事会作为负责争端解决的机构,履行解决成员之间争端的职责。

11.1.2 争端解决机制的基本原则

1. 多边原则

WTO 鼓励各成员在遇到争端时,尽量采用多边机制予以解决。WTO 成员承诺,不针对其认为违反贸易规则的事件采取单边行动,而是诉诸多边争端解决制度,并遵守其规则与裁决。

2. 统一程序原则

DSU 规定,成员之间发生贸易争端时,要按照争端解决机制所规定的统一争端解决程序进行,即要经过磋商与调解、专家组与上诉、裁定程序来最终解决。凡是 WTO 的多边协议都适用统一的程序,但关于诸边协议的争端还要适用诸边协议各方通过的解决办法。此外,DSU 还引入了"无异议协商一致[②]"和"反向协商一致[③]"的概念,保证了对某些问题的及时处理和某些程序的顺利进行。

---

① 杨辛彤.论我国运用 WTO 争端解决机制存在的问题及对策[D].济南:山东大学,2017.
② 无异议协商一致:在争端解决机构作出决定的会议上,若没有成员就决定正式提出反对意见,则认为该决定意见一致。
③ 反向协商一致:在争端解决机构审议专家组报告或上诉机构报告时,只要不是所有的参加方都反对,则视为通过,从而排除受诉方单方面阻挠报告通过的可能。反向协商一致原则主要适用于四个方面:专家小组的成立、专家小组报告的通过、上诉机构报告的通过、对报复授权请求的通过。

Consensus: The DSB shall be deemed to have decided by consensus on a matter submitted for its consideration, if no Member, present at the meeting of the DSB when the decision is taken, formally objects to the proposed decision.

Negative/Reverse Consensus: As long as not all parties are opposed, it is considered adopted. For example: If the complaining party so requests, a panel shall be established at the latest at the DSB meeting following that at which the request first appears as an item on the DSB's agenda, unless at that meeting the DSB decides by consensus not to establish a panel.

3. 协商解决争端原则

DSU要求成员保证对另一成员提出的关于在其境内所采取的影响各有关协议实施的措施问题，给予同情的考虑，并就此提供充分的磋商机会。磋商是WTO争端解决机制处理贸易争端最主要、最正常的基本方法。显然，通过磋商解决贸易争端，比通过专家组裁决成本要低得多，而且更有利于长期贸易关系的发展。

DSU 4.1-2: Members affirm their resolve to strengthen and improve the effectiveness of the consultation procedures employed by Members. Each Member undertakes to accord sympathetic consideration to and afford adequate opportunity for consultation regarding any representations made by another Member concerning measures affecting the operation of any covered agreement taken within the territory of the former.

4. 自愿调解与仲裁原则

依据DSU，磋商程序是必需的，只有在磋商未果的情况下才能进入仲裁程序。而调解与仲裁程序则是建立在各方自愿的基础上，应该以双方达成一致的仲裁协议为基础。如果协商未能在收到协商请求之日起60天内解决争端，申诉方可要求成立专家组。如果协商各方共同认为协商未能解决争议，申诉方可以在60天内请求成立专家组。

DSU 4.7: If the consultations fail to settle a dispute within 60 days after the date of receipt of the request for consultations, the complaining party may request the establishment of a panel. The complaining party may request a panel during the 60-day period if the consulting parties jointly consider that consultations have failed to settle the dispute.

5. 授权救济原则

DSU规定，若WTO成员一方违反协议，给另一方造成损失，或阻碍协议目标的实现，各方应该优先考虑争端当事方一致同意的与协议一致的解决办法。如果无法得到满意的结果，申诉方将通过争端解决机制获得救济，包括：被诉方撤除与 WTO 协议不吻合的措施、补偿及中止减让或其他义务等。

DSU 3.7：In the absence of a mutually agreed solution, the first objective of the dispute settlement mechanism is usually to secure the withdrawal of the measures concerned if these are found to be inconsistent with the provisions of any of the covered agreements. The provision of compensation should be resorted to only if the immediate withdrawal of the measure is impracticable and as a temporary measure pending the withdrawal of the measure which is inconsistent with a covered agreement.

11.1.3 争端解决的程序

根据 DSU，在 WTO 框架下解决争端主要经历以下 4 个阶段：

1. 磋商程序

磋商是指 WTO 两个或两个以上成员之间在争端解决中为使贸易摩擦或贸易争端得到公平合理的解决或者 WTO 成员相互间达成谅解而进行交涉的一种方式，是 WTO 成员解决贸易争端的第一个阶段。磋商的目的是使贸易争端当事方获取有关争端的准确信息，来达到相互谅解并达成双边协议进而解决问题，或者在贸易争端双方均对解决方案不满意的情况下，便于争端双方向专家组提供确切信息。

磋商的一般程序包括：①争端一方根据某个有关协定向争端对方提出磋商请求；②接到磋商请求的争端方应自收到请求的 10 天内，对该请求作出答复（双方同意的时间除外）；③在收到请求后不超过 30 天内开始进行磋商。在紧急情况下，包括涉及易腐货品的争端，应在收到该项请求之后不超过 10 天内进行磋商。

2. 专家组程序

当纠纷双方无法通过磋商或斡旋程序解决纠纷时，依据 DSU 第 6 条第 1 款的规定，只要一方提出书面请求，WTO 就应成立专家组，将纠纷纳入正式的审理程序。

专家组一般由称职的政府官员或非政府人士共计 3 或 5 人组成，其成员一般由 WTO 秘书处法律部主任提名，再由 DSB 进行选任。DSB 在决定审理纠纷的专家组成员后，应当立即通知纠纷双方。专家组在 DSB 审理贸易纠纷的过程中，主要任务是履行调查职责，并通过形成调查报告对纠纷双方的贸易政策进行客观的评判。一般情况下，专家组应在其设立完成后的 6 个月内完成调查工作且向 DSB 提交报告，并在设立后的 9 个月内向双方提交报告。但是在实际的活动过程中，该期限通常会延长到 12 个月。需要注意的是，专家组所形成的报告是否能够被采纳并不依赖于 DSB 单方面的决定，在其决定不采用专家组报告时，必须征得双方的一致同意。

（1）保密规定。专家组的行为规范要求专家组审理案件时遵循保密原则。专家组的会议应秘密举行，有关各方只有在收到邀请后才可以向外界披露表明其立场的声明。在接到其中一成员的要求时，可以提供该争端方提交专家组的非机密性的概要。

（2）辩论发言顺序。在专家组与各争端方举行的首次实质性会议之前，争端双方均应将包含案件事实及其论点的书面材料提交专家组。在与各争端方举行的首次实质性会议上，还应邀请与案件有利害关系的第三方讲述其观点。正式辩论在专家组第二次实质性会议上进行。发言的顺序与第一次会议的顺序相反，先由被诉方发言，然后由起诉方发言。会议举行之前，争端双方均应将申辩材料提交专家组。

（3）透明度。该程序要求争端各方及有利害关系的第三方提供其口头声明的书面材料。此外，相关的说明、辩驳及声明均应在双方皆在场的情况下作出，任意一方提交的材料、对专家组报告叙述部分的评论及对专家组所提问题的答复均应提供给争端的对方及有利害关系的第三方。

（4）标准进度表。标准进度表（standard schedule）规定了专家组工作的每一步骤应完成的时间。专家组工作程序规定，除非出现难以预料的情况，专家组应经常举行必要的会议。

（5）专家组工作时限。作为一般的规则，专家组应在6个月内完成工作。若遇紧急情况，则其工作应缩短至3个月内完成。但是，由于可能遇到难以预料的情况，在专家组工作程序及DSU中都留有了一定的灵活余地。若遇专家组在正常的时限内不能结束工作的情况，应将延迟的原因书面通知争端解决机构，并应给出其提交报告的估计时间。但是，无论如何，每一案件的审理时间均不得超过9个月。

（6）专家组报告的构成。专家组报告必须以书面形式作出。报告对每一细节都应有详细的叙述，故一般的报告文本的篇幅都长达数百页。一份典型的专家组报告通常包括：①序言，简述案件审理情况，介绍专家组的授权范围和专家组人员组成；②有关程序问题的陈述；③有关该案件各方面的事实陈述；④争端双方主要观点的陈述，一般应包括概述和详述两部分；⑤第三方主要观点的陈述；⑥中期评审情况；⑦专家组调查结果；⑧结论和建议。

（7）对发展中国家的待遇。DSU第12条第10款和第11款对发展中国家成员作出了优惠规定。当案件所涉及的有关措施为发展中国家成员所采取时，则可将磋商的时限适当延长。争端解决机构的主席在有关各方协商后，可决定其延长的幅度。由于发展中国家有时缺乏管理和技术方面的手段，难以对有关要求作出迅速的答复，若发展中国家为被诉方，专家组可给予其充分的时间准备关于案件的说明及应提交的材料。

（8）资料的提供。专家组有权向其认为合适的任何人寻求有关资料或进行技术方面的咨询。这一新规定是至关重要的，因为以往的专家组都是在争端各方提供的资料方面存在争议，发展中国家与作为其诉讼对方的发达国家相比，显然处于不利的地位。当专家组向一成员管辖下的个人或机构提出有关要求时，应通知该成员。专家组有权从任何有关的来源收集资料，并就案件征询有关专家的意见。有关科学技术方面的问题，专家组可以要求某专家审查小组提供书面咨询报告。DSU附件4对专家审查小组的任命及其职责作了规定。专家组审议应秘密进行，专家组的报告应在争端各方不在场的情况下起草，专家组成员的表述意见不应具名。

(9) 专家组报告的通过。由于专家组的报告内容详细、复杂,且涉及许多原则问题,故要求在报告散发给成员 20 天后才考虑在争端解决机构中通过。任何对专家组报告持有异议的成员应在争端机构举行会议至少 10 天之前以书面形式提出异议。争端各方应充分参与争端解决机构对专家组报告的审议,并将其观点一一记录在案。

专家组报告散发给成员后 60 天内,该报告应在争端解决机构的会议上通过。只有出现以下两种情况时才可以不通过专家组报告:①争端的一方已将其准备上诉的决定正式通知了争端解决机构;②争端解决机构一致决定不采纳该报告。

3. 上诉程序

上诉程序是指对于专家组裁决报告中的法律问题或法律解释,争端方不服,而向 WTO 争端解决机构的上诉机构提出上诉,上诉机构进行审查,并给出有关法律问题或法律解释的程序,这些程序包括维持、推翻或修改专家组裁决报告。上诉程序是 WTO 争端解决机制的重要组成部分,其功能在于对争端解决机制进行强化的司法特点,是对国际争端解决机制的创新所在。该上诉程序还包括《上诉案件审理工作程序》及 2005 年和 2010 年修订版本。

对专家组报告提出上诉的主体限于争端双方,且上诉的内容仅限于法律问题。当事方应当在收到专家组报告的 60 日内向 DSB 设立的上诉机构提交上诉通知,且这份通知必须说明专业组报告所包含的法律错误所在。与临时组成的专家组不同的是,上诉机构属于 DSB 的常设机构,其成员不仅有一定的任期,还必须符合专业方面的任职资格要求。上诉机构向 DSB 提出报告的期限一般为 60 天,最多不超过 90 天,其有权维持、修改或否定专家组对于纠纷在法律问题上所得出的相关结论。

4. 执行程序

专家组或上诉机构所作出的裁决报告一经 WTO 争端解决机构通过,即对争端各方正式发生法律效力,专家组或上诉机构的裁决报告中所作出的裁决与建议就成为争端解决机构的裁决与建议,标志着争端解决机构对某项争端的处理进入执行阶段,审查程序则宣告结束。执行程序既包括败诉方主动执行 WTO 争端解决机构裁决报告的程序,又包括胜诉方在败诉方不执行时,在 WTO 框架下的贸易报复程序。表 11-1 列出了争端解决机制各阶段的时间。

表 11-1 争端解决机制各阶段的时间

阶 段	时 间
磋商、协调等	60 天
设立专家组并任命其成员	45 天
最终报告提交各方	6 个月
最终报告提交 WTO 各成员	3 个周
争端解决机构通过报告(如无上诉)	60 天
总计(无上诉权)	1 年
上诉机构报告	60~90 天
争端解决机构通过上诉机构报告(如无上诉)	30 天
总计(无上诉权)	1 年零 3 个月

资料来源:世界贸易组织秘书处.乌拉圭回合协议导读[M].北京:法律出版社,2004.

11.2 争端解决机制存在的主要问题

随着 WTO 争端解决机制在因适用 WTO 协定而产生的各种争端的解决过程中不断被成员采用，WTO 争端解决机制的一些问题和弊端也逐渐暴露出来。

11.2.1 磋商程序问题

WTO 争端解决程序从提出磋商请求时开始。"是否已进行磋商"是专家组设立的必经程序。争端当事方经过磋商收集相关信息并互相交换，评估各自立场上的利益得失以减少分歧，从而达成互相妥协的解决方案。不要求磋商取得实质性成果，也不影响其他程序的进行。

DSU 没有明确规定磋商请求是否可撤回及需将磋商结果的内容和达成时间通知 DSB。磋商在实践中并没有按照规定的时间完成，发展中国家参与磋商的规定更是缺乏操作性，不利于 WTO 对当事方所达成的协议是否违背 WTO 规则进行有效监督。此外，没有规定请求成立专家组时涉及的措施和法律主张是否需要经过磋商。因此，可能出现提交专家组的问题与磋商时不一致的情形，有悖于设立磋商的初衷，使之成为流于形式的程序而无实质意义。

11.2.2 专家组程序问题

1. 专家组的组成

专家组成员是根据具体案件而经过协商从各个国家遴选出来的。日益繁重的工作负担下，DSU 规定专家组的成员最多不超过 5 人。专家组不但要和争端各方召开多次会议，还要针对法律和事实两个方面展开调查且给出报告，其工作的兼职性使其能否专注于解决跨领域、跨协定的工作受到质疑。此外，由于专家组建议名单是由秘书处提供且争端方不能反对，秘书处在提供的相关服务性工作中对成员选择的变相干涉无疑会影响专家组的独立性，进而影响争端的公正解决。

2. 专家组的造法问题

DSB 的权威性在于为各成员提供安全性和可预测性的保护。而在实践中，针对专家组的造法性行为，即专家组的裁决或最终结论能否形成事实上的判例和专家组有无造法的权力，始终是各成员争议的焦点。在面对世界范围内各大法系国家之间的国际贸易争端时，专家组的造法性行为不具有合理性，专家组成员的国家分布并不均衡，不能代表各个国家的诉求，容易被强国所控制，弱小国家的合理权利可能被忽视甚至压榨。

3. 专家组的透明度问题

为保护国家秘密，专家组的工作过程是封闭的，外界无法知晓其操作过程。这种政治性的规定在保护了一部分需求利益之外也将专家组的操作锁于暗室。在专家组程序中有三个保密性规定：一是争端当事方所提交的书面材料是秘密的；二是专家组的审议是非公开的；三是专家组报告的出台是秘密的。中期和最终报告只能在最终被批准后才公布。作为争端解决机制的核心程序，其过程却没有正当的听证程序和公众意见表达途径。专家组的裁决在实现程序上的公平正义方面存在透明度不高等问题。

11.2.3 上诉程序问题

1. 上诉机构工作量过大，缺乏上诉审查权

DSU 规定，一个案件上诉组由 3 人组成，根据"同事关系原则"的规则，上诉小组以外的其他 4 人也被要求参与该案件交流意见并反映在最终的裁决中。随着案件内容的日益复杂，需要进行更广泛的调查和论证，在约为 70% 的上诉率的工作压力下，上诉机构人员无疑过少。与此同时，上诉机构没有上诉审查权，处于被动状态。DSU 规定只要是争端方在合理时间内向 DSB 提起上诉，上诉机构都要予以受理，仅可以维持、修改或撤销专家组的法律调查结果和结论。合理的上诉已经形成庞大的工作量，如果被诉方滥用上诉权以拖延专家组建议的执行，不仅上诉机构的工作量被无限制加大，而且违背了司法经济原则，无法快速有效地解决贸易争端以减少损失。

2. 上诉机构发回重审权缺位

DSU 规定，上诉机构仅能对专家组报告涉及的法律问题和专家组所作的法律解释进行审查。由此不仅把案件事实问题排除在外，而且把专家组报告可能应涉及而未涉及的法律问题也排除在外。如果存在专家组认定事实不清或遗漏、法律问题认定不全面而形成的专家组建议不利于当事方而当事方却无法获得救济的情形，则这种程序设计虽然减轻了上诉机构的负担，却也会造成不正义土壤的存在。

11.2.4 裁决执行程序问题

执行 WTO 争端解决机构的裁决问题往往没有强制力的保障。被诉方通常并不积极配合，依靠国际道德和声誉的约束显然也不能真正有效地达到目的。尤其是发展中国家和最不发达国家面对的情况是持续受损而迟迟得不到补偿，长时间程序性的损害及由此形成的恶性循环，引致发展中国家在面临更多利益损失下失去了对 WTO 的信任感而造成对外贸易的薄弱化，并进一步弱化经济。当败诉方没有遵守裁决履行措施满 20 天后，DSB 赋予胜诉方中止承诺或其他义务的权利并规定了三种形式的报复措施：平行报复、跨部门报复、跨协定报复（跨协议报复）。报复制度的本质是受害方进行的一种自力救济，这种救济措施的实施取决于报复双方经济实力的对比，无法摆脱弱肉强食的丛林法则。经济实力弱小的国家所进行的报复往往无法达到应有的效果，甚至难以填平其所损失的利益；而经济实力强的国家在进行报复制裁时对手段的运用有更多的选择性，其报复措施的震慑力也相对更大。

当今 WTO 协议项下的国际贸易合作的本质是促进共同发展、友好协商，而不是原始性的以"报复手段"作为互相制约的武器。这种报复同时损害了争端双方的利益，也并非当今文明时代下所追求的产物。此外，经济实力不对等的报复措施并不能真正起到制裁作用，要寻求真正意义上的有执行力的文明制裁措施以解决当前的困境，就需要进一步思考报复正义的境遇及现实价值。①

11.3 争端解决机制的运用情况

目前,利用WTO争端解决机制解决成员间的争端仍是WTO成员维护其权利的主要途径之一。该机制也在一定程度上限制了全球贸易保护主义及单边贸易措施的实施。中国在对外贸易得到迅速发展的同时,与贸易伙伴的贸易纠纷和争端也在不断增多,在WTO被诉的争端案件已经位居发展中国家成员之首。

尽管许多学者认为WTO争端解决机制是一种成功,但是成功的定义应该取决于各成员的观点和经验。美国、欧盟、巴西、印度等在不同程度、不同频率上运用了这个系统。然而,一些经济实力较弱的发展中国家往往不愿意也无法参与WTO争端解决机制,其可能的原因在于资源、机构能力和政治人才的缺乏等。

11.3.1 争端解决机制的基本运用情况

来自World Trade Law的数据显示,1995—2017年诉至WTO的争端案件累计532起,年均23起,其中,1995—2004年诉至WTO的争端案件305起,占全部案件的57%;2004年以来,诉至WTO的争端案件总体呈下降态势,但2012年诉至WTO的争端案件达到最近14年的峰值(27起),2013年为20起;2014—2017年,诉至WTO的争端案件年均14.5起。值得关注的是,近年来涉及第21条(5)执行异议问题的诉讼显著增多。1995—2017年WTO成员提起第21条(5)执行异议诉讼58起,共涉及48个争端事项。②

1. 涉及协定、协议情况

涉及《GATT 1994》《反倾销措施协议》和《补贴与反补贴措施协议》的争端案件最多。在1995—2017年诉诸WTO争端解决机制的532起争端案件中,共涉及WTO下的26个协定,其中涉及《GATT 1994》的案件最多,共计427起,占比高达80%;其次为涉及《反倾销措施协议》的案件120起,占比23%;涉及《补贴与反补贴措施协议》的案件113起,占比21%;其他比较多的还包括涉及《农业协议》(79起)、《技术性贸易壁垒协议》(54起)、《进口许可程序协议》(48起)、《实施卫生与植物卫生措施协议》(48起)、《与贸易有关的投资措施协议》(41起)、《与贸易有关的知识产权协定》(36起)、《纺织品和服装协议》(16起),涉及《入世议定书》和《服务贸易总协定》均为27起。

值得一提的是,在WTO争端解决机制下,技术性贸易措施领域的争端案件主要涉及《技术性贸易壁垒协议》和《实施卫生与植物卫生措施协议》;但是2013年和2014年新出现涉及《装运前检验协议》的争端案件,并且较为集中,高达5起。

2. 成员收入高低情况

高收入成员提起的WTO争端案件最多,其被诉的争端案件也最多,是适用WTO规则最为活跃的成员。根据世界银行的划分标准,1995—2017年,高收入成员提起的WTO

---

① 毛燕琼.WTO争端解决机制与改革[M].北京:法律出版社,2010;白凯.WTO争端解决机制的发展与完善[D].上海:华东政法大学,2011;赵璐.WTO争端解决机制的改革建议[J].法制与经济,2016(7):209-210+213.
② 于洋.WTO争端解决机制:惟主动者强[J].WTO经济导刊,2017(12):56-58.

争端案件共计 318 起,被诉 WTO 争端案件 303 起;中高收入成员提起的争端案件共计 117 起,被诉 103 起;中低收入成员提起的争端案件共计 87 起,被诉 102 起;低收入成员提起的争端案件共计 26 起,被诉 24 起。

从近年的数据统计来看,高收入成员发案和应诉案件基本保持变化一致的态势,发案较多的 2012—2014 年,同时也是应诉最多的年份。总体来看,发案的数量略高于被诉案件的数量;中高收入成员发案和被诉的变化趋势没有规律;中低收入成员发案和应诉案件基本保持变化一致的态势;低收入成员的发案和应诉案件都非常少。由此可见,高收入成员运用 WTO 规则最多,低收入成员几乎很少运用 WTO 规则。①

3. 涉及《服务贸易总协定》争端案件情况

涉及《服务贸易总协定》争端案件的提起方主要为发达国家成员,近年来案件突增明显。在诉诸 WTO 的争端案件中,涉及 GATS 的 27 起,其中提起方为发达国家成员的有 15 起,美国提起的涉及 GATS 的争端案件最多(9 起),其次是欧盟(4 起)。涉及 GATS 争端案件被诉的成员中,中国最多(6 起),其次为欧盟(5 起)、加拿大(3 起)。2007—2017 年,涉及 GATS 的 12 起争端案件中有 6 起是针对中国服务贸易措施提起的诉讼,包括电子支付措施 1 起、金融信息服务 3 起、出版物和音像制品的贸易权及分销措施 1 起,以及中国集成电路的增值税 1 起。

自 2007 年以来,涉及《服务贸易总协定》的争端案件发案频率总体不高,除 2008 年有 3 起案件外,2007 年、2010 年和 2012 年均为 1 起,2009 年、2011 年、2013 年和 2015 年均没有涉及《服务贸易总协定》的争端案件。但 2017 年涉及《服务贸易总协定》的争端案件高达 4 起,达到历史高峰。2017 年涉及 GATS 的争端案件中,卡塔尔发案 3 起(被诉方为阿拉伯联合酋长国、巴林、沙特阿拉伯),俄罗斯发案 1 起,被诉方为乌克兰。

4. 涉及《农业协议》争端案件情况

1995—2017 年,涉及《农业协议》的争端案件 79 起,由 21 个 WTO 成员提起。美国、欧盟、加拿大提起的涉及《农业协议》争端案件占全部《农业协议》争端案件的 56%,其中美国提起的案件最多(27 起),其次是加拿大和欧盟(均为 9 起),其他提起案件较多的成员包括巴西(6 起)、危地马拉(5 起)、新西兰(5 起)、阿根廷(4 起)和墨西哥(3 起)。

2008 年金融危机以来,涉及《农业协议》的争端案件发案比较集中,2009—2017 年涉及《农业协议》的争端案件占涉及《农业协议》全部争端案件的 23%。尤其是中国被诉案件比较典型和复杂,表现出案件的第三方数量几乎为所有争端案件第三方之最,争端涉及的条款覆盖范围广等特点。中国提起和被诉涉及《农业协议》案件 6 起,其中提起案件(DS392)涉及 WTO 协定的相关条款包括 AOA 第 4.2 条和第 19 条、DSU 2 个条款、《GATT 1994》2 个条款和 SPS 13 个条款。

11.3.2 金砖国家的参与情况

WTO 争端解决机制成立 20 年(1995—2015 年)间,其成员总共发起了 501 起诉讼,金砖国家(至少其中之一)涉及其中的 304 起案例,占案件总数的 60.68%。

---

① 于洋. WTO 争端解决机制:惟主动者强[J]. WTO 经济导刊,2017(12):56-58.

作为 WTO 原始成员,巴西和印度是金砖国家中参与争端解决机制最积极的国家。如表 11-2 所示,巴西和印度分别发起了 27 起与 21 起贸易诉讼,而 2012 年才入世的俄罗斯,在近两年内已经向 DSM 提交了 4 起诉讼。中国自 2001 年 12 月加入 WTO 后,在 34 起诉讼中成为金砖国家中参与 DSM 最"积极"的被告。此外,中国还是金砖国家中最积极的第三方,参与了 129 起诉讼。南非虽然同样是 WTO 成员,但是和其他非洲国家一样,由于发展水平偏低、国际贸易份额占比太小、报复能力有限、来自国内的诉讼需求少、缺乏内部一致性及与其他国家合作的能力等原因,仅作为被告或第三方参与了 12 起诉讼。

表 11-2 美国、欧盟、金砖国家参与 WTO 争端解决机制的情况比较(1995—2015 年)

	美国	欧盟	金砖国家					
			巴西	俄罗斯	印度	中国	南非	合计
原告	109	96	27	4	21	13	0	661
被告	124	82	16	6	23	34	5	84
第三方	130	155	99	28	116	129	7	2042
总计	363	333	142	38	160	176	12	3043

注:①在 DS217 US-Offset Act (Byrd Amendment)一案中,巴西与印度是共同原告;②同时有两个或者两个以上金砖国家作为第三者参与同一案件时,只算作一起案件,不重复计算;③同时有两个或者两个以上金砖国家参与同一案件时,只算作一起案件,不重复计算。

数据来源:https://www.wto.org/english/tratop_e/dispu_e/dispu_e.htm.

与美国和欧盟等主要发达经济体相比,金砖国家并非积极的起诉方(原告)。WTO 争端解决机制成立 20 年来,金砖国家总计发起 66 起诉讼(占争端解决机制总案例数的 13.17%),而美国和欧盟则分别发起了 109 起和 96 起诉讼(见表 11-2)。这些数据表明,美国、欧盟和金砖国家之间在将纠纷诉诸争端解决机制方面存在巨大的差距。这在一定程度上是由发展中国家在参与争端解决机制过程中所遇到的普遍困境所致,包括精通 WTO 法律的专家相对缺乏、资金来源有限、来自其他国家政治与经济上的压力较大等。然而,巴西与印度的参与记录及其对抗美国的几个重要诉讼,为发展中国家参与争端解决机制提供了指导性范例,而中国近年来在贸易诉讼中的信心同样说明了其正在稳步学习 WTO 争端解决机制的游戏规则。

金砖国家在大多数案件中都扮演着第三方角色,这是金砖国家参与 DSM 的特点之一。如表 11-2 所示,在 204 个案件中都有至少一个金砖国家作为第三方参与。例如,中国在入世后的 14 年里,作为第三方共参与了 129 起诉讼,成为在 WTO 争端解决机制中仅次于欧盟(155 起)和美国(130 起)排名第三的第三方参与者(见图 11-1)。金砖国家普遍倾向于以第三方身份参与 WTO 争端解决机制,其原因在于以最小的风险,既可以学习 WTO 争端解决机制的游戏规则,又可以为未来的纠纷解决提供重要的战略和战术方面的经验教训。值得注意的是,与作为原告和被告相比,涉及第三方的程序性规则没有那么严格,参加的成本相对较低。①

---

① Alexandr Svetlicinii,张娟娟. 金砖国家参与 WTO 争端解决机制研究[J]. 南亚研究,2017(1):22-40+155-156.

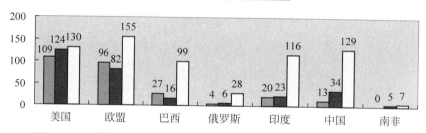

图 11-1 金砖国家、欧盟及美国参与 WTO 争端解决机制的情况比较

数据来源：https://www.wto.org/english/tratop_e/dispu_e/dispu_e.htm.

金砖国家在 WTO 争端解决机制诉讼中的"互动"涉及广泛的主题和经济产业。如表 11-3 所示，WTO 争端解决机制中金砖国家间"互动"案件中最常涉及的协定包括《关税与贸易总协定》《反倾销协议》《补贴与反补贴措施协议》和《农业协议》。涉及《关税与贸易总协定》的案件所占比率高达 90.98%，即涉及《关税与贸易总协定》的 121 个案件中至少有两个金砖国家以原告、被告或第三方的不同身份"相遇"。而所有这些出现在金砖国家互动案件中的核心协约，都是 WTO 谈判中多哈发展议程的主题。

表 11-3 金砖国家互动案件中涉及的 WTO 协定

协定名称	"互动"案例数量	比例/%
关税与贸易总协定(GATT)	121	90.98
入世议定书	16	12.03
反倾销协议(ADA)	27	20.30
补贴和反补贴措施协议(SCM)	38	28.57
建立 WTO 协定(WTO Agreement)	18	13.53
卫生和植物卫生检疫措施协议(SPS)	14	10.53
服务贸易总协定(GATS)	5	3.76
与贸易有关的投资措施协议(TRIMs)	13	9.77
与贸易有关的知识产权协定(TRIPS)	10	7.52
技术性贸易壁垒协议(TBT)	15	11.28
装运前检验协议(PSI)	3	2.26
原产地规则协议(ARO)	2	1.50
进口许可程序协议(AILP)	8	6.02
保障措施协议(AS)	14	10.53
农业协议(AAG)	23	17.29
海关估价协议(ACV)	3	2.26

数据来源：https://www.wto.org/english/tratop_e/dispu_e/dispu_e.htm.

对上述"互动"案例进行分析可以发现，金砖国家在 WTO 争端解决机制中具有明显的"互动"特征，即它们倾向于出现在第三方的位置上。在所有金砖国家"互动"的诉讼中，有 41 起案例是一个金砖国家作为原告，其他的金砖国家作为第三方，占总"互动"数的 13.06%；在 59 起案例中，有一个金砖国家作为被告，其他的金砖国家作为第三方参与

"互动",占 18.79%。然而在压倒性的大多数案例中(214 起,占 68.15%),原告和被告都不是金砖国家,而两个或者两个以上的金砖国家以第三方的身份参与诉讼。表 11-4 中的数据说明,金砖国家都倾向于并且有能力以第三方的身份积极参与 WTO 争端解决机制,并在各种与贸易有关的问题中申明自己的立场,同时希望通过对 WTO 协定规则的阐释,影响 WTO 争端解决机制的裁决。

表 11-4 金砖国家作为第三方参与 WTO 争端解决机制的情况

第 三 方	另一个金砖国家作为原告	另一个金砖国家作为被告	另一个金砖国家同样作为第三方	总 计
巴西	13	18	62	93
俄罗斯	5	9	1	28
印度	13	21	59	93
中国	9	9	75	93
南非	1	2	4	7
总计	41	59	214	3141
比例(%)	13.06	18.79	68.15	100

注:这一数字是两个金砖国家"互动"的次数而非互动案件的数量,因为有时同一个案件中会有两个或者两个以上金砖国家参与。

在 2013 年涉及中国原料出口的案例(由美国、欧盟、墨西哥申请起诉)中,巴西和印度作为相关原材料的大进口商采取了一致的立场对抗中国。而在中国挑战欧盟对于中国鞋类和钢连接件实施反倾销措施的两个案例中,巴西又和被告方站在一起对抗中国,其原因是巴西和欧盟在计算正常价值时适用相同的"替代国制度"。尽管 2004 年巴西和中国签署了《贸易投资合作谅解备忘录》,巴西已经承认中国的市场经济地位,但巴西政府并没有完全执行该备忘录的内容。最后一起案例,是美国发起的诉印度有关印度由于禽流感的蔓延对来自美国的家禽实施进口限制的案件,由于巴西也是家禽类产品的主要输出国,因此它支持原告反对同是金砖国家的印度。[①]

11.4 争端解决规则的运用

在发展对外贸易的过程中,国家之间出现贸易纠纷与摩擦属于正常现象,双方应通过友好协商寻求解决。随着中国对外贸易规模的扩大,中国的出口产品在进口国受到贸易限制的情况也在迅速增加,进口国的一些不合理做法损害了中国的正当贸易利益。如果通过双方途径无法得到合理解决,中国应启动 WTO 争端解决程序,通过多边机制寻求解决。中国需要加强对 WTO 贸易规则和争端解决规则的研究,培养精通 WTO 规则和争端解决程序的法律人才,学习其他发展中国家利用 WTO 争端解决机制的经验,合理利用多边体制与规则维护中国的正当贸易利益。

---

① Alexandr Svetlicinii,张娟娟. 金砖国家参与 WTO 争端解决机制研究[J]. 南亚研究,2017(1):22-40+155-156.

11.4.1 国家层面

1. 加强商务部公平贸易司的建设

商务部公平贸易司肩负着专门受理对违反 WTO 协定或其他国际贸易协定且对中国合法权益造成损害的外国行为的申诉,并进行调查核实,根据调查核实的结果按照 WTO 争端解决机制的规则和程序决定是否采取行动及采取什么样的行动,以及对针对中国的申诉,代表中国在双边或多边争端解决机制中做好应诉准备,包括核实对方指控、提出反驳、进行谈判,或采取其他双边或多边争端解决的程序的双重任务。与此同时,应对美国、欧盟、日本、韩国、印度、巴西等国家的立法、行政与司法进行监查,建立相应的数据库,检查任何可能的抵触,在必要时提出磋商和准司法的争端解决。该部门协调各行业之间、各企业之间、各行业与企业之间的利益,使全国上下对外形成合力,对 WTO 协定在全国范围内的统一实施进行有效的监督,可见该部门的责任重大、任务繁重,而在中国该部门设立较晚、人员不足,为此,应加强该部门的建设,加大资金支持力度,提高应诉和申诉的综合能力。

2. 加强 WTO 争端解决趋势和预测研究

要明了利用争端解决机制的主要使用者,哪些国家与中国经贸关系密切,有可能与中国发生贸易争端,是否具有足够强大的法律服务力量和后援,能否将争端上告 WTO。要研究 WTO 争端解决案例涉及哪些协议,与中国现行贸易政策和法律关系有无冲突或矛盾,是否构成中国出口面临的主要障碍。

从目前的趋势看,WTO 争端解决案例的主要博弈方与中国的经贸关系都很密切,涉及的协议中反倾销、补贴与反补贴、保障措施、技术性贸易壁垒等协议与中国有密切关系。为此,一要重点研究这些国家涉案的原因和应对策略,剖析其胜诉和败诉的经验与教训;二要设立专门机构,配置相应的专业人员,专门研究美国、欧盟、日本、加拿大、澳大利亚、韩国、印度、墨西哥、巴西、阿根廷等主要争端成员的立法、行政与司法走势;三要积极收集与涉案产品相关产业的景气变动及国际行情变化,随时掌握国内外市场行情及外国竞争者动向,包括涉案产品在国外的营销网络、市场区域、市场需求及消费、产业集中度等,以掌握国外企业的实际经营状况及贸易壁垒预警机制。

3. 培养一支能够胜任解决争端工作的人才队伍

要解决贸易争端,需要集 WTO、政治学、经济学、贸易学、法律学、文化学、社会学等学科交叉背景和知识储备的复合型人才。因此,要充分利用中国的人力资源和各大专院校、科研院所的作用,加快中国复合型商务人才的培养进程。武汉大学现已建有 WTO 学院,国家教育部在对外经济贸易大学设有中国 WTO 研究院重点研究基地。要充分发挥这些机构的带动和示范作用,同时要尽可能地利用国外的资源,通过"请进来"和"走出去"的双向交流,学习其他国家在参与 WTO 争端解决机制方面的经验,锻炼人才队伍。此外,还要加强对 WTO 争端解决案例的研究,剖析争端的起因、专家组报告和上诉机构报告支持和否决争端方的具体理由、争端的应对策略等。通过对具体案件的分析,不仅可以详细了解 WTO 争端解决机制的运行规则和程序,还可从中吸取经验教训,学习申诉和应诉策略与技巧。

11.4.2 企业层面

从企业层面看,应搭建企业(行会)与政府之间准确快捷的信息沟通机制。WTO 是政府间国际贸易组织。WTO 所有协议规定的义务都是对政府而言,相应地,政府代表国家或单独关税区也享有 WTO 所有协议所赋予的权利。DSU 机制的建立与运行必须由政府负责。当然,非政府组织也可以协助政府工作。这些需要大量人力、物力和财力的系统工程只有在政府主导下才可能建立。具备这种机制后,最重要的工作是建立政府与企业(行会)之间高效的信息沟通机制。具体而言,首先是政府为企业(行会)提供服务,其次是企业(行会)不断向政府提供来自市场和产业第一线的动态信息,使这些活的信息成为国家数据库中源源不断的新资料。这种政府与企业(行会)之间信息良性循环、互通有无的机制可保证企业(行会)获得最及时的信息,从而在激烈的国际市场竞争中运筹帷幄,立于不败之地。

11.4.3 应诉技巧

1. 作为被诉方

作为被诉方时,应采取"专家小组/上诉机构为上,磋商解决和相互满意解决次之"的策略,力求对中国有利的结果。

在一般情况下,应在各阶段的开始时刻同意磋商,在最后时刻达成相互满意的解决方案,专家组决定支持申诉方后立即选择上诉策略,专家组决定或上诉机构决定后选择尽可能晚地执行 WTO 决定或达成相互满意的解决方案或补偿,在 WTO 授权报复后立即选择执行 WTO 决定的策略。要辨明申诉方的申诉理由及真正目的。有的申诉可能是善意的,可以通过磋商解决,但我方原则是尽可能晚地提出和解方案(磋商解决、相互满意解决、达成补偿协议)。有的可能是具有政治目的或报复性的(如 DS222 案件),这时很难达成相互满意的解决方案,就应充分研究被诉理由,逐条核对是否有例外规定,是否已有相似判例。要调查国内政策与法律的实施情况,最重要的是要争取执行的合理期限,修改有关政策。如果上诉,上诉申请书一定要列明异议及充足的理由。若被专家组或上诉机构裁定败诉,则应首先对裁决表明态度,主动提出与申诉方进行关于执行裁决的磋商。尽量争取更长的执行裁决时间表。要充分考虑国内立法程序要求和政策、措施的修改对本国经济贸易带来的不利影响,争取对方对具体困难的谅解和宽容。要认真研究被确认违反 WTO 有关协议的政策、法规,或者有关措施,并及时作出调整或修改。

2. 作为申诉方

作为申诉方时,应坚持"磋商解决为上,专家小组/上诉机构次之;相互满意解决为主,请求报复为辅"的策略,力争迅速有效地解决争端。在一般情况下,应在各阶段的开始时刻提出磋商并接受被诉方提出的相互满意的解决办法,专家组请求阶段应选择立即请求成立专家组的策略,专家组报告提出并支持被诉方后立即上诉,专家组决定或上诉机构决定后被诉方不执行 WTO 决定时立即提出报复请求,被诉方在 WTO 授权报复后应立即执行 WTO 决定。专家组决定支持申诉方后

延伸阅读 11.1
WTO 争端解决机制危机:原因、进展及前景

立即选择上诉策略,专家组决定或上诉机构决定后选择尽可能晚地执行WTO决定或达成相互满意的解决方案或补偿,在WTO授权报复后立即选择执行WTO拟定的策略(一般情况下不使用)。为降低申诉成本,或增强报复能力,或提高申诉胜诉概率,可以采取联合申诉和用"羊群效应"提出申诉。申诉要充分列举被诉事由(被违反的有关协议的具体条款),专家组充分提供有关申诉的证据材料,有关答辩人员应充分掌握这些材料,以便在专家组中进行有说服力的申辩。要认真审查和研究专家组提交的准备在争端解决机构通过的临时报告。对专家组报告应进行详细研究。若需上诉,则应于争端解决机构通过该临时报告的会议召开之前,及时提出上诉申请。要与对方磋商执行专家组裁决的日期,若合理期间未能达成协议,则可要求进行仲裁。尽量不要让对方拖延执行裁决,应及时对被诉方执行情况进行监督,必要时要提醒或敦促对方按时执行裁决。

巴西诉美国棉花补贴案

巴西诉美国棉花补贴案是WTO贸易争端解决历史上的典型案例,从诉讼到争端解决历时12年之久。该案例对中国如何借助WTO争端解决机制既维护国家利益又不失去贸易伙伴具有重要的借鉴意义,其具体情况如下。

2002年9月27日,巴西对美国给予高地棉花的补贴提出磋商要求,认为美国违反了WTO的相关规定。10月20日,WTO争端解决机构成立专家组进行调查,随后欧盟、澳大利亚、日本等经济体申请加入。

2004年10月,巴西和美国双方对专家组9月发布的一审裁决报告不满,随后上诉至WTO争端解决机构。经多次调查取证后,WTO争端解决机构于2005年3月发布终审裁决报告,要求美国2005年7月1日前撤销对巴西的棉花出口造成损失的补贴,这相当于巴西胜诉。但至2005年7月4日,美国仍未履行该裁决,巴西针对该情况对美国棉花贸易予以报复;美国见状向DBS上诉机构提请仲裁,该案件由补贴诉讼争端上升为对报复不满的仲裁;因仲裁过程漫长复杂,双方于2008年共同向DBS上诉机构申请中止仲裁。

2008年8月25日,巴西政府重启仲裁程序,并于2009年8月31日得到仲裁庭授权约8.29亿美元报复的仲裁报告。

2010年4月7日,巴西政府对从美国进口的产品征收高额从价关税;4月21日,美国政府与巴西政府进行紧急磋商,双方达成临时性谅解备忘录,同时美国提出了对巴西进行补偿的方案;4月30日,巴西政府向WTO争端解决机构提出延期对美方的报复行为;8月25日,巴西政府鉴于同年6月双方已达成《巴西和美国关于棉花争议共同接受办法的框架协定》,决定暂缓实施对美国的报复措施。该协定虽然未从根本上解决问题,但要求双方每年针对棉花争端进行4次磋商,并尽快达成一致;巴西政府也承诺在2012年美国农业法案出台之前不会实施报复措施。

2012年10月23日,美国农业法案因两院争议较大而未能如期通过,但巴西政府依然维持《框架协定》和《备忘录》中的约定,暂缓对美国实施报复措施。2013年7月11日,美国因政治原因决定停止履行《备忘录》的承诺,巴西又开始实施报复措施,直至2014年10月9日,两国才就棉花案件争端达成最终和解协议,结束了两国长达12年的棉花补贴案件纠纷。

在这个过程中,美国灵活运用"缓兵之计"以暂时性的承诺及各种合理的内部理由拖延巴西政府采取报复措施的时间,并用12年的时间完成了对本国棉花产业的调整,也使本国棉花出口免于高关税的报复,从而维持了本国对外经济贸易的良好运转。

(资料来源:孙女尊.巴西诉美国棉花补贴案[J].WTO经济导刊,2004(11):86-87.)

前期准备知识:美国、巴西相关产业发展情况。

(1) 运用WTO贸易争端解决机制进行模拟谈判。

(2) 针对该案例,分析美国采取了何种应对贸易争端及报复措施的策略。

(3) 该案例对中国处理贸易争端问题有何借鉴意义?中国政府、企业应如何应对贸易争端问题?

11.5 习 题

1. 名词解释

磋商　专家组　上诉程序　无异议协商一致　反向协商一致

2. 简答题

(1) 简述WTO争端解决机制及特点。

(2) 简述WTO的争端解决程序。

(3) 简述常设上诉机构的办事规则。

(4) 简述争端双方在争端解决过程中的注意事项。

即测即练题

第 12 章

世界贸易组织的未来

2004年年底,时任WTO总干事素帕猜·巴尼巴滴在为纪念WTO成立10周年出版的《WTO的未来》一书中写道,"WTO现在不仅在处理贸易关系方面,而且在全球治理方面都发挥了重要作用。但我和其他人越来越清楚地看到,现在是时候看看WTO的工作机制,看看是否还有改进的空间。"

2015年,WTO总干事罗伯托·阿泽维多在为纪念WTO成立20周年出版的《WTO 20年——回顾》一书中写道,"毫无疑问,WTO在其短暂的历史中取得了巨大的成就。作为一个组织,它已经成长和适应,并已成为全球经济架构的中心支柱。但是,还有很多很多事情要做。我们需要进一步发挥贸易作为增长和发展力量的潜力,我们必须在2015年12月于内罗毕举行的第十届部长级会议上达成进一步的谈判成果。"

2019年8月25日,在比亚里茨举行的七国集团峰会上,WTO总干事罗伯托·阿泽维多告诉七国集团领导人,WTO改革辩论是一个支持全球努力、解决不平等、帮助刺激增长和发展的机会。中国世界贸易组织研究会会长崇泉称,"WTO面临危机,最大的挑战是它被边缘化了。我们需要重振WTO的法治规则和多边机制,而不是单边主义。个别国家单边做的一些事情,损害了WTO的权威。"

面对目前的状况,WTO该何去何从?

★学习目标和要求

(1) 了解WTO面临的困境;
(2) 了解WTO改革的各方观点,重点了解中国改革方案;
(3) 对WTO未来发展方向有所认识。

12.1 世界贸易组织面临的困境

WTO规则体系是当前国际贸易中最基本的游戏规则。制定WTO规则的初衷在于维护WTO的宗旨和原则,促进世界范围内的资源优化配置和贸易自由化,控制各成员采取的增加国际贸易障碍与成本的行为。WTO成立20多年来,在维护和加强多边贸易体制、整合成员经贸关系、促进发展中国家成员和新成员发展与改革、落实和拓展贸易规则、参与全球治理等方面发挥了积极作用。但在实际发展过程中,WTO也面临南北国家矛盾、新保护主义盛行、区域协定兴起等外部冲击和自身缺陷所导致的内部冲击。上述问题的存在威胁到了现有WTO规则的权威性和可操作性,使WTO面临困境。

12.1.1 南北国家矛盾的冲击

南北矛盾,即发达国家与发展中国家之间的矛盾,一直以来是国际经贸领域最为尖锐的矛盾。发达国家一直把握着世界经济发展的话语权,而发展中国家因本国经济的发展及在应对国际金融危机、促进世界经济复苏方面发挥了一定的作用,也希望获得一定的话语权。WTO主导的多边贸易体制使发达国家得到了最大的利益,而那些新兴经济体由于自身经济水平有限,获得的利益也相对有限,且最不发达国家有着被边缘化的倾向。

2012年,WTO成员中的25个发展中国家集体写信要求停止"多哈回合"谈判,认为谈判没有顾及其发展利益。但享有主导权的发达国家仍不愿意与后起之秀分享国际经贸规则的制定权。

在全球贸易冲突加剧下,WTO非但制止不了"贸易战","贸易战"反而正在摧毁WTO。南北矛盾的激化,阻碍了WTO多边贸易体制的发展与进步。

12.1.2 新贸易保护主义的冲击

随着国际经济密切合作的不断深入,国与国之间的竞争也在不断增强。竞争总是伴随着合作应运而生。各国为了保持本国的竞争力,纷纷对本国产业实施保护性贸易政策。如今世界经济增速减缓,新贸易保护主义(New Trade Protectionism)在发达国家和发展中国家的贸易政策中均有所体现。

新贸易保护主义是指在对外贸易中实行限制进口以保护本国商品在国内市场上免受外国商品竞争,并向本国商品提供各种优惠以增强其国际竞争力的主张和政策。新贸易保护主义以绿色壁垒、技术壁垒、反倾销、反补贴和知识产权保护等非关税壁垒措施为主要表现形式,其目的在于规避多边贸易体制的束缚,保护本国产业和就业,维持本国在国际分工和国际交换中的支配地位。总体而言,新贸易保护主义有以下几个特点:首先,更多地运用国内立法机制和行政手段实施贸易保护,把复杂的双边或多边贸易往来变成单一的主权国家内部问题加以处理;其次,保护重点从商品市场扩展到就业和金融市场,并通过实施与劳动和就业相关的一系列不平等政策,来实现贸易保护主义的目的;最后,贸易保护手段的表达形式更具隐蔽性,如提高进口商品标准、加大对特定产业的补贴力度、利用区域性经济一体化集团实施贸易保护措施等。总体来看,新贸易保护主义的日益盛行对以推进世界贸易一体化为己任的WTO已构成严峻的挑战。

12.1.3 来自区域贸易协定的冲击

区域贸易协定(Regional Trade Agreement,RTA)是指两个或两个以上的国家或不同关税地区之间,为了消除成员间的各种贸易壁垒,规范彼此间的贸易合作关系而缔结的国际条约。GATT第24条和GATS第5条规定,RTA是作为最惠国待遇原则的例外存在的。RTA注重的是双边或者区域利益的协调,与WTO所主导的多边贸易体制不相协调,对多边贸易体制的发展构成了极大的威胁。①

目前,几乎所有的WTO成员都参与了至少1个区域贸易协定,更有甚者参加了20多个乃至更多的区域贸易协定。此外,区域贸易协定的发展已经突破了地理限制,开始跨大洲、跨大洋,逐步形成跨地域、跨政治制度的复杂磅礴的区域贸易网,如跨太平洋经济贸易伙伴关系(Trans-Pacific Partnership,TPP)、跨大西洋贸易与投资伙伴协议(Transatlantic Trade and Investment Partnership,TTIP),几乎将世界上所有的发达国家囊括其中。在美国退出后,TPP原11个成员最终签署了全面进步的跨太平洋伙伴关系协定(CPTPP),欧日签署了经济伙伴关系协定,美韩签署了新版自贸协定,美墨加达成了新的自由贸易协定(USMCA),欧盟与新加坡签署了自由贸易协定,美欧同意开展"零关税、零非关税壁垒、非汽车工业零补贴"的贸易谈判,美日就启动货物贸易协定谈判达成协议。区域贸易协定盛行给WTO造成的影响主要表现在以下几个方面。

1. 冲击最惠国待遇原则

RTA作为最惠国待遇原则的例外,得到了GATT第24条和GATS第5条的明确认可。这一例外须保证地区安排的成员间消除影响其贸易的所有关税和其他限制;而且参与协定的成员对协定以外的WTO成员实施的关税和国内税措施不得高于或者严于地区协定成立以前的水平。②但是在RTA的实践中,绝大多数实际上并没有消除影响其贸易的所有关税和其他限制。③相反,在区域贸易安排内部实行贸易自由,对外则采取贸易的限制政策,构筑了全球贸易中的"壁垒",而这种壁垒严重背离了WTO积极削减各种贸易壁垒的精神。RTA在可能为成员内部贸易创造积极效应的同时,也可能形成对成员外的其他WTO成员对外贸易发展的负面影响。其原因在于:①区域贸易安排对内取消关税实现完全的自由化,对外却采取相同或高于成员方的关税税率④,当区域外成员的产品进入区域内时会受到关税上的阻碍,这和最惠国待遇原则相违背;②在原产地规则等非关税措施的采取上存在背离。RTA内部的原产地规则对成员产品实行特别优惠,由此将严重损害区域外第三方的利益,同一种产品出口到不同的区域适用不同的原产地标准必将造成国际贸易秩序的混乱。

2. 阻碍多边贸易体制目标的实现

相对于多边贸易体制,区域贸易协定下的开放仅针对区域内成员,在开展具体贸易活动时,区域协定成员比区域协定外的非成员享有更多的优惠政策和制度安排。在贸易过程中这些协定成员并不一定是最优的商品或服务的供应者,但它们却从区域贸易协定中获得了优于区域协定外的非成员的交易机会和极低的贸易壁垒,这使它们获得了一定的竞争优势。在此状况下,势必会导致贸易向区域内发生转移,给区域内成员带来贸易创造效应。⑤但与此同时,当贸易集中于区域内部发生时,产品的选择可能从原来的成本较低

---

① 陆燕.G20峰会给打开WTO改革局面带来重要契机[N].中国经济时报,2018-12-03(005).
② 姜璐艳.浅谈中国—东盟自由贸易区及其与GATT/WTO的关系[EB/OL].法律博客网,2009-09-02.
③ 夏志红."世外桃源"——RTAs在WTO多边贸易框架外的新发展[J].经济经纬,2006(3):28-31.
④ 樊文格,江华锋,李建峰.区域主义对多边贸易体制的挑战和对策[J].集团经济研究,2006(28):35-36.
⑤ 杜新."泛北合作"课题系列之十一:是贸易转移,还是贸易创造?[EB/OL].[2009-09-03].新华网,http://www.gx.xinhuanet.com/pbg/ktyj.htm.

国进口转向从区域内成本较高国进口。

3. 冲击 WTO 多边贸易体制争端解决机制

没有任何一个区域贸易协定将 WTO 争端解决机制排除在协定相关争端的解决选择之外,而 WTO 的法律文本也承认区域贸易协定所引发的争端适用于 WTO 争端解决机制。《关于 GATT 1947 第 24 条解释的谅解》(简称《第 24 条谅解》)第 12 款中明确规定:区域贸易安排实施过程中产生的任何事项,均适用于 WTO 争端解决机制。但由于并不存在具体操作规定,所以如果在实践中发生有违区域贸易协定但不违反 WTO 规定的情况,或有违 WTO 规定但不违反区域贸易协定内容的情况,成员就可以根据自己的利益需要选择有利于自己的争端解决机制,这势必会为区域贸易协定成员规避相应法律责任创造机会、提供可行的选择。而这不仅会导致双方争端延伸至争端解决的方法选择层面,也极有可能在增加 WTO 争端解决机制运行负担的同时有损 WTO 争端解决机制的形象与权威。①

4. 冲击 WTO 的多边贸易法律制度

贸易集团在签订区域贸易协定时,在其集团内部大多创建有一套自有的区域法律制度,其中有些规则与 WTO 多边法律制度的原则和规定明显不同。尽管 WTO 在 1996 年成立了区域贸易协定委员会(CRTA),统一对区域贸易协定的审查权力,但 WTO 对区域贸易协定的监管仍存在严重缺陷,一直处于一种软弱、低效和无序的状态。例如,区域贸易组织缔约国往往在完成其国内对区域贸易协定的司法批准之后才履行 WTO 规定的本应在成立或加入之前履行的通知货物贸易理事会并由理事会对其进行必要的法律审查的义务,这就导致即使 WTO 对协议缔约国所提供的相关资料存在异议乃至最后的审查结果显示该协议不符合多边贸易体制的规范也无能为力,这导致审查机制从一开始就被束之高阁。此外,由于在审查机制规则和程序规定方面含糊不清,所以在执行的时候实际上也很难对审查标准把握一个确切的"度"。对一些关键标准,如 GATT 第 24 条"实质上所有贸易"、GATS 第 5 条"合理期限"和"大量部门范围"等难以界定;工作组工作程序没有详细规定,造成了大量的"审而未果",弱化了审查机制的效力。②

5. 延缓 WTO 多边规则的统一

急速发展的区域贸易协定交错重叠及成员的"双重身份"延缓了 WTO 多边规则的统一及多边谈判的进程。首先,区域贸易协定的蓬勃发展转移了成员的注意力,分散了原本倾注于 WTO 多边贸易体制的谈判资源,在一定程度上导致了 WTO 多边贸易体制从促进贸易自由化的主体降低为一种地位低于区域贸易协定的"次优选择"。其次,各个区域贸易协定谈判过程中会制定各种其成员认可的具体的规则与程序,区域贸易协定的不断建立直接导致各种规则的不断涌现,而且这些规则的制定只是基于对少部分成员利益的考虑,不可能与多边贸易规则要求的全球普适性相一致甚至还会发生诸多冲突。这在一定程度上会造成谈判过程中的严重分歧,进而加大谈判的难度,延缓甚至是阻碍谈判的

---

① Stefan Griller. At the crossroads: the world trading system and the Doha round[M]. Berlin: Springer, 2008: 60-61.
② 向雅萍. 区域贸易协定对 WTO 体制的冲击及改革方向[J]. 经济研究导刊, 2007(6): 182.

进程；最后，由于目前大多数国家既是区域贸易协定的参与方，又是WTO的成员，"双重身份"使成员在进行多边谈判的过程中会根据从区域内与区域外能够得到的利益进行衡量与取舍。一旦从多边谈判中能得到的利益少于从区域内获得的利益，成员自然会对WTO多边贸易谈判持一种消极的保留态度；而在承担两方规定的不同义务时同样会进行取舍，从而对WTO多边贸易体制议事、决策乃至执行程序造成严重的干扰，给WTO多边贸易体制带来巨大冲击。

12.1.4 世界贸易组织自身存在的缺陷

1. 管辖范围、职责上的缺陷

WTO本身是一个规模庞大的法律体系，由一系列有关贸易的协定、协议等组成，其覆盖面已经涵盖了世界经济生活的各个领域。但是，掌握WTO话语权的发达国家仍在不遗余力地将新的议题纳入WTO的管辖范围，其中很多议题实际上与贸易无关。发展中国家在贸易问题上的被动地位导致其对议题的接受也只是迫于发达国家的压力，因而在某些决议的执行上敷衍了事，造成了执行上的困难。而新的议题进入WTO框架之内，使发展中国家的被动性有增无减，其直接后果就是使WTO陷入艰难的境地。

WTO所有机构均有"日常机构的监督"职能，相关工作由来已久。但各机构之间的做法和成效大相径庭。技术性贸易壁垒（TBT）委员会的做法和成效显著，仅2018年该委员会就讨论了178件"特定贸易关注"，该机构成立以来提起的550件"特定贸易关注"中的绝大多数均得到协商解决，仅有16件被诉诸争端解决机制。很多智库和WTO成员援引TBT委员会的工作，认为其相关做法应在其他WTO机构进行推广。

2. 议事规则、决策程序上的缺陷

由于力量对比的悬殊，WTO规则大部分是由发达国家按照自身利益制定的，对发展中国家利益的关注相对较少。WTO的决策过程缺乏透明度，如在"绿屋会议"①中，许多国家的部长被排斥在大门之外。

各成员存在迟通报甚至不通报的现象。在2018年10月23日举行的WTO补贴和反补贴措施委员会上，在164个WTO成员中，78个成员仍未按要求对其2017年之前的补贴情况、63个成员仍未对其2015年之前的补贴情况、56个成员仍未对其2013年之前的补贴情况进行通报，显然此情况严重影响了相关协定的正确实施。

12.2 世界贸易组织改革的倡导者

12.2.1 美国

自2017年特朗普就任美国总统以来，尤其是自2018年后，美国对其最大的贸易伙伴（北美诸国、欧盟和中国）陆续发动"贸易战"，以WTO为代表的世界贸易秩序的危机更趋

---

① 绿屋会议：正式名称为"非正式磋商"，在概念上是一种由20～30名WTO成员部长或代表团团长（大使）参与的非正式磋商机制。会议一般在发起新一轮多边贸易谈判之前和谈判过程中较多，其频繁程度与谈判进展和形势密切相关。

严重。特朗普政府公开质疑多边规则和多边机制的合理性，批评WTO"对美国不公"，要求WTO全面改革，口头上多次威胁"退出WTO"，行动上更是不断绕开WTO原则和规则，采用国内法对其他贸易伙伴实施贸易保护政策。

2019年3月1日美国贸易代表办公室发布的《2019年贸易政策议程及2018年度报告》中，提到美国对WTO改革的下列建议。

1. WTO必须解决非市场经济的挑战

WTO的规则框架没有充分预料到经济主要由国家主导的成员对全球贸易造成的破坏性影响。现行规则加上WTO上诉机构规制的严重缺陷，使成员没有足够的工具来应对这些问题的侵蚀性蔓延。美国正在与欧盟和日本进行三方合作，意图通过制定新的多边规则和采用其他措施来应对这些挑战。

※※※※※※※※※※※※※※※※※※

The WTO must address the unanticipated challenges of non-market economies. The WTO's framework of rules has inadequately anticipated the disruptive impacts on global trade imposed by Members whose economies are managed principally through state direction. Current rules, combined with deeply flawed rulings by the WTO Appellate Body, leave Members with insufficient tools to address these corrosive dynamics. The United States is working with the European Union and Japan under a trilateral process to address these challenges through the development of new multilateral rules and the use of other measures.

※※※※※※※※※※※※※※※※※※

2. WTO争端解决必须充分尊重成员的主权政策选择

WTO的争端解决机制，尤其是上诉机构层面的争端解决机制，已经偏离了最初的谅解，大大削弱了现行制度的政治可持续性。

※※※※※※※※※※※※※※※※※※

WTO dispute settlement must fully respect Members' sovereign policy choices. The WTO's dispute settlement system, particularly at the Appellate Body level, has strayed extensively from original understandings, substantially eroding the political sustainability of the current system. Across multiple Administrations, the United States has consistently urged that the dispute settlement system adhere to these original understandings.

※※※※※※※※※※※※※※※※※※

3. WTO成员必须遵从通知义务

对通知义务的遵从不力使WTO缺乏对现有义务的重要执行信息，并且导致谈判进展不足。美国建议对未能履行通知义务施加后果，其他共同提案国也表示支持。此外，更好地发挥WTO常设委员会的作用是提高WTO规则透明度和全面实施的必要条件。

WTO Members must be compelled to adhere to notification obligations. Poor adherence to notification obligations has starved the WTO of vital information on the implementation of existing obligations and has contributed measurably to a lack of progress in negotiations. The United States has presented a proposal to impose consequences for failure to meet notification obligations and has been joined by a number of co-sponsors in support of this work. In addition, better use of WTO standing committees is necessary to improve transparency and overall implementation of WTO rules.

4. 必须改革WTO对发展中国家的态度,以反映当前的全球贸易现状

虽然WTO适用联合国标准界定了"最不发达国家"(LDC),但"发展中国家"的界定并没有WTO标准。

The WTO's treatment of development must be revamped to reflect current global trade realities. While "least-developed countries"(LDCs) are defined in the WTO using the United Nations criteria, there are no WTO criteria for what constitutes a "developing country".

2019年7月26日,美国总统特朗普签署备忘录,指示美国贸易代表"使用一切手段",确保WTO对发展中国家地位进行改革,并威胁说,如果90天内看不到明显进展,美国就要"单方面采取行动"。

12.2.2 欧盟

在WTO的改革中,欧盟发挥了领导作用,不仅积极与美日进行磋商,还寻求中国等发展中国家的支持。2018年6月28日至29日,欧洲理事会授权欧盟委员会推进WTO现代化,以实现使WTO更适应变化的世界,提高其有效性的目标。欧盟《WTO现代化》改革方案主要包括以下三个方面。

1. 规则制定与发展

欧盟主张改革,旨在能够及时更新WTO规则,使对个别议题感兴趣的成员可以在WTO中展开谈判并最终达成部分或全部成员参与的协议,该协议将作为WTO框架的组成部分。为此,欧盟建议:①未来规则应注重体系平衡与公平竞争、解决服务与投资壁垒、实现国际社会可持续发展,为实现此目的需解决透明度、国有企业、工业补贴和强制性技术转移等问题;②修改当前WTO体系中发展中国家基于发展目标而主张的全面灵活性,建议设计"毕业"①机制并确保特殊与差别待遇的针对性;③有鉴于共识决策原则所面

---

① 毕业机制:为积极鼓励成员"毕业",采用特殊与差别待遇,无论是横向协议还是协定。在此期间,应鼓励各成员澄清它们实际上在哪些领域利用了现有的灵活性,并拿出路线图,详细说明它们何时能够承担《WTO协定》规定的所有义务。

临的困境,在多边协定外,应积极推动基于最惠国待遇原则和开放的诸边协定谈判,充分发挥秘书处作用并加强成员的政治支持。

Proposals for future rule making activities in the WTO:
(1) Creating rules that rebalance the system and level the playing field, including Improve transparency and subsidy notifications; Better capture SOEs(State-owned enterprises); Capture more effectively the most trade-distortive types of subsidies; Establishing new rules to address barriers to services and investment, including in the field of forced technology transfer; Need to address barriers to digital trade etc. (2)Proposals for a new approach to flexibilities in the context of development objectives, namely Graduation, Special and Differential Treatment(SDT) in future agreements. (3) Proposals to strengthen the procedural aspects of the WTO's rulemaking activities, Multilateral negotiations and Plurilateral negotiations.

2. 常规工作与透明度

应注重强化 WTO 的监督职能,确保成员国内贸易政策的透明度,以切实执行 WTO 规则。为此,欧盟建议提升委员会层面监督的有效性,并通过实施相应的激励和制裁措施、反通报措施,强化贸易政策审议机制(TPRM),促使成员积极通报相关情况。

The long-term objective is to enable the WTO to achieve more concrete results in terms of(1)ensuring transparency about Members' trade measures;(2)solving specific trade concerns before they get to litigation state; and(3)incrementally adjusting the WTO rulebook, where necessary.

3. 争端解决机制

除列举并正面回应美国对上诉机构诸如无视 90 天诉讼程序期限、超越审理范围、裁决报告被视为先例等不满之外,欧盟重点针对美国阻挠上诉机构新成员任命导致机制面临瘫痪威胁,提出了旨在加强上诉机构独立性、提高程序运作效率的改革建议。为此,欧盟主张将上诉机构成员从目前的 7 名增加至 9 名,任期由 4 年一任可连任两届改为 6~8 年一任,由兼职转为全职,而即将离任的成员应完成其任期内已进行听证程序的上诉案件的审理过程。

The dispute settlement function of the WTO is at grave danger, and swift action by Members is needed to preserve it. If the United States' blockage of Appellate Body appointments continues, it will undermine the WTO dispute settlement at the latest by December 2019. At that point in time, there will be less than 3 Appellate Body members left, which is the minimum number required for the Appel late Body to hear an appeal. Without a functioning Appellate Body, any party to the dispute may attempt to block the adoption of panel rulings (by appealing it), so-if no action is taken-this may undermine the operation WTO dispute settlement as a whole.

12.2.3 加拿大

加拿大方案同样覆盖WTO监督、争端解决、谈判三大职能，改革方向和原则与欧盟基本一致，但相比欧盟较为简略。方案的内容具体包括：①监督职能方面，建议通过反通报等方式提升成员国内措施透明度，强化贸易政策审议机制，改善解决特殊贸易关切问题的机制效用。②争端解决职能方面，在正面回应并支持美国对上诉机构不满理由的同时，强调存在一个具有强制性、约束力和公正的争端解决机制的必要性，为此主张应确保上诉机制得以存续。③规则谈判方面，强调应继续"多哈回合"中的农业重点议题，尤其关注最不发达国家的农业补贴和发展等问题；强调须逐渐填补数字贸易等新贸易形态、中小企业等领域的规则空白，促使WTO规则现代化；强调须解决国有企业、工业补贴、技术转让等扭曲性竞争问题。此外，加拿大还支持推动诸边协定谈判并建议改革当前WTO体系中为发展中国家提供普遍意义上的特殊与差别待遇，采取使之基于差异化的新方法。

12.2.4 中国

2019年5月13日，中国正式向WTO提交《中国关于世贸组织改革的建议文件》，在肯定WTO在全球经济治理体系中的重要作用后，提出中国对WTO改革的总体立场：一是维护非歧视、开放等多边贸易体制的核心价值，为国际贸易创造稳定和可预见的竞争环境；二是保障发展中国家成员的发展利益，纠正WTO规则中的"发展赤字"，解决发展中国家成员在融入经济全球化方面的困难，帮助实现联合国2030年可持续发展目标；三是遵循协商一致的决策机制，在相互尊重、平等对话、普遍参与的基础上，共同确定改革的具体议题、工作时间表和最终结果。中方提出的具体建议包括以下4个方面。[①]

1. 解决危及WTO生存的关键和紧迫性问题

（1）打破上诉机构成员遴选僵局。中方已与多个WTO成员提交了关于争端解决上诉程序改革的联合提案，建议成员积极参与总理事会下的非正式进程，以案文为基础开展实质性讨论，以回应和解决个别成员就离任上诉机构成员过渡规则、上诉审查90天审理期限、国内法律含义、对解决争端非必要裁决、先例等问题提出的关注，并维护与加强上诉机构的独立性和公正性，尽快启动上诉机构遴选程序。

---

① 中国关于世贸组织改革的建议文件(中文和英文)[EB/OL].[2019-10-20]商务部世界贸易组织司. http://sms.mofcom.gov.cn/article/cbw/201905/20190502862614.shtml.

China, together with some other WTO Members, submitted joint proposals on the Appellate Body reform, urging Members to actively participate in the informal process under the auspices of the General Council and engage in substantive text-based discussions. These efforts are made to address such concerns of certain Members as the transitional rules for outgoing Appellate Body members, 90-day timeframe for appellate proceedings, the status of municipal law, findings unnecessary for dispute resolution and the issue of precedent. The proposals also emphasized the need to preserve and reinforce the independence and impartiality of the Appellate Body and to initiate the appointment process of the Appellate Body members without any further delay.

(2) 加严对滥用国家安全例外的措施的纪律。有必要加强对以国家安全为由加征进口关税等做法的通报纪律,并对措施开展多边审议;同时,为利益受影响成员提供更多快速且有力的救济权利,以保障其在 WTO 项下权利和义务的平衡。

It is necessary to enhance the notification requirements on measures such as imposing import tariffs on the ground of national security exceptions, and carry out multilateral reviews on such measures. Meanwhile, WTO Members whose interests have been affected should be entitled to take prompt and effective remedies, so as to maintain the balance of their rights and obligations under the WTO.

(3) 加严对不符合 WTO 规则的单边措施的纪律。加强多边监督机制;增加紧急情况下受影响方快速获得临时有力救济的权利;加快争端案件诉讼程序。

Such unilateralist measures should be constrained through, inter alia, enhancing the multilateral review mechanism, authorizing the Members affected to take prompt and effective provisional remedies in cases of urgency and accelerating relevant dispute settlement proceedings.

2. 增加 WTO 在全球经济治理中的相关性

(1) 解决农业领域纪律的不公平问题。现行农业纪律存在严重不公平、不平衡、不合理,主要体现在"综合支持量"(AMS)方面。部分发达国家成员享受承诺水平较高的 AMS,可以提供远高于微量允许水平的黄箱补贴,对农业生产和农产品贸易造成严重扭曲。大多数发展中国家成员没有 AMS,甚至保障粮食安全所必需的收储政策也无法有效实施。有必要解决纪律的不公平,促进农产品贸易发展,为发展中国家成员创造公平的市场环境,增强其保障粮食安全和生计安全的能力,使其从多边贸易体制中更多获益。应逐步削减并最终取消 AMS,并达成关于粮食安全公共储备的永久解决方案。

The AMS entitlements of developed Members should be eliminated in gradual instalments. In the meanwhile, Members should reach an agreement on the permanent solution for public stockholding for food security purposes.

(2) 完善贸易救济领域的相关规则。第一,恢复不可诉补贴并扩大范围;第二,澄清并加严反倾销价格比较相关规则,改进日落复审规则,探索反规避统一规则;第三,澄清和改进补贴认定、补贴利益确定、可获得事实等补贴和反补贴相关规则,防止反补贴措施滥用;第四,改进反倾销反补贴调查透明度和正当程序,加强效果和合规性评估;第五,给予发展中国家成员、中小企业和公共利益更多考虑。

First, the provisions on non-actionable subsidies should be reinstated and their coverage expanded. Second, efforts need to be made to clarify and improve relevant rules on and relating to price comparison in anti-dumping proceedings, improve the rules on sunset review and explore the possibility of harmonizing the rules on anti-circumvention. Third, the subsidies and countervailing rules relating to subsidy identification, calculation of benefits conferred and application of facts available should be clarified and improved to mitigate abusive applications of countervailing measures. Fourth, transparency and due process of anti-dumping and countervailing investigations should be improved and the assessment of their effectiveness and compliance be reinforced. Fifth, more consideration should be given to the special situations of developing Members and SMEs as well as public interests.

(3) 完成渔业补贴议题的谈判。中方支持规则谈判组主席制订的 2019 年工作计划,将继续以积极、建设性的姿态参与各种形式的磋商。谈判应当以务实和寻求共识为导向,各种磋商进程应当确保透明度和包容性。

China supports the 2019 Work Programme drafted by the Chairperson of the Negotiating Group on Rules and will continue to actively and constructively engage in consultations of various forms. The negotiations should be conducted in a pragmatic and consensus-seeking manner. Transparency and inclusiveness should be ensured in these consultations.

(4) 推进电子商务议题谈判开放、包容开展。中方与 75 个 WTO 成员发表了《关于电子商务的联合声明》,确认有意在 WTO 现有协定和框架的基础上,启动与贸易有关的电子商务议题谈判。中方支持以开放、透明、包容、灵活的方式开展与贸易有关的电子商务议题规则制定工作,并欢迎所有成员参加。坚持发展导向,重点关注通过互联网实现交易的跨境货物贸易及物流、支付等相关服务,在跨境电子商务便利化、电子签名、电子认证、在线消费者权益保护等领域建立规则;制定发展合作条款,加强对发展中国家成员特别是最不发达国家的技术援助与能力建设;尊重成员监管权利并照顾发展中国家成员具体关切,在技术进步、商业发展与各成员网络主权、数据安全、隐私保护等合理的公共政策目标之间实现平衡,通过平等协商达成平衡、务实、各方都能接受的结果。同时,根据 1998 年电子商务工作计划,继续深化 WTO 各有关机构讨论。

China and 75 other WTO Members issued a joint statement on E-commerce, confirming their intention to commence negotiations on trade-related aspects of E-commerce on the basis of existing WTO agreements and framework. China proposes the following actions: First, conduct the rule-making process in an open, transparent, inclusive and flexible manner, and welcome participation of all Members. Second, uphold the development dimension and focus on cross-border trade in goods enabled by the Internet, as well as on such related services as payment and logistics services; and establish rules on cross-border E-commerce facilitation, electronic signature, electronic authentication, and online consumer protection etc. Third, formulate provisions on development cooperation so as to strengthen technical assistance and capacity building for developing Members, particularly least-developed country Members. Fourth, respect Members' right to regulate and accommodate specific concerns of developing Members. Fifth, strike the balance among technological advances, business development and such legitimate public policy objectives as Internet sovereignty, data security and privacy protection, so as to reach a balanced and pragmatic outcome acceptable to all through equal consultations. Sixth, continue in-depth discussions in relevant WTO bodies pursuant to the Work Programme on Electronic Commerce in 1998.

(5) 推动新议题的多边讨论。继续坚持开放、透明、包容原则,推动相关议题的多边讨论进入新阶段。在投资便利化议题上,建立专门磋商机制,在尊重成员监管权利的基础上,围绕加强透明度、提高行政效率、加强国际合作等要素,开展有效政策协调,探讨建立多边规则框架。同时,坚持以发展为核心,给予发展中国家成员技术援助和能力建设支持。在中小微企业议题上,通过增加信息获取、便利企业融资、降低贸易成本等方式,让中小微企业更好地参与国际贸易并从中受益。

Continued efforts should be made to bring the discussions on relevant issues into a new phase while adhering to the principles of openness, transparency and inclusiveness. On investment facilitation, a dedicated mechanism should be established to enable Members to carry out efficient policy coordination and explore the establishment of multilateral framework. This process should focus on such elements as improving transparency, streamlining administrative procedures and enhancing international cooperation, while paying due respect to Members' right to regulate. With the process centring on development, developing Members will benefit from technical assistance and capacity building. On MSMEs, those enterprises could better participate in and benefit more from international trade with improved access to information, easier corporate financing and reduced trade costs.

3. 提高 WTO 的运行效率

(1) 加强成员通报义务的履行。一是发达国家成员在履行通报义务上发挥示范作用,确保通报全面、及时、准确;二是成员应提高补贴反向通报质量;三是成员应增加经验交流;四是秘书处应尽快更新通报技术手册并加强培训;五是应努力改进发展中国家成员通报义务的履行,对于因能力不足无法及时履行通报义务的发展中国家成员特别是最不发达国家,应通过技术援助加强其通报能力建设。

First, developed Members should lead by example in submitting comprehensive, timely and accurate notifications. Second, Members should improve the quality of their counter-notifications. Third, Members should increase exchange of their experiences on notifications. Fourth, the WTO Secretariat needs to update Technical Cooperation Handbook on Notifications as soon as possible and intensify training in this regard. Fifth, developing Members should also endeavour to improve their compliance of notification obligations. Technical assistance and capacity building should be provided to developing Members, in particular LDCs, if they are unable to fulfil notification obligations on time.

(2) 改进 WTO 机构的工作。WTO 理事会和委员会日常工作的潜能与作用尚未充分发挥,例会上部分议题长期议而不决,运行效率有较大提升和改进的空间。应全面提升 WTO 在全球经济治理中的重要作用,使 WTO 下属机构及秘书处相关工作能更有效地回应成员利益诉求。建议成员积极探索提升 WTO 效率的方式方法,包括但不限于:改进各机构的议事程序;根据各机构的实际情况增加或减少会议频率;鼓励秘书处加强对重要经贸议题的研究,加强与其他国际组织的合作,帮助发展中国家成员妥善应对和解决例会具体贸易关注;进一步增强秘书处的代表性,稳步增加来自发展中国家成员的职员占比等。

Viable options should be explored to improve the efficiency of the WTO in the following areas, among others: First, improve the rules of procedures of the subsidiary bodies. Second, adjust the frequency of regular meetings in light of the specific situation of each body. Third, encourage the Secretariat to conduct more research on important economic and tradeissues, enhance cooperation with other international organizations, and help developing Members address and resolve specific trade concerns at regular meetings. Fourth, further improve the representation of developing Members in the Secretariat and steadily increase their share in the staff.

4. 增强多边贸易体制的包容性

(1) 尊重发展中国家成员享受特殊与差别待遇的权利。

中方已经与多个 WTO 成员提交了关于特殊与差别待遇的联合提案,要求继续维护发展中国家成员享受特殊与差别待遇的权利。中方进一步建议:一是加强对 WTO 现有特殊与差别待遇条款的执行和监督力度,特别是最不发达国家关注的"免关税、免配额"待遇和服务豁免机制实施;二是增加技术援助的针对性和具体性,确保其有助于发展中国家成员融入多边贸易体制和全球价值链;三是根据《多哈部长宣言》要求,继续推进特殊与差别待遇条款的谈判;四是在未来贸易投资规则制定中,为发展中国家成员提供充分有效的特殊与差别待遇;五是鼓励发展中国家成员积极承担与其发展水平和经济能力相符的义务。

China, together with some other WTO Members, has submitted joint proposal on S&D and calls for continued preservation of the rights of developing Members to S&D. China further proposes the following: First, enhance the implementation and monitoring of existing S&D provisions, particularly the implementation of Duty-Free and Quota-Free treatment and the Preferential Treatment to Services and Service Suppliers of the LDCs. Second, provide more targeted and concrete technical assistance to ensure the integration of developing Members into the multilateral trading system and global value chains. Third, advance the negotiations on S&D provisions in accordance with the Doha Ministerial Declaration. Fourth, accord adequate and effective S&D treatment to developing Members in future negotiations on trade and investment rules. Fifth, encourage developing Members to actively assume obligations commensurate with their level of development and economic capability.

(2) 坚持贸易和投资的公平竞争原则。WTO 应坚持公平竞争原则,确保不同所有制企业在进行商业活动时的公平竞争环境:一是在补贴相关纪律讨论中,不能借 WTO 改革对国有企业设立特殊的、歧视性纪律;二是在外资安全审查中,实行公正监管,按照透明度和程序适当原则,对来自不同所有制类型企业的同类投资提供非歧视待遇。

Actions shall be taken in the WTO to uphold the principle of fair competition, so as to ensure that enterprises of different ownerships operate in an environment of fair competition. China proposes the following: First, during discussions on subsidy disciplines, no special or discriminatory disciplines should be instituted on SOEs in the name of WTO reform. Second, foreign investment security reviews shall be conducted in an impartial manner and follow such principles as transparency and due process. Non-discriminatory treatment shall be given to like investment by enterprises with different ownership structures.

12.2.5 世界贸易组织改革会议

延伸阅读 12.1
"求同存异":WTO 改革方案评析

2018 年 10 月 25 日,加拿大召集欧盟、澳大利亚、日本、韩国、巴西、智利、墨西哥、新西兰、挪威、瑞士、新加坡、肯尼亚等国和组织的贸易代表共同商议 WTO 改革问题,国家因中美间分歧较大,未在此次获邀之列。会议并未涉及具体改革细节,主要目的在于抛出改革动议,寻求尽快以行动解决当前危机的共识。会后的联合公报中强调,争端解决机制是 WTO 的中心支柱,必须重振 WTO 谈判职能并加强对成员贸易政策的监督,从而提高透明度。

2019 年 7 月 19 日举行的 WTO 正式成员会议上,总干事罗伯托·阿泽维多报告了关于 WTO 改革的辩论情况。他说,讨论集中在三个领域:解决争端解决体系中的问题(包括上诉机构任命陷入僵局);加强 WTO 经常机构的工作;改进 WTO 的谈判工作。他还敦促各代表团在目前限制有害渔业补贴的谈判中表现出灵活性,并开始为 2020 年在哈萨克斯坦举行的部长级会议确定切实可行的成果。

12.3 世界贸易组织未来可能的改革方向

WTO 的改革方向应该与时俱进,适应国际经济格局的演变,扩大世界经济规模,使 WTO 成为一个公平、合理、自由、开放、包容的全球治理体系。

12.3.1 强化总干事和秘书处职权

与其他国际组织的秘书处相比,WTO 秘书处的投入相对较少。例如,目前 IMF 秘书处有 6000 多人的工作队伍,而 WTO 秘书处的规模只有其 1/10。人员与经费的缺乏使 WTO 秘书处的工作捉襟见肘。

当前 WTO 改革的着眼点可放在加强总干事和秘书处推动规则制定和贸易谈判的权

力方面,可改变WTO历任总干事主要来自发达国家成员的惯例,从发展中国家成员中选拔新的总干事。在选择秘书处人员时,可注重包容与平衡,增加来自发展中国家成员的人员数量,增强秘书处的代表性。

12.3.2 增加世界贸易组织体制的透明度

大多数改革方案提出,WTO应采取必要措施增加透明度,主要包括两个方面:一是增强与成员议会之间的互动;二是建立与非政府组织之间的沟通机制。

WTO成员定期通报相关政策并维持透明,对于其他成员监督其履行WTO相关义务、确保WTO各项协议得到实施至关重要。欧盟、加拿大等成员在其有关WTO改革的文件中均提出了此问题,欧盟甚至提出了对不通报行为进行惩罚的建议,如一旦不通报即可被视为存在补贴的"有罪推定"等。日常机构的监督是指成员充分利用WTO现有的理事会和委员会等机构,通过在这些机构的日常会议上阐述自己对其他成员贸易政策和措施的关注,各成员展开讨论,通过协商解决具体关注和纠纷——这是在争端解决和规则制定之外,一条更为便捷、温和的途径。另外,各方关于日常机构监督工作的建议也包括加强各机构之间的协调,以及取消一些无效机构等。

12.3.3 改革现有决策机制

在坚持"协商一致"原则的前提下,增加权重投票的方式是正确的改革方向。但权重投票只能作为"协商一致"原则的例外。对于那些涉及WTO基本原则和重要规则的重大决策,当全体成员在相当长时间内无法达成共识时,一方面应采用权重投票方式,赞成的成员必须达到绝对多数且已包含世界上的主要贸易体;另一方面,对那些事务性、程序性事项的决策,全部采取权重投票的方式,对仅涉及部分成员利益的某些决策则可由相关成员协商一致,而不必征得全体成员的同意。在改革决策体制的过程中,应尊重少数持反对态度成员的利益,特别是在采取权重投票方式作出重大决策时,应对那些持反对立场的成员的该项义务予以豁免。

12.3.4 创新谈判模式

对于有利于促进全球经济增长的新贸易和投资议题,各国要对诸边谈判方式持开放态度。对于主要涉及市场准入的议题或部门,如《环境产品协议》,要坚持尽可能多的成员参与谈判,实现关键多数并按照最惠国待遇原则适用最终成果。对于主要涉及规则制定的议题或部门,应支持采取《政府采购协议》的模式,即协议仅适用于签署的成员,对其他未准备好的成员则保留其选择自主权。同时,应开放谈判进程,让其他成员更好地了解协议内容,从而为未来的扩展做好准备。

12.3.5 改革上诉机制

可以探索利用WTO义务具有契约性的特点,在不涉及美国政府的贸易争端中,进一步发挥现有机制中磋商、调解和仲裁的作用,维持现有争端解决机制的运转。在上诉机构成员的任命与连任机制、成员干预机制、DSU机制的设立等方面进行改革,如在DSB下设立专门工作机制、建立成员与上诉机构的沟通机制、修正 DSU 等。

12.3.6　改善发展中国家待遇

1. 明确发展中国家特殊待遇的规则表述

WTO 的运行必须做到以规则为基础，因此在规则的制定上应做到具体明确，避免使用模糊性的词汇，将授权性条款转化为义务性条款，将不具有约束力的条款变为有约束力的条款，明确规定发达国家所应承担的义务，如在措辞上用 shall 代替 should、用 must 代替 may 等。与此同时，在认定特殊与差别待遇时，应采取客观的、确切的标准而非主观的任意性标准，改变目前特殊与差别待遇条款的"软法性"，使发展中国家的特殊待遇条款能够得到有力的执行，而不是只停留在宣言或者建议性质的层面。

2. 完善发展中国家成员的认定规则

为避免认定的纠纷，应制定规则对"发展中国家成员"这一概念进行界定和区分，在宏观上可以参考世界银行体系下对国家进行划分的标准，同时应考虑不同发展中国家之间经济发展水平所存在的差异，在具体的协定中对发展中国家进行比较细致的分类。对发展中国家成员的认定同时关系着"毕业"条款的认定规则，应对"毕业"的门槛、条件及过渡期限等作出清晰的规定，不可由发达国家对发展中国家的地位进行任意认定，应避免发达国家任意取消优惠而对发展中国家的产业造成严重影响。

3. 注重规则设计的实际效果

要关注规则设计本身的公平性与合理性，在遵守规则的基础上，应考虑到发展中国家实力和发展水平的特殊情况，在设计具体制度的时候对国家实力、产业优势等实际情况进行有针对性的、必要的考虑，避免不加区分地统一适用。在进行规则设计的时候，也要注重机制的创新性和灵活性。关于这一问题，TFA 中的做法可以提供一定的借鉴：发展中国家成员和最不发达国家成员可以根据措施难易程度以及是否需要技术和资金援助将承诺分为 A、B、C 三类，成员可结合自己的实际情况自行决定采取哪个类别的规定，使 TFA 措施具有更强的针对性和更高的灵活性，因此也更便于实施。

延伸阅读 12.2

共建创新包容的开放型世界经济[①]

当今世界正在经历新一轮大发展大变革大调整，各国经济社会发展联系日益密切，全球治理体系和国际秩序变革加速推进。同时，世界经济深刻调整，保护主义、单边主义抬头，经济全球化遭遇波折，多边主义和自由贸易体制受到冲击，不稳定不确定因素依然很多，风险挑战加剧。这就需要我们从纷繁复杂的局势中把握规律、认清大势，坚定开放合作信心，共同应对风险挑战。

世界上的有识之士都认识到，经济全球化是不可逆转的历史大势，为世界经济发展提

[①] 共建创新包容的开放型世界经济，习近平在首届中国国际进口博览会开幕式上的主旨演讲节选[EB/OL]. http://www.xinhuanet.com/politics/leaders/2018-11/05/c_1123664692.htm.

供了强劲动力。说其是历史大势,就是其发展是不依人的意志为转移的。人类可以认识、顺应、运用历史规律,但无法阻止历史规律发生作用。历史大势必将浩荡前行。

回顾历史,开放合作是增强国际经贸活力的重要动力。立足当今,开放合作是推动世界经济稳定复苏的现实要求。放眼未来,开放合作是促进人类社会不断进步的时代要求。

大道至简,实干为要。面对世界经济格局的深刻变化,为了共同建设一个更加美好的世界,各国都应该拿出更大勇气,积极推动开放合作,实现共同发展。

各国应该坚持开放融通,拓展互利合作空间。开放带来进步,封闭必然落后。国际贸易和投资等经贸往来,植根于各国优势互补、互通有无的需要。纵观国际经贸发展史,深刻验证了"相通则共进,相闭则各退"的规律。各国削减壁垒、扩大开放,国际经贸就能打通血脉;如果以邻为壑、孤立封闭,国际经贸就会气滞血瘀,世界经济也难以健康发展。各国应该坚持开放的政策取向,旗帜鲜明地反对保护主义、单边主义,提升多边和双边开放水平,推动各国经济联动融通,共同建设开放型世界经济。各国应该加强宏观经济政策协调,减少负面外溢效应,合力促进世界经济增长。各国应该推动构建公正、合理、透明的国际经贸规则体系,推进贸易和投资自由化便利化,促进全球经济进一步开放、交流、融合。

各国应该坚持创新引领,加快新旧动能转换。创新是第一动力,只有敢于创新、勇于变革,才能突破世界经济发展的瓶颈。世界经济刚刚走出国际金融危机阴影,回升态势尚不稳固,迫切需要各国共同推动科技创新、培育新的增长点。造福人类是科技创新最强大的动力。在休戚与共的地球村,共享创新成果,是国际社会的一致呼声和现实选择。各国应该把握新一轮科技革命和产业变革带来的机遇,加强数字经济、人工智能、纳米技术等前沿领域合作,共同打造新技术、新产业、新业态、新模式。

各国应该坚持包容普惠,推动各国共同发展。"一花独放不是春,百花齐放春满园。"追求幸福生活是各国人民的共同愿望。人类社会要持续进步,各国就应该坚持要开放不要封闭,要合作不要对抗,要共赢不要独占。在经济全球化深入发展的今天,弱肉强食、赢者通吃是一条越走越窄的死胡同,包容普惠、互利共赢才是越走越宽的人间正道。各国应该超越差异和分歧,发挥各自优势,推动包容发展,携手应对全人类共同面临的风险和挑战,落实2030年可持续发展议程,减少全球发展不平衡,推动经济全球化朝着更加开放、包容、普惠、平衡、共赢的方向发展,让各国人民共享经济全球化和世界经济增长成果。

12.4 习题

1. 简答题

(1) 简述WTO目前面临的困境。

(2) 简述区域贸易协定对WTO的冲击。

(3) 简述中国提出的WTO改革方案的三个立场。

2. 论述题

你认为WTO未来的改革方向有哪些?

主要参考文献

[1] 薛荣久,屠新泉,杨凤鸣.世界贸易组织(WTO)概论:修订版[M].北京:清华大学出版社,2018.
[2] 中华人民共和国国务院新闻办公室.中国与世界贸易组织[M].北京:人民出版社,2018.
[3] 成榕.WTO规则与案例研究[M].哈尔滨:哈尔滨工业大学出版社,2018.
[4] 白树强.世界贸易组织教程:第二版[M].北京:北京大学出版社,2017.
[5] 袁其刚,张照玉,张伟.国际贸易惯例规则教程:理论与实务:第二版[M].北京:北京大学出版社,2017.
[6] 孟琪.WTO争端解决机制中的报复制度[M].上海:上海人民出版社,2016.
[7] 李双元,蒋新苗.世贸组织规则研究:理论与案例:第二版[M].武汉:武汉大学出版社,2016.
[8] 孙志贤.世界贸易组织概论[M].北京:电子工业出版社,2016.
[9] 杨国华.世界贸易组织与中国[M].北京:清华大学出版社,2016.
[10] 张海东.世界贸易组织概论:第三版[M].上海:上海财经大学出版社,2015.
[11] 杨国华.WTO中国案例评析[M].北京:知识产权出版社,2015.
[12] 苑涛.世界贸易组织概论:双语版[M].北京:对外经济贸易大学出版社,2014.
[13] 刘丁有,黎虹.世界贸易组织规则概论[M].北京:对外经济贸易大学出版社,2014.
[14] 栾信杰.世界贸易组织(WTO)规则解读(中英版)[M].北京:对外经贸大学出版社,2013.
[15] 21世纪经济报道.WTO改变中国:"入世"十年解密[M].北京:21世纪出版社,2013.
[16] 朱榄叶.WTO争端解决案例新编[M].北京:中国法制出版社,2013.
[17] 刘军,屠新泉,李自杰.世界贸易组织概论[M].北京:首都经济贸易大学出版社,2013.
[18] 李秀香等.WTO规则解读与运用[M].大连:东北财经大学出版社,2012.
[19] 曹建明,贺小勇.世界贸易组织:第三版[M].北京:法律出版社,2011.
[20] 张晓青,赵振铎.世界贸易组织概论双语教程 Essentials of the WTO[M].北京:冶金工业出版社,2010.
[21] 栗丽.世界贸易组织体制[M].北京:中国人民大学出版社,2009.
[22] 黄东黎.世界贸易法[M].北京:社会科学文献出版社,2009.
[23] 张学森,G-D派特森.WTO法律规则:英文版[M].上海:复旦大学出版社,2008.
[24] 王文先.WTO规则与案例[M].北京:清华大学出版社,2007.
[25] 纳利卡,陈泰锋,薛荣久.权利、政治与WTO[M].北京:外语教学与研究出版社,2007.

其他参考文献已在书中进行脚注,由于书稿内容较多,如有遗漏,请相关作者反馈,会及时补充更正!

附 录

附表 1　WTO 成员一览表（截至 2016 年 7 月 31 日）

序号	中文名称（简称）	英文名称（简称）	加入时间
1	阿富汗	Afghanistan	2016 年 7 月 29 日
2	阿尔巴尼亚	Albania	2000 年 9 月 8 日
3	安哥拉	Angola	1996 年 11 月 23 日
4	安提瓜和巴布达	Antigua and Barbuda	1995 年 1 月 1 日
5	阿根廷	Argentina	1995 年 1 月 1 日
6	亚美尼亚	Armenia	2003 年 2 月 5 日
7	澳大利亚	Australia	1995 年 1 月 1 日
8	奥地利	Austria	1995 年 1 月 1 日
9	巴林	Bahrain	1995 年 1 月 1 日
10	孟加拉国	Bangladesh	1995 年 1 月 1 日
11	巴巴多斯	Barbados	1995 年 1 月 1 日
12	比利时	Belgium	1995 年 1 月 1 日
13	伯利兹	Belize	1995 年 1 月 1 日
14	贝宁	Benin	1996 年 2 月 22 日
15	玻利维亚	Bolivia	1995 年 9 月 12 日
16	博茨瓦纳	Botswana	1995 年 5 月 31 日
17	巴西	Brazil	1995 年 1 月 1 日
18	文莱	Brunei Darussalam	1995 年 1 月 1 日
19	保加利亚	Bulgaria	1996 年 12 月 1 日
20	布基纳法索	Burkina Faso	1995 年 6 月 3 日
21	布隆迪	Burundi	1995 年 7 月 23 日
22	柬埔寨	Cambodia	2004 年 10 月 13 日
23	喀麦隆	Cameroon	1995 年 12 月 13 日
24	加拿大	Canada	1995 年 1 月 1 日
25	佛得角	Cape Verde	2008 年 7 月 23 日
26	中非	Central African Republic	1995 年 5 月 31 日
27	乍得	Chad	1996 年 10 月 19 日
28	智利	Chile	1995 年 1 月 1 日
29	中国	China	2001 年 12 月 11 日
30	中国台北	Chinese Taipei	2002 年 1 月 1 日
31	哥伦比亚	Columbia	1995 年 4 月 30 日
32	刚果（布）	Congo	1997 年 3 月 27 日

续表

序号	中文名称(简称)	英文名称(简称)	加入时间
33	哥斯达黎加	Costa Rica	1995年1月1日
34	科特迪瓦	Cote d'Ivoire	1995年1月1日
35	克罗地亚	Croatia	2000年11月30日
36	古巴	Cuba	1995年4月20日
37	塞浦路斯	Cyprus	1995年7月30日
38	捷克	Czech Republic	1995年1月1日
39	刚果(金)	Democratic Republic of the Congo	1997年1月1日
40	丹麦	Denmark	1995年1月1日
41	吉布提	Djibouti	1995年5月31日
42	多米尼克	Dominica	1995年1月1日
43	多米尼加	Dominican Republic	1995年3月9日
44	厄瓜多尔	Ecuador	1996年1月21日
45	埃及	Egypt	1995年6月30日
46	萨尔瓦多	El Salvador	1995年5月7日
47	爱沙尼亚	Estonia	1999年11月13日
48	欧盟(前欧共体)	European Union	1995年1月1日
49	斐济	Fiji	1996年1月14日
50	芬兰	Finland	1995年1月1日
51	法国	France	1995年1月1日
52	加蓬	Gabon	1995年1月1日
53	冈比亚	The Gambia	1996年10月23日
54	格鲁吉亚	Georgia	2000年6月14日
55	德国	Germany	1995年1月1日
56	加纳	Ghana	1995年1月1日
57	希腊	Greece	1995年1月1日
58	格林纳达	Grenada	1996年2月22日
59	危地马拉	Guatemala	1995年7月21日
60	几内亚	Guinea	1995年10月25日
61	几内亚比绍	Guinea-Bissau	1995年5月31日
62	圭亚那	Guyana	1995年1月1日
63	海地	Haiti	1996年1月30日
64	洪都拉斯	Honduras	1995年1月1日
65	中国香港	Hong Kong, China	1995年1月1日
66	匈牙利	Hungary	1995年1月1日
67	冰岛	Iceland	1995年1月1日
68	印度	India	1995年1月1日
69	印度尼西亚	Indonesia	1995年1月1日
70	爱尔兰	Ireland	1995年1月1日
71	以色列	Israel	1995年4月21日
72	意大利	Italy	1995年1月1日
73	牙买加	Jamaica	1995年3月9日

续表

序号	中文名称(简称)	英文名称(简称)	加入时间
74	日本	Japan	1995年1月1日
75	约旦	Jordan	2000年4月11日
76	哈萨克斯坦	Kazakhstan	2015年11月30日
77	肯尼亚	Kenya	1995年1月1日
78	韩国	Korea，Republic of	1995年1月1日
79	科威特	Kuwait	1995年1月1日
80	吉尔吉斯斯坦	Kyrgyz Republic	1998年12月20
81	老挝	Lao People's Democratic Republic	2013年2月2日
82	拉脱维亚	Latvia	1999年2月10
83	莱索托	Lesotho	1995年5月31日
84	利比里亚	Liberia，Republic of	2016年7月14日
85	列支敦士登	Liechtenstein	1995年9月1日
86	立陶宛	Lithuania	2001年5月31日
87	卢森堡	Luxembourg	1995年1月1日
88	中国澳门	Macau，China	1995年1月1日
89	马达加斯加	Madagascar	1995年11月17日
90	马拉维	Malawi	1995年5月31日
91	马来西亚	Malaysia	1995年1月1日
92	马尔代夫	Maldives	1995年5月31日
93	马里	Mali	1995年5月31日
94	马耳他	Malta	1995年1月1日
95	毛里塔尼亚	Mauritania	1995年5月31日
96	毛里求斯	Mauritius	1995年1月1日
97	墨西哥	Mexico	1995年1月1日
98	摩尔多瓦	Moldova	2001年7月26日
99	蒙古	Mongolia	1997年1月29日
100	黑山	Montenegro	2012年4月29日
101	摩洛哥	Morocco	1995年1月1日
102	莫桑比克	Mozambique	1995年8月26日
103	缅甸	Myanmar	1995年1月1日
104	纳米比亚	Namibia	1995年1月1日
105	尼泊尔	Nepal	2004年4月23日
106	荷兰	Netherlands	1995年1月1日
107	新西兰	New Zealand	1995年1月1日
108	尼加拉瓜	Nicaragua	1995年9月3日
109	尼日尔	Niger	1996年12月13日
110	尼日利亚	Nigeria	1995年1月1日
111	挪威	Norway	1995年1月1日
112	阿曼	Oman	2000年11月9日
113	巴基斯坦	Pakistan	1995年1月1日
114	巴拿马	Panama	1997年9月6日

续表

序号	中文名称(简称)	英文名称(简称)	加入时间
115	巴布亚新几内亚	Papua New Guinea	1996年6月9日
116	巴拉圭	Paraguay	1995年1月1日
117	秘鲁	Peru	1995年1月1日
118	菲律宾	Philippines	1995年1月1日
119	波兰	Poland	1995年7月1日
120	葡萄牙	Portugal	1995年1月1日
121	卡塔尔	Qatar	1996年1月13日
122	罗马尼亚	Romania	1995年1月1日
123	俄罗斯	Russian Federation	2012年8月22日
124	卢旺达	Rwanda	1996年5月22日
125	圣基茨和尼维斯	Saint Kitts and Nevis	1996年2月21日
126	圣卢西亚	Saint Lucia	1995年1月1日
127	圣文森特和格林纳丁斯	Saint Vincent and the Grenadines	1995年1月1日
128	萨摩亚	Samoa	2012年5月10日
129	沙特阿拉伯	Saudi Arabia	2005年12月11日
130	塞内加尔	Senegal	1995年1月1日
131	塞舌尔	Seychelles	2015年4月26日
132	塞拉利昂	SierraLeone	1995年7月23日
133	新加坡	Singapore	1995年1月1日
134	斯洛伐克	Slovakia Republic	1995年1月1日
135	斯洛文尼亚	Slovenia	1995年7月30日
136	所罗门群岛	Solomon Islands	1996年7月26日
137	南非	South Africa	1995年1月1日
138	西班牙	Spain	1995年1月1日
139	斯里兰卡	Sri Lanka	1995年1月1日
140	苏里南	Suriname	1995年1月1日
141	斯威士兰	Swaziland	1995年1月1日
142	瑞典	Sweden	1995年1月1日
143	瑞士	Switzerland	1995年7月1日
144	塔吉克斯坦	Tajikistan	2013年3月2日
145	坦桑尼亚	Tanzania	1995年1月1日
146	泰国	Thailand	1995年1月1日
147	马其顿	The former Yugoslav Republic of Macedonia	2003年4月4日
148	多哥	Togo	1995年5月31日
149	汤加	Tonga	2007年7月27日
150	特立尼达和多巴哥	Trinidad and Tobago	1995年3月1日
151	突尼斯	Tunisia	1995年3月29日
152	土耳其	Turkey	1995年3月26日
153	乌干达	Uganda	1995年1月1日
154	乌克兰	Ukraine	2008年5月16日
155	阿联酋	United Arab Emirates	1996年4月10日

续表

序号	中文名称(简称)	英文名称(简称)	加入时间
156	英国	United Kingdom	1995年1月1日
157	美国	United States	1995年1月1日
158	乌拉圭	Uruguay	1995年1月1日
159	瓦努阿图	Vanuatu	2012年8月24日
160	委内瑞拉	Venezuela,Bolivarian Republic of	1995年1月1日
161	越南	Vietnam	2007年1月11日
162	也门	Yemen	2014年6月26日
163	赞比亚	Zambia	1995年1月1日
164	津巴布韦	Zimbabwe	1995年3月5日

附表2 WTO观察员(截至2016年7月31日)

序号	中文名称(简称)	英文名称(简称)
1	阿尔及利亚	Algeria
2	安道尔	Andorra
3	阿塞拜疆	Azerbaijan
4	巴哈马群岛	Bahamas
5	白俄罗斯	Belarus
6	不丹	Bhutan
7	波斯尼亚和黑塞哥维那	Bosnia and Herzegovina
8	科摩罗	Comoros
9	赤道几内亚	Equatorial Guinea
10	埃塞俄比亚	Ethiopia
11	伊朗	Iran
12	伊拉克	Iraq
13	黎巴嫩共和国	Lebanese Republic
14	利比亚	Libya
15	圣多美和普林西比	Sao Tome and Principe
16	塞尔维亚	Serbia
17	索马里	Somalia
18	苏丹	Sudan
19	叙利亚	Syrian Arab Republic
20	东帝汶	Timor-Leste
21	乌兹别克斯坦	Uzbekistan

教学支持说明

▶▶ **课件申请**

尊敬的老师:

您好!感谢您选用清华大学出版社的教材!为更好地服务教学,我们为采用本书作为教材的老师提供教学辅助资源。鉴于部分资源仅提供给授课教师使用,请您直接手机扫描下方二维码实时申请教学资源。

任课教师扫描二维码
可获取教学辅助资源

▶▶ **样书申请**

为方便教师选用教材,我们为您提供免费赠送样书服务。授课教师扫描下方二维码即可获取清华大学出版社教材电子书目。在线填写个人信息,经审核认证后即可获取所选教材。我们会第一时间为您寄送样书。

任课教师扫描二维码
可获取教材电子书目

 清华大学出版社

E-mail: tupfuwu@163.com	网址: http://www.tup.com.cn/
电话: 8610-83470293	传真: 8610-83470107
地址: 北京市海淀区双清路学研大厦B座509室	邮编: 100084